Therese Lederer

Koch-Buch für israelitische Frauen

Gründliche Anweisungen ohne Vorkenntnisse alle Arten Speisen, vorzüglich die Originalgerichte der israelitischen Küche auf schmackhafte und wohlfeile Art nach den Ritualgesetzen zu bereiten

Therese Lederer

Koch-Buch für israelitische Frauen

Gründliche Anweisungen ohne Vorkenntnisse alle Arten Speisen, vorzüglich die Originalgerichte der israelitischen Küche auf schmackhafte und wohlfeile Art nach den Ritualgesetzen zu bereiten

ISBN/EAN: 9783944350127

Auflage: 1

Erscheinungsjahr: 2013

Erscheinungsort: Bremen, Deutschland

@ Kochbuch-Verlag in Access Verlag GmbH, Fahrenheitstr. 1, 28359 Bremen. Alle Rechte beim Verlag und bei den jeweiligen Lizenzgebern.

Koch-Buch
für
israelitische Frauen.

Gründliche Anweisungen,
ohne Vorkenntnisse alle Arten Speisen,
vorzüglich die
Originalgerichte der israelitischen Küche
auf schmackhafte und wohlfeile Art
nach den Ritual-Gesetzen
zu bereiten.

Nach 30-jährigen Erfahrungen gesammelte u. geprüfte Recepte
für
junge Hausfrauen, Wirthschafterinnen und Köchinen,
zusammengestellt von
Therese Lederer geb. Krauss.

I. Auflage.

DRUCK und VERLAG
von
MAX DESSAUER, BUDAPEST.

Erster Abschnitt.

Vorbereitungen.

1. Das Koschermachen

besteht darin, daß das Fleisch oder Fett, vor dem Kochen, über eine Stunde lang in einem mit Wasser angefüllten Gefäß liegen muß, und zwar so, daß es von dem Wasser vollkommen überdeckt ist. Nach dem Ablauf dieser Zeit wäscht man das Fleisch sorgfältig ab, dann läßt man das Wasser, in einer dazu bestimmten Schwingen ablaufen. Nun bestreut man das Fett oder Fleisch an allen Stellen mit einer dünnen Salzlage, so daß kein Fleckchen unbedeckt bleibt, läßt es wiederum gegen eine Stunde liegen und begießt es schließlich dreimal mit frischem Wasser. Das Federvieh muß in gleicher Weise vor dem Kochen koscher gemacht werden. Diese Thiere müssen, wie die vierfüßigen, von der Hand eines jüdischen, dazu berufenen Schächters geschlachtet werden. Findet die Hausfrau, oder ihre Vertreterin, im Magen oder den Eingeweiden des Thieres ein Geschwür, irgend eine auffällige Bildung, oder einen von dem Thiere geschluckten Gegenstand, so muß sie dasselbe vom Rabbiner, oder einer hiezu befugten Person, besichtigen lassen und erst wenn diese das Fleisch als koscher erklären, darf sie es kochen und genießen lassen. Bei gebrochenen Gliedmaßen des Thieres muß das gleiche Verfahren beobachtet werden.

2. Kücheneinrichtungen.

Nach den geheiligten Satzungen unserer Religion müssen die Fleischspeisen streng von den Milchspeisen getrennt werden. Zu diesem Zwecke dürfen wir sie weder in den gleichen

Gefäßen kochen, noch genießen, vorbereiten oder reinigen. Um jede Verwechselung zu vermeiden, muß die Küche eines nach jüdischen Ritus geführten Haushalts, entweder zwei Küchenschränke enthalten, oder einen, welcher durch eine Abtheilung in zwei Räume getheilt ist.

Die eine Abtheilung des Schrankes dient zur Aufbewahrung der Teller, Schüssel, Näpfe, Assietten, Messer und Gabeln und dergleichen Gegenstände mehr, zum Genusse der Fleischspeisen; während die andere Seite dieselben Geräthe für die Milchspeisen enthält.

Auch die beim Zubereiten der Speisen nöthigen Gefäße und Geräthe müssen zweifach da sein: einmal für die Milch- und einmal für die Fleischspeisen.

Ebenso bedarf die Köchin zu gleichem Zwecke zweier Aufwaschgefässer, Spülnäpfe und Küchenhandtücher. Auch müssen zwei Wetzbretter zum Putzen der Messer und Gabeln da sein.

Die Speisetafel enthält beim Genusse der Fleischspeisen ein anderes Tischtuch und Servietten, als bei demjenigen der Milchspeisen. Die Mahlzeit kann daher entweder aus Fleisch und solchen Gerichten bestehen, die nicht mit der Beigabe der Milch und Butter zubereitet sind, oder lediglich aus Milchspeisen. Fleisch und Milchspeisen darf e i n e Mahlzeit nicht enthalten.

Um die Geräthe nicht zu verwechseln, giebt man dem einen Theile derselben entweder ein Abzeichen, oder kauft von vorn herein z. B. für die Milchspeisen alle Gefäße mit einem Rändchen, und die übrigen Geräthe in besonderer Form.

3. Häusliche Vorbereitungen vor dem Eintritte des Osterfestes.

Während des Osterfestes dürfen wir in Erinnerung der bezüglichen biblischen Historien nur ungesäuertes Brod — die Mazzes — genießen. Das gewöhnliche Brod, Mehl und Gebäck muß aufs Entschiedenste, innerhalb dieser Zeit, nicht nur ungenossen bleiben, sondern auch sorgfältig aus den bewohnten Räumen verbannt werden. Man schafft es in der Regel nebst dem Geschirr und Geräthen, die man im Laufe des Jahres benutzt, auf den Boden.

Nachdem diese Gegenstände fortgeräumt sind, wird die Wohnung auf's gründlichste gereinigt, namentlich müssen alle Schubladen umgestürzt und das Innere der Küchen- und Speiseschränke auf's Sorgfältigste gescheuert, und mit sauberem Papier belegt werden.

Viele Hausfrauen besitzen alle nöthigen Geräthschaften für die Pesachzeit, sie sparen unendlich viele Mühe, da diese in hohem Grade mit dem Koschermachen jener Gegenstände verbunden ist. Aechtes Porzellan-Geschirr und Glaswerk braucht zu besagten Zwecken nur gewässert zu werden. Innerhalb dreier Tage vor dem Feste muß man es täglich mit anderem Wasser versehen. Eisengeschirr muß geglüht werden. Das heißt: in loderndem Feuer läßt man es roth werden und begießt es nach dem Herausnehmen dreimal mit kaltem Wasser; Hölzerne Gefäße aller Art scheuert man sorgfältig aus, übergießt sie mit Wasser und gleitet in demselben mit einen glühenden Eisen (Plättbolzen) umher.

Silber-, Kupfer- und Messinggeräthe werden blank geputzt oder gescheuert, dann in heißes Wasser, in welchem drei glühende Kohlen oder Holzbrände verlöscht sind, dreimal getaucht. Nun hat man sie eben so oft mit kaltem Wasser zu begießen und schließlich abzutrocknen. Letztere Geräthe dürfen aber noch nicht ausgebessert sein.

Die im Laufe des Jahres benutzten irdenen Geschirre, Messer und Gabeln, sowie Gußeiserne Geräthe dürfen während der Osterzeit nicht gebraucht werden.

4. Das Tischdecken zum Seder-Abend.

Nachdem der Tisch gedeckt und mit Geräthen versehen ist, die nach vorstehenden Angaben vorbereitet, oder lediglich für die Osterzeit bestimmt sind, stellt man inmitten desselben eine Schüssel, über welche eine Serviette gebreitet ist. Diese Serviette theilt man vorher durch Faltenbrüche in vier Theile und legt nun in jeden, eine ausgesucht gut gerathene Mazze, die ganz fehlerfrei ist. Das heißt: sie darf weder einen Riß, Loch oder eine doppelt liegende Stelle haben. Inmitten der Serviette placirt man aber einen Teller mit folgendem Inhalt: Ein hart gekochtes Ei, ein in Asche gebratener Knochen, ein Stückchen abgeschabter Meerrettig, Monatrettig oder in Ermangelung beider ein Stück Kren, dem man das grüne Krönchen gelassen, eine geringe Quantität grüne gewaschene Petersilie, desgleichen grünen Salat (Brunnenkäs-Salat) ist bei uns in Ungarn üblich, und ein kleines Näpfchen mit Salzwasser. Neben dieser Seder-Schüssel muß das Gefäß mit den חרוסת stehen. Zubereitung derselben: Geschälte Aepfel werden fein gehackt, mit Zucker, gestoßenen Zimmet, gestoßenen Mandeln, etwas Wein gemischt und zu einer teigartigen Masse in Kugelform gewirkt.

Die Schüssel und die חרוסת müssen vor dem Platz des Hausherrn, so daß er sie bequem ergreifen kann, stehen. Zur Linken seines Sitzes legt man weißbezogene Kissen und stellt ein Tischchen nebst Waschgeräthen und einem reinen Handtuch auf.

In der Nähe der Seder-Schüssel muß auch ein Pokal gestellt werden, aus dem Niemand trinkt. Der für die Tischgenossen bestimmte Wein wird zuvörderst in denselben gegossen, und dann in die Weingläser derselben gefüllt. Nach dem Seder erhalten die Gäste gesottene Eier.

5. Zubereitung des Geflügels vor dem Kochen oder Braten.

Dasselbe wird, nachdem es gerupft ist, über einen Stroh- oder Spiritusfeuer behutsam gesenkt, in kaltem, womöglich Flußwasser gewaschen. Man öffnet den Bauch des Thieres durch einen nicht zu tiefen Schnitt vom Brustknochen bis zum Steiße, nimmt zuvörderst das Fett und dann das vollkommene Innere desselben heraus. Hierbei hat man sich zu hüten, weder die Galle zu zerdrücken noch die Därmen zu zerreißen. Für's Erste löst man die Galle vorsichtig von der Leber ab und legt letztere in Wasser. Den Magen schneidet man auf, reinigt ihn, und zieht die harte innere Haut ab, welche separat gewässert wird. Nun wird selbes laut 1. gleich Fleischgattungen koscher gemacht, und zieht durch Brühen von heißen Wasser die sogenannten Stoppeln hervor, zieht die innere harte Haut des Magens so wie auch die starke Haut der Pfoten ab. Vom Herzen schneidet man die Spitze ab und kerbt es ein. Aus dem Halse zieht man die trefene Ader, von der Schlachtwunde bis zur Brust, ferner die Gurgel aus dem Schlunde. Alsdann haut man den Hals sowie die Flügel dicht am Körper und die Pfoten über den Gelenken ab. Den Pfoten hackt man die Nägel ab. Der Kopf wird gespalten, Schnabel, Gehirn und Augen fortgeworfen, die Zungenspitze abgeschnitten.

Von den Därmen wirft man die beiden, kleinen, trefenen fort und löst behutsam das Fett von denselben, welches gewöhnlich separat gewässert werden muß. Den Puten schlägt man vor dem Braten den Brustknochen ein, hütet sich aber die Brusthaut zu zerreißen. Den Kropf nimmt man behutsam nebst der Gurgel von hinten heraus. Schließlich wäscht und reibt man jedes Federvieh im Innern mit Wasser und Salz aus. Diese Vorbereitungen gelten auch für Enten, Hühner und dergleichen. Von Letzteren wirft man Pfoten und Eingeweide gänzlich fort. Bei jungen Hühnern muß man sich vor dem Verbrühen hüten.

6. Vorbereitung der Fische vor dem Kochen.

Jede edel denkende Frau wird darauf bedacht sein, soweit es in ihrer Macht steht, Milde selbst gegen das geringste Geschöpf zu üben. Das Geschlecht der Fische erleidet häufig, in der Hand roher Personen, einen so qualvollen Tod, daß manchem Zuschauer solcher Gräuelscenen der Genuß des Lieblingsgerichts gewiß verleidet würde. Selbst das Abschuppen der Thiere vor dem Schlachten ist ein grausames Verfahren. In der humansten und practischsten Weise tödtet man die Fische durch einen tiefen

Schnitt, dicht hinter dem Kopfe, welcher das Rückgrad vollkommen durchschneidet. Hiedurch ist eine Trennung des Gehirnes von dem Rückenmarke erfolgt. Das Fleisch so geschlachteter Fische erhält sich länger frisch.

Nachdem die Fische geschuppt, die Flußfedern sorgfältig abgekratzt und oftmals abgewaschen sind, nimmt man sie aus. Die Leber wird behutsam von der Galle abgelöst, das Fett von den Därmen. Letztere wirft man fort. Den Roggen oder die Milch läßt man nebst der Leber und dem Fett wässern. Große Fische spaltet man, ehe man sie in Stücke schneidet. Vom Karpfen fängt man das Blut auf und zerrührt es in Essig, und spaltet diesen Fisch vom Rücken herunter, da man hiedurch vor dem Zerdrücken der Galle eher behütet ist.

Schleie pflegt man nur mit Salz abzureiben und gehörig abzukratzen, auch Karpfen werden häufig nur auf diese Art gereinigt.

Nachdem die Fische in Stücke geschnitten und gehörig abgewaschen sind, salzt man selbe kurz vor dem Absieden. Nur bei Hechten geschieht in der Regel eine Ausnahme, weil diese Gattung Fische viel schmackhafter sind, je länger diese im Salze liegen.

7. Vorbereitung verschiedener Gemüse, Hülsenfrüchte und dergleichen.

Von den Kohlarten wirft man die Deckblätter fort, schneidet die Strunke aus, sowie die starke Hauptader der Blätter. Blumenkohl wird von den kleinen Blüthen beputzt und gebrüht. Spinat wird durch einen Schnitt von dem Kopfe gelöst, so daß die Blätter vereinzelt fallen. Grüne Bohnen fadet man ab. Spargel wird der Länge nach geschält, indem man sich hütet, die Köpfe zu berühren, vor dem Kochen werden mehrere Stangen zu einem Bunde mit einem Faden zusammen gewickelt. Wurzel und Rüben schabt man ab. Murcheln werden geputzt und müssen wohl 5- bis 6-mal gewaschen werden, von Pilzen schneidet man die Stiele ab und schneidet das Madige heraus. Hülsenfrüchte werden verlesen, madige Erbsen wirft man fort. Reiß läßt man ein Weilchen in kaltem Wasser weichen, dann wird selber mit siedendem Wasser abgebrüht und auf einer Siebe zum Abtrocknen aufgebreitet und mit kaltem Wasser abgespült.

Zweiter Abschnitt.
Verschiedene Originalgerichte der israelitischen Küche.

---

8. Schalet von Bohnen.

Eine Liter Bohnen wird verlesen, gewaschen, und dann in einem langen engen Topfe, auf dessen Boden ein breiter Marchknochen gelegt ist, $^1/_2$ Kilo fettes Brustfleisch beigesetzt. Den Topf füllt man bis zum Rande mit kaltem Wasser, und thut gehörig Salz nebst $12^1/_2$ Dekagramm rohe Fleischfette in kleineren Würfeln geschnitten, einen mittelgroßen Zwiebel, einen Messerspitz Paprika oder gestoßenen Pfeffer dazu. Die Bohnen werden zugedeckt, Freitag Nachmittag in den Schalet-Ofen gestellt und erst Sonnabend Mittag zur Mahlzeit herausgenommen. In größeren Städten giebt es wohl überall besondere Schalet-Oefen, in kleinen Ortschaften übernehmen gewisse Bäcker die Schalet-Töpfe.

9. Reis-Schalet mit Ganseljungs.

In den Schalet-Topf legt man einen breiten Knochen, um das Anbrennen des Gerichts zu verhüten. $^1/_2$ Kilo Reiß bereitet man nach Angabe Nr. 7 vor, und legt es nebst einem gut gereinigten Gänseljungs oder einem fetten Huhn in den Topf. Nun wird Salz, Wasser und Zwiebel hinzugefügt und übrigens wie oben verfahren.

10. Erbsen-Schalet.

Es wird wie das von Bohnen zubereitet, nur daß man statt jener Erbsen, Gerstel nimmt. Schalet von groben Gerstel ist ebenfalls sehr schmackhaft. Selbstverständlich kann man zu jedem Schalet nach Belieben, Fett- oder Fleischarten wählen.

Alle obige Schalet-Sorten können auch mit Gerstel, Graupen, Haiden, Reiß etc. gemischt werden, und geschieht die Zubereitung, wie Nr. 8, nur benöthigen diese Sorten selbstverständlich mehr Fetten.

Kugeln und Lockschen.

11. Fleischkugeln.

Man nimmt vom Schlachter bereits gehacktes Fleisch, kann man dies nicht haben, so muß man Fleisch von allen Knochen, Adern und Sehnen befreien und es alsdann fein hacken. Auf 1 Kilo Fleisch rechnet man $12^1/_2$ Dekagramm rohes Fett, welches gehackt und mit dem Fleische vollständig vermischt werden muß. Zu dieser Masse kommen 2 zerquirlte Eier, gehackte Zwiebeln in reichlichem Maße, ebenso Pfeffer und Salz und 2 geweichte Semmel. Dieses Alles wird zu einem zusammenhaltenden Teige geknetet und in die Form einer Kugel gebracht. Dann taucht man die Hand in kaltes Wasser und streicht mit ihr die runde Masse glatt. Hierbei achtet man, daß sie nirgends Risse habe, denn diese veranlassen das Auseinandergehen der Kugel im Dinsten.

12. Polnische Kugeln.

Man vermische 1 Liter gutes Mehl mit 8 Eiern, gestoßenem Pfeffer und Salz, $^1/_2$ Kilo in kleine Würfel geschnittenes Fett, fein gehackte Zwiebeln, gestoßenes Gewürz und so viel Wasser, daß die Masse gehörig durchgearbeitet werden kann. Dann kommt sie in den sehr fett ausgeschmierten Kugeltopf und wird im Ofen gebacken.

Das Gefäß, in welchem die Kugel gedünstet, wird früher mit Gans- oder andere Fette ausgeschmiert und mit einige Löffel reines Wasser, nachdem die Substanz im Gefäße liegt, übergossen. Beim Dünsten der Kugel muß selbe öfters mit dem eigenen Saft übergossen werden, insolange, bis selbe eine braune Farbe bekommt.

13. Semmel-Kugel.

Man nimmt 6 geweichte und 3 geriebene Semmel, selbes wird mit 10 gequirlten Eiern, 25 Dekagramm Rosinen, Zucker, Zimmt, Zitronenschale, gestoßene Mandeln, darunter einige bittere, nebst einem viertel Kilo flüssig gemachten Fett und etwas Salz zu einem Teige geknetet. Dieses kommt in den sehr fett eingeschmierten Kugeltopf und wird im Ofen gebacken.

14. Blätter- oder Nudellockschen.

Man mache einen lockernen Nudelteig aus einer Liter Mehl, 4 Eiern, etwas Salz und 2 Eierschalen voll Wasser, rolle denselben dünn aus und lasse ihn trocknen. Alsdann werden aus den erhaltenen Platten fingerbreite Streifen geschnitten, die man in bereit gehaltenem kochenden Wasser mit aufwallen läßt. Während dieses Vorgangs muß man zwischen den Nudeln rühren, damit sie nicht zusammenkleben. Alsdann schüttet man sie in einen Durchschlag, läßt das heiße Wasser ablaufen und überkühlt sie mit kaltem.

Nun schüttet man die Nudeln in einen breiten Napf, in welchem 10 bis 12 Eier gequirlt sind, wälzt sie in diese, legt dann eine Lage der Nudeln in den fett ausgeschmierten Kugeltopf. Nun bestreut man sie reichlich mit Zucker, gestoßenen Mandeln, abgeriebener Citronenschale, Rosinen und begießt sie mit flüssigem Fett oder Schmalz. Darüber hin und wieder eine Lage Nudeln und so fort bis sie alle im Topfe sind. Im Ganzen braucht man 25 Dekagramm Fett. Der Lockschen muß zwei Stunden im Ofen backen.

15. Eine Mazze-Kugel.

3 Mazzes werden geweicht, gut ausgedrückt und in der Pfanne in Fett getrocknet. Alsdann mengt man die Mazzes unter 1/4 Kilo Mazzemehl, Gansfett abgetrieben, 10 bis 12 Ei, etwas Zucker zur Masse hinzu, 3 Loth süße, 1 Loth bittere gestoßene Mandel, 4 geriebene große Kochäpfel, abgeriebene Citronenschale und Saft. Diese tüchtig durchrührte Masse wird in einen gut ausgeschmierten Kugeltopf gefüllt und darüber 3/4 Pfund heißes Fett gegossen. So kommt die Kugel in den Ofen.

16. Chrimsel.

Man pflegt sie am letzten Tage der Pesachwoche zu bereiten.

Einige Hände voll gestoßener Mazze werden mit 4 geweichten und in Fett getrockneten Mazzes, 4 Eiern, 12 1/2 Dekagramm Zucker, 12 bitteren gestoßenen Mandeln und heißes Fett durchknetet.

Aus diesem Teige formt man 6 länglich runde Theile, diese füllt man, schlägt den Teig so übereinander, daß die Einlage völlig eingehüllt ist, und bäckt dann jede Chrimsel, unter fleißigem Begießen, gelbbraun in Schmalz oder Fett in der Pfanne. Füllung: 4 bis 5 große Mußäpfel werden gehackt oder in kleine Stücke geschnitten, dann läßt man sie, mit sehr vielen gehackten Mandeln, 12 1/2 Dekagramm große Rosinen, etwas gestoßenen Zimmt, 12 1/2 Dekagramm Zucker, geschnittene Apfelsinen oder Zitronenschale und ein wenig Fett einige Minuten im Tiegel aufstoßen, nimmt sie heraus und benutzt sie nach dem Verkühlen. Viele Hausfrauen verwenden die Füllung, ohne sie vorher aufstoßen zu lassen.

17. Ueberschlagene Mazze.

Sie werden in zerquirlten Eiern gewälzt, auf beiden Seiten gelbbraun in der Pfanne gebacken, und während sie noch heiß sind, mit Zucker und Zimmt bestreut. Man kann das Verfahren, auf einer und derselben Mazze mehrmals wiederholen.

18. Barches.
Butterbarches.

Man rührt 2 Liter feines Waizenmehl mit 5 kr. Hefe und soviel lauwarmer Milch zusammen, daß es einen weichen Teig giebt. Hierzu knetet man etwas Salz, $12^1/_2$ Dekagramm Zucker, $12^1/_2$ Dekagramm Butter und große Rosinen in beliebiger Menge. Soll das Gebäck recht wohlschmeckend werden, so gibt man noch einige Eier, abgeriebene Citronenschale und gestoßene Mandeln darunter. Wenn der Teig recht glatt geknetet ist, stellt man ihn an einen warmen Ort und läßt ihn steigen, bis er noch einmal so hoch geworden ist.

Nun theilt man ihn in 2 Hälften, und wiederum jede Hälfte in 3 Abtheilungen, knetet jeden der 6 Teighaufen noch einmal tüchtig durch und formt 6 lange runde Strähnen aus denselben. Drei müssen aber viel länger sein, als die anderen. Nun flechtet man die 3 langen Strähnen zu einer Zopfflechte zusammen, ebenso die drei kürzeren. Die kurze Flechte wird nun auf die lange Flechte gelegt, und beide am Anfang und Ende zusammengedrückt.

Jetzt wird der Barches mit Mohn bestreut, beim Bäcker gebacken.

19. Barches zu Fleischspeisen.

Wird ebenso bereitet, nur muß das Mehl ohne Milch in lauem Wasser und Hefe angerührt werden, auch die Butter fortbleiben. Von den wohlschmeckenden Zuthaten kann man nach Belieben wählen oder fortlassen.

Das Brett, sowie Schüsseln und Gefäße, welche man

zum Bereiten der Barches verwendet, darf man zu keinen anderen Zwecken benutzen.

Am Freitag Abend, sowie auch an den Vorabenden der Festtage, spricht die Hausfrau, nachdem der Tisch gedeckt ist, einen Segen über zwei auf demselben stehende angezündete Lichte. Dann legt sie vor den Teller ihres Mannes zwei Barches.

20. Das goldene Gemüse.

Hierzu gehört sehr fettes Rindfleisch, das mit Gewürzen und wenig Salz in Wasser aufgesetzt wird. Später kommen viel kleine geschälte Zwiebeln, vorher heiß abgewaschen, getrocknete Pflaumen, große Rosinen, Citronenschale, ganzer Zimmt daran. Nachdem Alles recht gut eingeschmort ist, süßt man das Gemüse mit Syrup, und ist noch Sauce daran, röstet man dasselbe ein wenig an. Man muß dies Gericht öfters schwenken, aber nicht darin rühren.

Dritter Abschnitt.

Verschiedene Suppen.

21. Braune Suppe.

Man nimmt ein wenig Fett in ein Kastrol, dazu ein Stück Saftfleisch, Leber und gute Beine, in Stücken zerschlagen, zwei Häuptel Zwiebel, einige gelbe Rüben, etwas Kohlrüben, Kohl, Petersilie, Sellerie, Alles in Scheiben geschnitten, dann noch einige Körner Pfeffer und Neugewürz, deckt das Kastrol mit einem passenden Deckel zu und läßt das Ganze so lange dünsten, bis es schön braun wird. Damit es aber nicht anbrenne, befeuchtet man es zuweilen mit etwas Brühe, rührt es aber nie auf, damit die Suppe klar werde. Eine Stunde, bevor man selbe braucht, füllt man es mit Brühe auf, läßt dann das Ganze langsam fortkochen, damit die Suppe kräftig werde, seiht sie dann ab, macht Fleischknödel darein, oder was sonst beliebig ist.

22. Brodsuppe.

Man nimmt gutes Hausbrot, schneidet davon sehr dünne Schnitten, giebt in ein Kastrol etwas Abschöpffett, läßt es heiß werden, auch etwas kleingeschnittenen Zwiebel hinein, läßt ihn anlaufen, dann das geschnittene Brot dazu, läßt selbes ebenfalls etwas rösten, gibt dann gute Rindsuppe darauf, etwas gestoßenen Pfeffer und ein kleinwenig Muskatblüthe, läßt die Suppe gut versieden, jedoch muß man darauf sehen, daß das Brot nicht zerfalle. Vor dem Anrichten gibt man für jede Person ein Ei in die siedende Suppe, selbe dürfen aber nicht fest werden; belegt die Suppe mit Würste in kleine Stücke geschnitten, wie auch mit zierlich geschnittenem Wurzelwerk, und besäet sie mit kleingeschnittenem Schnittlauch.

23. Brodsuppe auf andere Art.

Man schneidet gutes Hausbrod in dünne Blätter, verkocht selbes in kräftiger Fleischbrühe, versprudelt es und treibt es durch ein Passiersieb. Ein wenig Fett wird in einem Kastrol warm gemacht, das Durchgetriebene hineingegeben und aufgekocht. Dann siedet man so viele Eier als Personen an der Tafel sind, auf selbe Manier, wie man Eier weich zu kochen pflegt, schält selbe behutsam, damit sie ganz bleiben, erwärmt sie durch einige Secunden in heißer Brühe und gibt sie mit der Brotsuppe zur Tafel.

24. Französische Suppe.

Man nimmt einen schönen festen Kohl, Kohlrüben,

gelbe Rüben, von jeder Gattung gleiche Theile, schneidet sie wie Nudeln, und vier bis fünf Champignos in dünne Blätter geschnitten dazu, giebt ein Stück Gansfett in ein Kastrol, das geschnittene darein, und läßt es eine gute halbe Stunde dünsten; dann gibt man etwas Muskatblüthe und etwas Pfeffer hinein, füllt es mit Brühe auf und läßt es so lange kochen, bis das Gemüse weich ist, richtet es dann über gebähte, länglichgeschnittene Semmeln an.

25. Gestossene Suppe.

Man backt ein junges Huhn wie auch eine halbe Semmel, stückweise geschnitten, aus dem Schmalze, stößt zwei hartgesottene Eierdotter sammt den ersteren in einem Mörser klein zusammen, giebt es in einen Topf, füllt es mit guter Brühe auf und läßt es eine Stunde kochen, treibt es dann durch ein Sieb, doch muß man darauf sehen, daß die Suppe nicht zu dick ist, in welchem Falle man noch etwas klare Suppe nachgießt. Beim Anrichten gibt man weich gekochte klein geschnittene Mägen, ausgebackene Leber und Semmel darein.

26. Gestossene Lebersuppe.

Man backt $1/4$ Kilo Kalbsleber, drei Theile von einer Semmel, zwei Eier, alles aus dem Schmalze, stößt es in einem Mörser fein zusammen, gibt es in einem Topf, füllt es mit guter Brühe auf, etwas Muskatblüthe dazu, läßt es eine halbe Stunde kochen und schlägt es durch ein Sieb, gibt es in den Topf zurück, läßt es noch ein wenig kochen, und richtet es über gebackene Leberknödeln an.

27. Haidengrütze-Suppe.

Man nimmt 2 Deciliter Haidengrütze, rührt zwei Eierdotter darunter, läßt die abgerührte Grütze an einem lauwarmen Orte gut trocknen. Ist sie ganz getrocknet, so zerreibt man sie mit der Hand so lange, bis sie ihre vorige Gestalt wieder erhält, kocht sie sodann in gute Brühe ein und läßt sie einige Minuten kochen, gibt in einen Topf zwei Eidotter, sprudelt selbes gut durcheinander, gießt die Suppe damit ab und richtet sie an.

28. Hirnsuppe.

Zur Hirnsuppe für 8 Personen wird das Hirn von einem ganzen Kalbskopfe in Rindsuppe abgekocht; wenn es gekocht ist, so treibt man es durch ein Sieb, nimmt zehn bis fünfzehn Stück Champignons von mittlerer Größe, schneidet sie gröblich zusammen, läßt ein wenig Fett warm werden, gibt etwas kleingeschnittene Petersilie dazu, so auch die Champignons, läßt es eine Weile dünsten, bestäubt es mit einem halben Kochlöffel voll Mehl, läßt es noch ein wenig dünsten, gibt dann das Hirn darein und füllt es mit guter Rindsuppe auf; man gibt auch etwas gestoßene Muskatblüthe dazu, läßt das Ganze wohl versieden und richtet es über Hirnwandeln oder über gabackene Semmeln, die länglich geschnitten werden, an.

29. Suppe mit Consommé.

Zehn Eierdotter werden in einem Topf gut versprudelt und $^2/_3$ Liter kräftige weiße Brühe gut damit vermengt in ein mit Fett bestrichenes Kastrol gegossen und in Dunst gestellt. Mittlerweile werden zwei Stauden fester Kohl, drei Kohlrüben, drei gelbe Rüben rein geputzt und so wie gestutzte Nudeln geschnitten, mit etwas Gansfette gedünstet, doch so, daß es nicht braun wird, weshalb man öfter etwas Brühe darauf gibt. Endlich wird eine Semmel ebenso länglich geschnitten und aus dem Schmalze jäh ausgebacken. Das Consommé, wenn es im Dunst schon fest geworden, wird auf ein reines Brett gestürzt und mit einem kleinen Ausstecher entweder in halbmond= oder runde Blätter aus= gestochen. Man gibt dann das Gemüse, die gebackene Semmel und das Consommé in den Suppentopf und gießt braune Suppe darauf.

30. Karfiolsuppe.

Man nimmt drei mittlere Rosen schönen weißen Karfiol, putzt und schneidet sie in gleiche Theile und kocht sie in kräftiger Rindsuppe. Dann nimmt man in ein Kastrol ein wenig Fett, läßt es warm werden, gibt zwei Kochlöffel voll Mehl dazu, läßt es ein wenig anlaufen und gießt die Suppe von dem Karfiol, wenn er weich ist, darauf, nimmt auch ein wenig kleingehackte Muskatblüthe und 3 Eierdotter dazu. Bevor man sie anrichtet, gibt man den Karfiol hinein, sprudelt die Suppe mit zwei Eierdottern und richtet sie über gebähte Semmeln und gebackene Gänseleber an.

31. Kräutersuppe.

Man wäscht die Kräuter zur Suppe für sechs Person rein und schneidet sie klein, läßt ein wenig Gansfett heiß werden und die Kräuter damit dünsten, stäubt etwas Mehl daran, gießt gute Brühe darauf, salzt und würzt sie, und läßt sie gut verkochen. Sprudelt dann drei Eierdotter, und ein wenig Fett zusammen ab, gießt die Suppe darauf, stellt sie zum Feuer, sprudelt sie so lange, bis sie anfängt dicklich zu werden, und richtet sie über gebähte Semmelschnitten an.

32. Reissuppe.

Man nimmt eine reingeputzte junge Henne, schneidet sie in Stücke, salzt sie ganz wenig und läßt sie im Salze liegen. Dann nimmt man ein wenig Fett, läßt es warm werden, gibt auch etwas klein gehackte grüne Petersilie und die Henne hinein, läßt sie ganz langsam dünsten, damit sie aber schön weiß bleibe, muß man öfters etwas Brühe darauf geben, bis sie weich ist; gießt dann noch ein paar Schöpflöffelvoll Brühe darauf, und läßt sie noch etwas dünsten. Nimmt dann $12^1/_2$ Dekagramm reingeklaubten Reis, wäscht selben einigemal in lauwarmen Wasser aus, und kocht ihn mit guter Rindsuppe eine halbe Stunde vor dem Anrichten langsam, damit er weich werde aber doch ganz bleibe; gibt man etwas Muskatblüthe hinein. Zuletzt nimmt man zwei Eierdotter in einem kleinen Topf, sprudelt sie gut mit etwas Suppe ab, richtet die Henne mit den Reis in den Suppentopf, gibt die abgegossene Suppe dazu, mengt sie durcheinander und gibt sie zur Tafel.

33. Erdäpfelsuppe.

Auf 1 Liter Brühe werden drei Erdäpfel mittler Größe gekocht, geschält und nach dem auskühlen gerieben; die Hälfte von einer Semmel in größere Spalten geschnitten und resch, jedoch nicht braun aus heißem Schmalze gebacken, drei Eier hart gekocht, geschält, die Dotter herausgenommen, und mit den übrigen in einem Mörser fein gestoßen, in einen Topf gegeben, mit der Brühe aufgefüllt und eine Stunde lang verkocht. Nun wird das ganze durchpassirt und über gebackene Erdäpfelknödel oder Hirnposesen, welche die größe eines Guldenstückes bekommen, angerichtet.

34. Weissgestossene Suppe.

Man nimmt von einem großen gebratenen Kapaun oder Indian oder von Kalbfleisch ungefähr $1/2$ Kilo, schneidet alle braune Haut davon ab, schneidet es zuerst mit dem Schneidmesser fein zusammen, bäckt eine Semmel, die in große Stücke geschnitten wird, ganz lichtgelb aus dem Schmalze; vier hartgekochte Eierdotter, dies alles sammt dem geschnittenen Fleisch wird in einem großen Mörser so fein wie ein Teig gestoßen, und gibt es dann in einen Topf, gibt $1 1/4$ Liter gute Brühe darauf, etwas Muskatblüthe dazu, und läßt es eine gute halbe Stunde kochen; dann wird es durch ein Sieb passirt und über Hirnwandeln angerichtet.

35. Lebersuppe ohne Fleischbrühe.

Man nimmt ½ Kilo Rindsleber, schabt es fein, schneidet Zwiebel, gelbe Rüben und Petersilie in Scheiben, läßt einige Löffel Fett in Casserol heiß werden, und gibt das Ganze hinein, so muß es einige Stunden dünsten, dann werden einige Löffel Mehl daran gestäubt, und mit Wasser aufgefüllt, wo man es noch ein halbe Stunde kochen läßt. Es wird sodann durch ein Haarsieb geseihet, und mit gebähter Semmel angerichtet.

36. Suppe mit Griesnockerln.

Es werden 9 Dekagramm Fett gut abgetrieben, drei ganze Eier und zwei Dotter darein verrührt, dann ⅔ Liter Gries hinein gegeben, etwas gesalzen; nachdem dieses Alles gut vermengt, werden die Nockerln nach Belieben mit einem Eßlöffel in die siedende Suppe eingelegt.

37. Suppe mit Nockerln.

Man nimmt 8 Dekagramm Fett, treibt recht sie flaumig ab, rührt dann vier Eierdotter, einen nach dem andern daran, gibt von vier Eierklar den festen Schnee, etwas Salz und acht Löffel voll feines Mehl dazu. Zur Vorsorge kann ein Nockerl probirt und in siedende Fleischsuppe eingekocht werden; wenn es zerfällt, nimmt man noch ein wenig Mehl dazu, legt dann die Nockerln mit einem Eßlöffel in die siedende Suppe, deckt sie zu, läßt sie eine halbe Viertelstunde sieden, gibt sie einzeln dann in den Suppentopf und gute reine Suppe darüber.

38. Suppe mit Consommé-Wandeln.

Mann nimmt zwei schön gebratene Hühner und ein Stück gebratenes Kalbfleisch, zerschneidet es, und stößt es in einem Mörser fein zusammen; wenn es so gestoßen ist, gießt man etwas mehr als $^8/_{10}$ Liter kräftige Hühnersuppe darauf, streicht es durch ein Sieb, dann wird es mit neun Eierdottern abgesprudelt, und wieder durchgestrichen; die Wandeln werden mit Fett bestrichen, und ein jedes davon mit Consommé angefüllt in den Dunst gegeben. Ist das Consommé zusammengegangen, so stürzt man es heraus in den Suppentopf, und gibt eine lichtbraune Suppe darauf. Der Dunst ist auf folgende Art zu verstehen: Man gibt in ein tiefes Kastrol so viel Wasser, daß es etwas über die Hälfte des Models reicht; ist das Wasser siedend, so stellt man den Model hinein, gibt über das Kastrol, worin das Wasser ist, ein reines Papier, über dasselbe einen eisernen Deckel, stellt es auf die heiße Platte der Kochmaschine, oben auf so viel Gluth, als hiezu nöthig ist. Ein größeres Gericht muß oft länger als eine Stunde in diesem Wasser kochen, daher ist es nöthig, wenn sich das Wasser eingekocht hat, siedendes Wasser nachzufüllen, doch darf es niemals die angegebene Höhe des Models übersteigen, weil sein Inhalt Gefahr liefe, überschwemmt zu werden.

39. Suppe mit Eingebundenem.

Man nimmt gebratenes Kalbfleisch, gebratene Kapaun- oder Indianer-Brust, schneidet solches klein, weicht eine Semmel in Wasser, drückt sie aus, macht von drei Eiern ein Eingerührtes, und schneidet etwas grüne Petersilie klein zusammen; treibt dann $^1/_8$ Kilo Fett flaumig ab, gibt das Geschnittene hinein, schlagt drei Eier eines nach dem andern darein, Salz, Pfeffer, ein wenig Semmelbröseln, zwei Eierdotter dazu, rührt Alles wohl untereinander, bestreicht eine Serviette mit Fett, gibt das Abgetriebene darauf, bindet es zusammen, gibt es in siedendes Salzwasser und läßt es eine halbe Stund kochen. Nimmt es dann sorgfältig heraus, legt es in den Suppentopf und gießt braune Suppe darüber.

40. Braune Suppe mit gebackenen Erbsen.

Man nimmt in einen Topf vier Kochlöffel voll feines Mehl schlägt drei ganze Eier hinein und verrührt beides wohl, dann wird nach und nach so viel Wasser hinzugegeben, daß der Teig die Dünne eines schön glatten Omelettenteiges erreicht, welchen man mit etwas Salz würzt. Nun wird ein reines Schmalz in einer Pfanne heiß gemacht, der Teig mittelst eines Schaumlöffels eingeträufelt, dabei aber die Pfanne fleißig gerüttelt, damit sich die Erbsen auf allen Seiten gleich bräunen. In die Suppe gibt man sie erst im Augenblicke des Anrichtens, weil sie durchaus nicht weich werden dürfen.

41. Suppe mit Erdäpfelknödeln.

Man kocht vier große mehllichte Erdäpfel, schält und reibt selbe auf einem Reibeisen, treibt $1/8$ Kilo Fett flaumig ab, gibt etwas kleingeschnittene grüne Petersilie hinein, ein ganzes Ei und drei Dotter, Alles gut verrührt, die Erdäpfel auch dazu, sammt etwas Salz; macht dann Knödel wie eine Nuß groß davon, wälzt sie in feine Semmelbröseln und bäckt sie schön gelblich in heißem Schmalze, richtet sie in den Suppentopf und gießt Erdäpfelsuppe darüber.

42. Suppe mit Fleischknödeln.

Man nimmt $1/4$ Kilo weißgebratenes Kalbfleisch auf ein Brett, schneidet es recht klein zusammen, gibt zwei abgeriebene in Wasser geweichte Semmel dazu, schneidet sie ebenfalls klein, gibt beides in ein Mörser und stoßt es recht fein. Dann treibt man $1/8$ Kilo Fett flaumig ab, schlägt zwei ganze Eier und einen Dotter darein, gibt die Fasch dazu, salzt es und rührt es gut durcheinander; wenn es zu weich sein sollte, so nimmt man noch ein wenig feine Semmelbröseln dazu, macht kleine Knödeln daraus, wälzt sie in feine Semmelbröseln, und bäckt sie schön gelb aus frischem Rindschmalz, gießt siedende braune Suppe darüber, und gibt sie zur Tafel.

43. Ragout Suppe.

Man nimmt in ein Kastrol ein Stück Fett, etwas kleingeschnittene grüne Petersilie, sechs Champignons in Blätter geschnitten und dünstet es eine Viertelstunde; dann stäubt man zwei Löffel voll Mehl darauf, läßt es ein wenig dünsten und gießt gute Brühe darauf. Zuvor siedet man das Gansel= junge in der Suppe, und wenn es weich genug ist, schneidet man es in gehörige Stücke, den Magen aber länglich, gibt etwas kleingehackte Muskatblüthe dazu, läßt es noch ein wenig aufsieden, und richtet sie über gebähte länglich ge= schnittene Semmeln an. Die Leber wird gebacken und in Stücke zerschnitten dazu gegeben. Man kann diese Suppe auch ohne Champignons geben.

44. Semmel-Suppe.

Nachdem man die braune Rinde von 3 frischen Kaiser= semmeln abgerieben hat, wird es großwürflich geschnitten, und sodann abgetrocknet und in eine passende Casserole gethan, mit der nöthigen Fleischbrühe angefüllt und so eine halbe Stunde langsam gekocht. Beim Anrichten wird sie rein entfettet, das noch nöthige Salz dazu gegeben und mit 4 bis 5 Eier gesprudelt.

45. Suppe mit abgetriebenen Griesknödeln.

Man treibt 10 Dekagramm Fett flaumig ab, gibt nach und nach vier ganze Eier hinein, und verrührt zuletzt $3/10$ Liter Gries damit. Es ist übrigens nöthig, daß man mit einem den Versuch mache, weil die Knödel leicht zu weich oder zu fest werden können. Wenn sie Probe halten, so formt man kleine Knödel, kocht selbe in guter Fleischbrühe und läßt sie nach dem Auskochen eine starke Viertelstunde zugedeckt stehen, wo nach sie in den Suppentopf gegeben und mit der geseihten Suppe übergossen werden.

46. Suppe mit Griesswandeln.

Man gibt in ein Kastrol gute Rindsuppe, läßt sie auf= kochen; kocht so viel Grieß darein, daß ein dickes Koch wird, nimmt es dann vom Feuer weg und läßt es auskühlen. Dann treibt man ⅛ Kilo Fett flaumig ab, rührt fünf ganze Eier, abwechselnd ein Ei und einen Eßlöffel voll Koch hinein und salzt es ein wenig, bestreicht die Wandel mit Fett, bestreut sie mit feinen Semmelbröseln, füllt sie zur Hälfte an, gibt sie dann in den Dunst, oder bäckt sie in einem kühlen Ofen. Wenn sie gebacken sind, stürzt man sie heraus, richtet sie in den Suppentopf an, und gibt Rindsuppe darüber.

47. Suppe mit Haschékrapferln.

Man nimmt hiezu ein Stück übrig gebliebenen Braten, vorzüglich gut ist hiezu die Brust von einem Indian, ein paar Champignons, die Hälfte von einer Semmel in Wasser geweicht, grüne Petersilie, dieses Alles klein zusammengeschnitten, gibt auch ein wenig Salz und zwei Eierdotter darein und rührt alles wohl durcheinander. Streut dann feine Semmelbröseln auf ein Brett, gibt das Haschè darauf, walkt es kleinfingerdick aus und sticht mit einem kleinen Ausstecher in der größe eines Fingerhutes kleine Krapfen aus, bäckt sie lichtbraun aus dem Schmalze, richtet sie in den Suppentopf, gießt braune Suppe darüber und gibt sie gleich zur Tafel.

48. Suppe mit Hirnknödeln.

Man nimmt ein Kalbshirn, wäscht es schön rein aus, kocht es in Salzwasser, zieht die Haut davon weg, schneidet es mit grüner Petersilie klein zusammen, gibt Salz und etwas gestoßenen Pfeffer dazu, röstet es mit Fett, gibt es dann in einen Mörser, eine halbe in Wasser geweichte Semmel dazu und stößt es klein zusammen; treibt wenig Fett gut ab, rührt das Hirn hinein, schlägt zwei ganze Eier und zwei Dotter darein, gibt ein wenig Semmelbröseln dazu, macht kleine Knödel davon und kocht sie in guter Fleischbrühe; legt sie dann in den Suppentopf und gibt braune oder weißgestoßene Suppe darüber.

49. Suppe mit Hirnwandeln.

Man nimmt zwei Semmeln, reibt die Rinde davon ab, weicht sie in Wasser, wenn sie gut geweicht sind, drückt man sie aus, gibt sie in ein Kastrol, gießt dreizehntel Liter Wasser darauf, läßt es auf Kohlenfeuer siedend unter beständigem Rühren zu einem Koche kochen, stellt es dann vom Feuer weg und läßt es auskühlen. Dann treibt man ein wenig Fett flaumig ab, gibt das Koch hinein, etwas Salz, ein ganzes Ei und drei Dotter dazu, rührt dies Alles eine halbe Stunde; zuletzt gibt man noch den Schnee von drei Eierklar dazu, bestreicht die Wandeln mit Fett, bestreut sie mit feinen Semmelbröseln, gibt etwas Weniges von dem Abgetriebenen hinein, in der Mitte füllt man sie mit dem schon zubereiteten Hirn, füllt dann die Wandeln mit dem Abgetriebenen nicht ganz voll an. Das Hirn wird vorher in Salzwasser gekocht, abgehäutelt und mit einem Stück Fett nebst klein geschnittener grüner Petersilie abgedünstet. Die Wandeln gibt man in den Dunst, und läßt sie eine halbe Stunde kochen, stürzt sie dann heraus, gibt sie in den Topf und braune Suppe darüber.

50. Suppe mit Fleischpofesen.

Man dünstet $1/4$ Kilo Kalbfleisch, doch muß dies mit Vorsicht geschehen, damit es so viel wie möglich weiß bleibe schneidet es mit etwas grüner Petersilie und Zwiebel in der Größe einer Haselnuß klein zusammen, läßt ein Stückchen Fett warm werden, gibt einen Kaffeelöffel voll Mehl hinein und läßt es etwas anlaufen. Dann gibt man das Geschnittene dazu, läßt es etwas dünsten, füllt einen halben Schöpflöffel voll Brühe darauf und läßt es dick eingehen. Wenn dies geschehen, werden zwei Eierdotter daran gerührt und vom Feuer weggenommen. Sodann schneidet man messerrückendicke Spalten von dünnen Kipfeln, bestreicht sie mit der Fasch, formt Pofesen davon, befeuchtet selbe mit Wasser, tunkt sie in abgeschlagene Eier und feine Semmelbröseln, bäckt sie schön semmelbraun aus dem Schmalze und richtet gute Brühe darüber.

51. Suppe mit Wandeln von Reismehl.

Nachdem der Reis rein geklaubt, wird er in einem Mörser zu Mehl gestoßen, mit kalter weißer Brühe abgerührt, und unter beständigem Rühren zu einem dicklichen Koch verkochen gelassen; dann nimmt man es vom Feuer weg, verührt 8 Dekgr. Fett in das noch heiße Koch, und läßt es kalt werden; schlägt ein ganzes Ei und sechs Dotter daran, etwas Salz dazu, und wenn die Masse schon hinlänglich abgetrieben, von vier Eierklar den festen Schnee langsam darunter gerührt. Die Wandeln werden mit Fett bestrichen, zur Hälfte angefüllt, dann in die Mitte etwas Fasch gegeben, mit Obigem bedeckt, jedoch nicht ganz angefüllt, im Ofen langsam gebacken und weiß gestoßene Suppe darüber gegeben.

52. Suppe mit Leberknödeln.

Ein viertel Kilo Kalbleber wird klein geschnitten und durchpassirt, dann eine in Wasser geweichte, und ausgedrückte Semmel, etwas grüne Petersilie, und ein Stückchen Zwiebel in der Größe einer Haselnuß gehackt. Nun treibt man 8 Dekgr. Fett flaumig ab, rührt zwei ganze Eier nebst einem Dotter darein, gibt die Leber, Semmel und nur so viel gesiebte Semmelbrösel dazu, daß man schöne kleine Knödeln daraus formen kann, welche in guter Brühe ausgekocht werden.

53. Schinkenknödel in die Suppe.

$1/8$ Kilo Fett wird bis zum Schäumen abgetrieben, hierauf drei Eierdotter, drei ganze Eier, sowie etwas Salz, Pfeffer und Muskatnuß hineingethan $1/4$ Kilo fein geschnittene magere Schinken und zum Schluß eine Hand voll schöne weiße Semmelbröseln. Eine halbe Stunde vor dem Anrichten macht man mit der Hand kleine Knödeln, legt sie auf ein mit Mehl bestaubtes Brett, und kocht sie auf einmal in der siedenden Suppe aus.

54. Suppe mit Leberschöberln.

Man nimmt eine Gansleber, schabt die Haut davon weg, und passirt sie durch; treibt 8 Dekgr. Fett flaumig ab, schlägt zwei ganze Eier und zwei Dotter eines nach dem andern gut verrührt hinein, reibt von zwei Semmeln die Rinde ab, weicht selbe in Wasser, nimmt etwas klein geschnittene grüne Petersilie, Zwiebel, Salz und etwas gestoßenen Pfeffer, wie auch die geweichten Semmeln, und etwas feine Semmelbröseln dazu. Wenn dies alles wohl verrührt ist, so gibt man von zwei Eierklaren den Schnee darunter; bestreicht ein Kastrol mit Fett, besäet es mit feinen Semmelbröseln, füllt die Masse hinein und bäckt sie, schneidet sie in Schiffeln, und gibt gestoßene Lebersuppe darüber. Nachdem jetzt größtentheils alle Häuser mit Sparherden, oder den sogenannten Kochmaschinen versehe sind, gibt man alle jene Mehlspeisen, die gebacken werden, in die Backröhre derselben, mit Ausnahme jener Gegenstände, welche im Dunste ausgekocht werden.

55. Suppe mit Leberreis.

Zu dieser wird die Masse wie zu den vorgehenden Leberschöberln bereitet; jedoch mit der Ausnahme, daß hier der Schnee wegbleiben muß, und dagegen ein und ein halber Kochlöffel voll Mehl dazu genommen wird. Diese Masse wird durch ein Relbeisen größerer Gattung mittelst eines Kochlöffels in kochende weiße Suppe eingekocht, welches um den Reis schön ganz und in gleicher Form zu erhalten, in einem Kastrol geschieht; dieser wird mit dem Backlöffel nach und nach, so wie er auch eingekocht wird, herausgenommen, in den Suppentopf gegeben, und braune Suppe darüber angerichtet.

56. Grüne Fisolen Suppe.

Man nehme einen Teller voll grüne Fisolen, nachdem sie rein geputzt sind werden sie länglich geschnitten und in einem Topf Salzwasser abgekocht; wenn sie weich sind, wird wenig lichtgelbe Einbrenn gemacht, selbe mit der Suppe aufgelassen, mit etwas Essig gesäuert, und zwei Eidotter darangeben.

57. Suppe mit Markknöderln.

Man reinigt $^1/_8$ Kilo Mark von den Beinen, schneidet den dritten Theil davon kleingewürfelt, das Uebrige aber blätterweis, gibt es in einen Weidling, läßt es ein wenig zergehen, treibt es flaumig ab, rührt dann zwei abgeriebene und in Wasser geweichte Semmeln, zwei ganze Eier und zwei Dotter nach und nach hinein, Salz und ein wenig feine Semmelbröseln, dann auch das gewürfelt geschnittene Mark dazu, rührt Alles wohl durcheinander, macht kleine Knödeln daraus, kocht selbe in guter Hühnersuppe ein, und gibt sie, wenn sie ausgekocht sind, zur Tafel.

58. Suppe mit Mehlschöberln.

Mann nimmt $^1/_8$ Kilo Fett, treibt sie flaumig ab, schlägt zwei ganze Eier und vier Dotter eines nach dem andern gut verrührt hinein, gibt so viel Mehl darein, daß ein leichter Teig wird, den Schnee von vier Eierklar dazu, salzt es, bestreicht einen Platfond, oder ein breites Kastrol mit Fett gibt den Teig hinein und bäckt es schön semmel= gelb. Wenn es ausgebacken ist, nimmt man es auf ein Brett, und sticht es mit einem kleinen Ausstecher zierlich aus, richtet es in einen Suppentopf, und gibt Karfiolsuppe darüber.

59. Suppe mit Mehlwandeln.

Man treibt $^1/_8$ Kilo Fett flaumig ab, schlägt fünf Eierdotter hinein, und von fünf Eierklar einen festen Schnee, verrührt diesen, und gibt dann vier bis fünf Eßlöffel voll feines Mehl, und ein wenig Salz dazu, rührt es recht flaumig ab, bestreicht die Wandeln mit Fett, füllt sie halb an, und bäckt sie schnell in der Röhre, richtet sie in den Suppentopf, und gibt Rindsuppe darüber.

60. Suppe mit Ragoutknödeln.

Man nimmt ein Paar Kälberbries, ein Eiterl, übersiedet sie ein wenig, und schneidet sie sammt ein wenig Champignons klein, läßt ein Stück Fett warm werden, gibt das Geschnittene hinein, und dünstet es, nimmt dann ein wenig Wasser gibt drei Eierdotter hinein, sprudelt es gut ab, und gießt es darüber, etwas Muskatblüthe und Salz dazu, und rührt Alles gut durcheinander, schneidet viereckige Oblaten, bestreicht sie mit Eierklar, gibt einen halben Löffel voll von dem Ragout darauf, macht es schön rund, wie ein Knöderl zusammen, walzt sie in aufgeklopften Eiern, dann in feinen Semmelbröseln, und bäckt sie heiß aus dem Schmalze, gibt sie in den Suppentopf und gießt eine weiß gestoßene Suppe darüber.

61. Suppe mit Reisknöderln.

Man nimmt ⅛ Kilo rein geklaubten Reis, wäscht ihn im lauwarmen Wasser mehrmals aus, gibt ihn mit etwas Brühe, ein klein Stück Fett in ein Kastrol, läßt ihn so lange dünsten, bis er weich ist, dann treibt man 8 Dekgr. Fett flaumig ab, rührt ein ganzes Ei, und drei Dotter, wie auch den ausgekühlten Reis hinein, salzt ihn, und gibt auch ein wenig Mehl dazu, damit es zusammenhält, macht kleine Knöderln daraus, und kocht sie in weißer Rindsuppe ein; wenn sie ausgekocht sind, nimmt man sie heraus, richtet sie in den Suppentopf, und gibt braune Suppe darüber.

62. Suppe mit Reiswandeln.

⅛ Kilo Reis wird gewaschen, in einem Tuche getrocknet, und in einem Mörser gröblich gestoßen, in kräftiger weißer Brühe zu einem Koche verdünstet, und ausgekühlt. Nun werden 8 Dekgr. Fett abgetrieben, ein ganzes Ei und vier Dotter sammt dem Koche hinein verrührt, etwas gesalzen, und mit dem festen Schnee von drei Eierklar vermengt. Dann bestreicht man die Wandeln mit Fett, und füllt sie, jedoch nicht ganz, mit der Masse an, richtet sie auf ein langes Blech, und bäckt sie, oder gibt selbe in ein breites Kastrol in Dunst, stürzt sie sodann heraus und gibt braune Suppe darüber.

63. Suppe mit Semmelwandeln.

Von zwei Semmeln wird die Rinde abgerieben, in Blätter geschnitten, mit einem $1/_2$ Liter Wasser übergossen, und unter beständigem Rühren zu einem feinen Brei verkocht, weggestellt, 9 Dekgr. Fett dareingerührt und darnach ganz ausgekühlt. Nun wird ein ganzes Ei, und vier Dotter einer nach dem andern hineingegeben, etwas gesalzen, und endlich der feste Schnee und drei Eierklar leicht mit dem Ganzen vermengt, die Wandeln mit Fett bestrichen, ein Eßlöffel voll von dem Koche eingefüllt, mit einem Kaffelöffel voll guter Fasch oder Ragout belegt, wieder mit einem Eßlöffel voll von der Masse zugedeckt, und schön gebacken. Es bleibt zu bemerken, daß das Semmelkoch nicht zu dünn sein darf, weil sich sonst die Fasch auf den Boden setzt: überhaupt müssen die Wandeln sehr schnell gefüllt, und sogleich in den Ofen gegeben werden. Auf dieselbe Art wird das Semmelschöberl bereitet, nur daß hiezu das Koch etwas leichter gehalten sein muß; eingefüllt wird es fingerdick in ein bestrichenes Kastrol, langsam gebacken, dann ausgestürzt, und entweder in kleine Schifferln abgetheilt, oder mit einem Sternausstecher ausgestochen.

64. Suppe mit Champignons.

Dazu nimmt man einige Champignons, putzt und schneidet selbe in dünne Spalten; dünstet sie in etwas Fett mit etwas klein geschnittener grüner Petersilie, stäubt etwas Mehl daran, und wenn dieses gut verdünstet hat, gießt man so viel Fleischbrühe daran, daß es einer dünnen Einmachsauce gleicht; gibt auch ein wenig Muskatblüthe und 2 Eidotter dazu, läßt es noch etwas kochen, und richtet es über Mehlschöberl oder gebähte Semmel an.

65. Grüne Erbsensuppe.

Man nimmt junge Erbsen sammt den Schalen, dünstet sie in Fett weich, und stößt sie mit einigen gebackenen Semmelschnitten und zwei bis 3 Stücken von gebackenen Hechtenköpfen klein zusammen; wenn dieses geschehen, gibt man sie in ein Kastrol, gießt eine gute klare Erbsenbrühe daran, salzt und läßt sie gut versieden, passirt sie durch, richtet sie dann in einen Topf, läßt sie nochmals aufsieden und gießt sie über gebackenes Mehlschöberl oder gebackene Semmelwürfel.

66. Erdäpfelsuppe.

Man gibt Petersilie, Burn, gelbe Rüben und etwas Sellerie in einen Topf, füllt selbes mit Wasser auf, salzt es, und läßt es zwei Stunden kochen; dann schält man die Erdäpfel, schneidet sie gewürfelt, seihet obigen Sud darauf und läßt sie weich verkochen. Nun macht man mit Fett eine dünne gelbe Einbrenne, gibt etwas kleingeschnittene grüne Petersilie hinein, füllt sie mit obigem Wasser auf, gibt etwas Muskathblüthe dazu, und läßt das Ganze gut verkochen; wenn die Erdäpfel weich sind, so richtet man die Suppe über gebackene Semmelschnitten an.

67. Sellerie-Suppe.

Diese Suppe ist besonders geeignet, wenn man übergebliebene Rindsuppe hat. Ein großer Sellerie wird gewürfelt geschnitten, und in einer Casserolle mit Fett gedünstet, wenn es schon weich ist ein Löffel Mehl daran gestäubt, die gebliebene Rindsuppe mit Wasser gemengt und damit aufgelassen, läßt es noch eine halbe Stunde kochen. Man kann auch gebackene Semmel hineingeben.

68. Suppe von dürren Fisolen.

$3/10$ Liter Fisolen wird in $1^2/10$ Liter Wasser weich gekocht, nebst einige Stück gelbe Rüben und Petersilie. Es ist zu bemerken, daß man die Suppe oft umrührt damit sie etwas dicklicht wird, dann werden kleine Zweckerln hineingezupft, und läßt das Ganze noch 10 Minuten kochen. Unterdessen wird ein Zwiebel auf Blätter geschnitten und in Schmalz gelb gedünstet, und damit die Suppe vor dem Anrichten überbrüht.

Vierter Abschnitt.

Von den Saucen.

69. Aepfelsauce.

Man nimmt 2 oder 3 mürbe säuerliche Aepfel, schält und schneidet sie in dünne Blätter, läß sie dann in etwas Fett weich dünsten, stäubt einen Löffelvoll Mehl daran, läßt es anlaufen, gibt einen Schöpflöffelvoll Brühe dazu, von einer halben Limonie die länglich geschnittene Schale, etwas Limoniensaft und so viel Zucker, daß es hinlängliche Süße erhält; zuletzt gibt man noch zwei Eidotter dazu, und die Sauce ist fertig.

70. Stachelbeer- oder Agrassauce.

Die Stachelbeeren werden gereinigt und gewaschen, mit etwas Abschöpffett ganz wenig gedünstet und mit so viel Mehl bestäubt als die Quantität es erfordert; wenn dieses gehörig verdünstet hat, so gibt man etwas Fleischbrühe, Zucker und 2 Eidotter dazu, läßt es so lange kochen, bis die Stachelbeeren weich werden, aber doch ganz bleiben. Man kann Selbe auch durchpassiren.

71. Hagebutten-Sauce.

$^2/_{10}$ Liter frische oder getrocknete Hagebutten werden

mit $^2/_{10}$ Liter Wasser zugesetzt und wenn sie weich sind, so treibt man sie mit starke $^2/_{10}$ Liter weißen Wein durch ein Haarsieb, bringt es wieder zum Feuer, röstet einen halben Kochlöffel Mehl, und ein wenig Gansfett gelb, thut dieß nebst einem Stück Zucker, ein wenig klein geschnittener Citronenschale und gestoßenem Zimmet in die Sauce, und kocht sie noch etwas.

72. Ribisel-Sauce.

$^3/_{10}$ Liter Ribisel sollen rein geputzt und gewaschen werden, hierauf siede man 1½ Dekagramm Schmalz in einer Casserole und gebe sie da hinein; ein wenig Suppe hineinschüttend, soll es dünsten. Wenn sie weich sind, zuckere man sie, rühre einige Löffel Mehl ab, und gieße es darauf. Man kann sie auch mit ein wenig Rindsuppe verdünnen.

73. Orangen-Sauce.

Man röstet einen Kochlöffel Mehl in ein wenig Fett lichtgelb, gießt $^1/_{10}$ Liter weißen Wein und halb soviel Wasser daran, und fügt die am Reibeisen abgeriebene Schale und den Saft einer Orange hinzu, verrührt dann 6 Eigelb stark in einem hohen Geschirr, gießt die gekochte Sauce langsam daran, thut sie wieder in das erste Geschirr und läßt sie unter beständigem Rühren auf dem Feuer ein wenig anziehen, aber ja nicht mehr kochen.

74. Champignons-Sauce.

Man schält sechs bis sieben schöne Champignons, hölscht das Innere davon aus, schneidet das Uebrige blätterweis, wornach sie mit etwas klein gehackter grüner Petersilie in Gansfett gedünstet und etwas Mehl bestäubt werden; wenn selbes hinlänglich verdünstet ist, gibt man einen Schöpflöffel voll gute Brühe darauf, zuletzt 2 Eierdotter dazu und läßt es noch ein wenig aufsieden.

75. Gappersauce.

Der Gapper wird, nachdem er rein gewaschen ist, so wie zum Kraut klein geschnitten, in etwas Abschöpffett, einen Kochlöffel voll Mehl etwas angelaufen, dann der Gapper hineingegeben und mit Fleischbrühe aufgelassen; wenn dieses schon hinlänglich gesotten hat, so gibt man 2 Eidotter dazu läßt solchen noch etwas verkochen und die Sauce ist fertig. Wünscht man diese Sauce säuerlich, so läßt man etwas Citronensaft damit aufkochen.

76. Gurkensauce.

Man schneidet so viel saure Gurken als man braucht, in dünne Blätter, macht eine dünne lichtbraune Einbrenn, füllt sie mit guter Brühe auf, gibt die Gurken sammt 2 Eierdotter und etwas Citronenschale dazu und läßt es noch etwas kochen.

77. Capernsauce.

Man macht eine lichtbraune Einbrenn, schneidet 6 bis 8 Decagramm Capern mit dem Schneidmesser gröblich zusammen, gibt sie in die Einbrenn und läßt sie einen Augenblick verdünsten, füllt einen kleinen Schöpflöffel voll gute Brühe darauf, 1 bis 2 Eidotter dazu und läßt es gut verkochen.

78. Limoniensauce.

Es wird eine gelbliche Einbrenn gemacht, etwas kleingeschnittener Zwiebel hineingegeben; wenn dieser etwas angelaufen, gibt man so viel Brühe darauf, daß es die rechte Dicke bekömmt, schneidet dann von einer halben Limonie die Schalen länglich, gibt den Saft dazu, läßt sie gut versieden, zuletzt 1 Eidotter hinein, so ist die Sauce fertig.

79. Kalter Kren.

Ein guter süßer Kren wird gerieben, mit einem ebenfalls

geriebenen gekochten Erdäpfel vermengt, mit gutem Weinessig, einem Löffel Wasser, etwas Zucker und einem Löffel feinen Tafelöl abgerührt.

80. Paradiesäpfelsauce.

Man nimmt sechs oder sieben Paradiesäpfel, putzt und wäscht sie rein, zerschneidet jeden davon in mehrere Theile, gibt sie in ein Kastrol und läßt sie recht weich dünsten; dann läßt man ein wenig Abschöpffett warm werden, gibt einen Löffelvoll Mehl darein, läßt es nur ein wenig anlaufen, schlägt dann die gedünsteten Paradiesäpfel durch ein Sieb, löst die Einbrenn damit auf und gibt, wenn es zu dick sein sollte, noch etwas Brühe, auch ein Stück Zucker und ein Eidotter dazu.

81. Sardellensause.

Es werden 6 bis 7 Dekgr. Sardellen von der Haut gereinigt, gewaschen und von den Gräten abgelöst, etwas grüne Petersilie mit ein wenig Zwiebel sammt den Sardellen klein geschnitten, macht dann eine gelbe Einbrenn, gibt das geschnittene hinein, läßt es damit anlaufen, füllt es mit ein paar Löffelvoll gute Brühe auf, gibt etwas gestoßenen Pfeffer und zuletzt zwei Eidotter dazu. Man kann sie auch mit Limoniensaft säuern und etwas Limonienschalen dazu geben.

82. Sauerampfersauce.

Man läßt etwas Gänsefett warm werden, schneidet einen Teller voll Sauerampfer, wenn er vorher rein gewaschen ist, mit dem Schneidmesser klein zusammen, gibt ihn in das Fett und läßt ihn dünsten, stäubt einen kleinen Löffelvoll Mehl daran und läßt es gut verdünsten, gibt etwas Brühe darauf, zwei Eierdotter und läßt es noch etwas versieden.

83. Semmelkren.

Man reibt von einer Semmel die Rinde ab, läßt sie in guter Brühe weichen und gut verkochen, versprudelt es, daß keine Bröckeln bleiben, läßt etwas Gansfett heiß werden, gibt die fein verkochte Semmel sammt den geriebenen Kren, etwas Zucker hinein, und läßt es einige Augenblicke versieden.

84. Kalte Sauce von Maschanzkeräpfel und Kren.

Vier bis sechs Maschanzkeräpfel werden geschält und auf dem Reibeisen gerieben; eine kleine Wurzel Kren wird gerieben, dieser in eine Sauceschale gegeben, und mit den geriebenen Aepfeln und einem Löffelvoll gestoßenem Zucker wohl vermengt und mit weißem Essig verdünnt. Es müssen noch einmal so viel Aepfel als Kren genommen werden.

85. Ungarische Schnittlauchsauce.

Man kocht 3 Eier hart ab, stoßt das Ganze in einem Mörser fein zusammen, zerdrückt das Gelbe von den Eiern und rührt es mit 4 bis 5 Eidotter fein ab, mengt das gestoßene Weiße, sammt den fein geschnittenen Schittlauch hinein verdünnt es mit gutem Weinessig und gibt noch etwas Salz und gestoßenen Pfeffer dazu.

86. Zwiebelsauce.

Man schneidet zwei Häuptel Zwiebel mit dem Schneidmesser gröblich zusammen, läßt etwas Fett warm werden, gibt einen Kaffeelöffelvoll gestoßenen Zucker hinein, und läßt ihn schön braun werden, gibt Zwiebel dazu, läßt ihn so lange dünsten bis er braun ist, aber nicht verbrennt, stäubt einen Löffelvoll Mehl daran, läßt es braun werden, füllt es mit Suppe auf, gibt einen starken Löffelvoll guten Essig dazu, läßt es gut versieden, und seihet es durch ein Sieb.

Fünfter Abschnitt.

Von den Zugemüsen.

87. Grüne Erbsen.

Man gibt ein Stück Gansfett in ein Kastrol läßt es warm werden, etwas kleingeschnittene grüne Petersilie, und die durchgeklaubten rein gewaschenen Erbsen dazu, läßt, es zusammen langsam dünsten, rührt sie öfters auf, damit sie nicht braun werden, stäubt etwas Mehl darauf; wenn das Mehl verdünstet hat, gibt man etwas Brühe darauf, und ein Stück Zucker dazu. Man kann sie mit faschirten Würsteln garniren; ihre Zubereitung ist folgende: Man nimmt ein Stück Kalbfleisch, auch etwas von gebratenem Geflügel, eine halbe, in Wasser geweichte Semmel ein klein wenig Zwiebel, grüne Petersilie, dieß Alles klein geschnitten und Salz, gibt dieß in einen Weidling, und zwei Eierdotter dazu, rührt Alles gut durcheinander, gibt es auf ein mit Mehl bestäubtes Brett; macht kleine Würstel davon, tunkt sie in abgeschlagene Eier, wickelt sie in halb Semmelbröseln und halb Mehl, und bäckt sie schön braungelb aus dem Schmalze. Um die grünen Erbsen aber schön grün zu erhalten, werden sie gekocht, und zwar in einem unbedeckten Topfe; sind sie übersotten, so seihet man sie schnell ab, gießt kaltes Wasser darauf, und hält die Sauce fertig in die man sie gibt. Man läßt nämlich ein Stück Gansfett warm werden, gibt einen kleinen Löffelvoll Mehl hinein, läßt es anlaufen, gibt etwas kleingeschnittene grüne Petersilie hinein, läßt diese einen Augenblick anlaufen, füllt es mit guter Brühe auf, läßt es verkochen, gibt die Erbsen sammt zwei Löffelvoll gestoßenen Zucker dazu, rüttelt sie öfter auf, läßt sie aber nicht lange kochen, damit sie ihre Farbe nicht verlieren.

88. Grüne Erbsen auf englische Art.

Die grünen Erbsen müssen ganz frisch, ausgelöst sein,

dann gibt man sie in kochendes Salzwasser, läßt sie einigemal aufkochen, nimmt sie mit einem Schaumlöffel heraus auf eine Schüssel, bestreut sie mit feinen Bröseln und übergießt sie mit Gänsefett.

89. Pudding von dürren Erbsen.

Es wird 1 Liter schöne dürre Erbsen weich gekocht, und durch ein Haarsieb fein passirt; ein wenig Gänsefett warm gemacht, ein Kochlöffelvoll Mehl hineingegeben, und gelblich angelaufen, dann die durchpassirten Erbsen glatt damit verrührt, ein Anrichtlöffelvoll gute Brühe darangegeben, und so lange versotten, bis es zu einem dicklichen Koche wird, läßt es dann auskühlen. Man bestreicht ein Kastrol stark mit Fett, füllt von den Erbsen daumhoch hinein; legt dann eine Lage Pöckelzunge, welche weichgesotten, und in feine Blätter geschnitten sein muß, dann wieder eine Schicht Erbsen und eine Lage schön braun gebratene Würste, welche in Stücke geschnitten, und in der Mitte durchgeschnitten sein müssen, endlich wieder Erbsen und Pöckelzunge, und so fährt man fort, bis das Kastrol voll ist; gibt es dann eine halbe Stunde in Dunst: stürzt es auf die Schüssel, und verziert es mit fein geschnittener Pöckelzunge. Auf dieselbe Art kann man einen Pudding von gedünstetem Reis machen.

90. Junge Erdäpfel mit Semmelbrösel.

Man nimmt junge gleich große Erdäpfel, diese werden roh abgeschaben, und durch eine Stunde im kalten Wasser liegen gelassen. Eine halbe Stunde vor dem Anrichten ungefähr kocht man sie im siedenden Salzwasser schnell weich, dann röstet man feingeschnittenen Zwiebel in Gänsefett schön gelb, die Erdäpfel auf eine Schüssel, bestreut sie mit fein gestoßenen Semmelbröseln, überbrennt sie mit heißer Gansfette und gibt sie schnell zur Tafel.

91. Grüne Fisolen.

Man nimmt junge grüne Fisolen, putzt und schneidet

sie blätterweis, brennt sie mit siedendem Wasser ab, und läßt sie eine Weile stehen; dann läßt man zwei Eßlöffelvoll Fett heiß werden, gibt einen guten Theil grüner Petersilie, ein wenig Zwiebel, und ein klein wenig Knoblauch geschnitten hinein, dann die Fisolen, wenn sie gut abgeseihet sind, dazu und läßt sie unter mehrmaligem aufrühren weich dünsten, bestäubt sie dann mit etwas Mehl, und läßt es mitdünsten, füllt dann etwas gute Brühe darauf, gibt zwei Eidotter hinein und garnirt sie.

92. Hospot.

Man nimmt junge Kohlrüben, gelbe Rüben, und nachdem sie geputzt und gewaschen sind, werden mittelst eines kleinen Aushölschers lauter kleine Kügelchen davon ausgehölscht, von jedem gleiche Theile; eben so viel grüne Erbsen werden in Salzwasser einige Minuten gekocht und abgeseiht. Dann läßt man ein wenig Fett warm werden, gibt einen kleinen Kochlöffelvoll Mehl daran, und läßt es einige Augenblicke anlaufen, füllt es mit guter Brühe auf, läßt es verkochen, und gibt die Kügelchen von den Kohlrüben und gelben Rüben hinein, dazu ein Stückchen Zucker und läßt es unter oftmaligen Aufschütteln weich dünsten; gibt die grünen Erbsen auch dazu, und läßt die Sauce völlig eingehen; jedoch ist darauf zu sehen, daß das Gemüse schön gelb bleibe und nicht braun werde. Dann theilt man schönen weißen Karfiol in kleine Rosen, kocht selbe in guter Rindsuppe weich, doch ist darauf zu sehen, daß sie ganz bleiben; beim Anrichten wird das Gemüse in der Mitte der Schüssel zu einem Berg angehäuft; mit dem Karfiol belegt man den Rand der Schüssel, damit er einen Kranz bilde. Man gibt entweder gebackene Hühner oder kälberne Cottelets dazu.

93. Grüner und weisser Karfiol.

Der Karfiol wird, nachdem er rein gewaschen und die Stengeln kurz abgeschnitten sind, in gut gesalzener Rindjuppe abgekocht, doch so, daß die Rosen schön ganz bleiben. Es wird dann eine kleine Sauce gemacht, die abgeschnittenen Stengel vom Karfiol werden in der Rindsuppe so weich gekocht, daß man sie durch ein schütteres Sieb passiren kann, verrührt die durchpassirten Stengel mit der Sauce, läßt sie nur einen Augenblick aufsieden, daß es so wie ein sehr leichtes Kindskoch ist. Dann gibt man es auf den Boden der Schüssel, und richtet die Rosen von dem grünen Karfiol in die Mitte, den weißen an denselben fest angelehnt an, so daß es nur eine große Rose bildet, garnirt den Rand der Schüssel mit fein geschnittener Pöckelzunge.

94. Faschirter Kohl.

Man nimmt einen schönen Kohl, der aber noch jung und nicht groß sein darf, putzt und wäscht ihn rein aus, kocht die Köpfe in Salzwasser ab, seihet das Wasser ganz davon weg, und legt ihn auf ein Sieb, damit das Wasser ganz davon abfließe. Die Fasch macht man auf folgende Art: Man nimmt ein Stück gebratenes Kalbfleisch, eine halbe Gansleber, die vorher einbanirt und aus dem Schmalze gebacken wird, dann eine in Wasser geweichte Semmel, drückt sie gut aus, gibt etwas grüne Petersilie und Zwiebel von der Größe einer kleinen halben Nuß dazu, schneidet Alles dieses sammt etwas gekochtem Kohl klein zusammen, gibt es in ein Kastrol, etwas Salz, ein klein wenig Pfeffer dazu, einen halben Schöpfer gute Brühe darauf und läßt es sieden; man schlägt zwei Eier daran, und läßt es unter beständigem Rühren zu einer festen Masse werden, dann auskühlen. Man macht nun eine dicke Wurst davon, nimmt die Kohlblätter auseinander, legt die Wurst hinein, formt die Blätter schön darüber, damit es wie eine ganze Kohlstaude aussieht, bindet ihn mit Zwirn zu, und legt ihn noch in die fertige Sauce. Beim Anrichten legt man die in der Mitte auseinander geschnittene Staude zierlich auf die Schüssel, gibt die Sauce darüber und belegt sie mit gebackenen Kalbsfüßen.

95. Kohl auf englische Art.

Schöner gleicher Kohl wird in 4 Theile zerschnitten, rein ausgewaschen und in kochendes Salzwasser hineingelegt. Man nehme eine Casserolle, damit der Kohl ganz bleibt, ist er weich, nimmt man ihn heraus, läßt ihn abtropfen, bestreicht eine flache Schüssel mit Gansfett ordnet den Kohl darauf, übergießt ihn mit Eier, gibt etwas Semmelbröseln und gestoßenen Zucker darauf, so wie auch etwas Gansfett und läßt ihn im Rohre noch ausdünsten.

96. Braun-gedünstete Kohlrüben.

Die Kohlrüben werden, nachdem sie rein geschält, in gleiche Würfel geschnitten, ein Stück Zucker in Abschöpffett gebräunt, dann gibt man die Kohlrüben hinein, und dünstet sie so lange, bis sie schön braun sind; stäubt etwas Mehl darauf, läßt es gut verdünsten, gibt so viel Brühe daran, daß es nicht suppig wird, und läßt sie damit verkochen. Wenn man sie zur Tafel gibt, werden sie mit gebackenen Kalbsbrüseln garnirt. Diese werden auf folgende Art bereitet: Man nimmt schöne weiße Kalbsbrüseln so viel man braucht; blanschirt sie ein wenig ab, schneidet jedes davon in zwei oder drei Theile, salzt sie, tunkt sie in abgeschlagene Eier, wickelt sie in feine Semmelbröseln, und bäckt sie schön reich aus dem Schmalze.

97. Gefüllte Kohlrüben.

Die jungen Kohlrüben werden im Salzwasser so lange gekocht, bis sie zur Hälfte weich sind, dann schneidet man oben ein kleines Deckerl davon ab, hölscht sie gut aus, und füllt sie mit folgender Fasch: Man schneidet ein Stück gebratenes oder abgedünstetes Kalbfleisch klein, etwas grüne Petersilie und Zwiebel in der Größe einer Haselnuß, läßt einen kleinen Löffel voll Gansfett warm werden, gibt einen Löffelvoll Mehl hinein, verrührt es, und läßt es einige Augenblicke anlaufen, gibt dann die geschnittene Petersilie und Zwiebel hinein, läßt sie auch ein wenig anlaufen, gibt das geschnittene Kalbfleisch dazu, verrührt es gut, gibt etwas gute Brühe daran, läßt es gut einkochen, füllt die ausgehölschten Kohlrüben damit, und gibt sie in die schon fertige Sauce, wo man sie noch eine Viertelstunde unter öfterem Aufschütteln kochen läßt. Man richtet sie dann in schöner Ordnung auf die Schüssel, und garnirt sie mit gebackenen Hühnern oder Gansleber.

98. Weiss gedünstete Kohlrüben.

Man nimmt junge Kohlrüben, schält und schneidet sie in messerrückendicke Spalten, sticht dann mit einem kleinen Ausstecher runde Blatteln davon aus, dünstet sie mit etwas klein geschnittener grüner Petersilie und Abschöpffett, gibt zuweilen etwas Brühe darauf, damit sie weich werden, und doch weiß bleiben: dann werden ein oder zwei kleine Hühner rein geputzt und in Stücke geschnitten, ebenfalls mit Abschöpffett gedünstet, etwas Mehl darauf gestäubt, und wenn sie damit angelaufen sind, so gibt man so viel Brühe darauf, daß es die gehörige Dicke bekömmt, ein wenig Muskatblüthe dazu, und läßt es so lange kochen, bis die Hühner etwas weich sind, dann gibt man die Kohlrüben hinein, ein Eidotter dazu, und wenn Alles weich gedünstet ist, so richtet man die Kohlrüben in die Mitte der Schüssel, und die Hühner auf dem Rande derselben zierlich herum.

99. Kohlsprossen.

Diese werden geputzt, rein ausgewaschen, im Salzwasser abgesotten, gut abgeseiht und in eine schon dazu verfertigte Sauce gegeben, damit gut verkocht. Die Sauce muß kurz eingehen, vorzüglich, wenn man sie zum Rindfleischgarniren verwendet.

100. Gelbe Rüben mit Kohlrüben.

Die gelben Rüben und Kohlrüben werden geputzt und blätterweis geschnitten; dann sticht man mit einem Ausstecher kleine Mondscheine heraus, von jeder Gattung eine gleiche Quantität; läßt dann einen Löffel voll Gansfett warm werden, gibt klein geschnittene grüne Petersilie wie auch Obiges hinein, läßt es so lange dünsten, bis es weich ist, doch darf es nicht braun werden: stäubt einen Löffel voll Mehl daran, läßt es noch eine Weile dünsten, füllt es mit guter Brühe auf, gibt ein Stück Zucker hinein, und läßt es gut versieden. Man garnirt sie mit gebackenen Hirnwürsteln, die auf folgende Art zubereitet werden: Nachdem das Hirn in Salzwasser gekocht wurde, legt man es in kaltes Wasser, reinigt es von der dünnen Haut, und schneidet es klein zusammen, läßt indessen etwas Gansfett warm werden, gibt etwas klein geschnittene grüne Petersilie hinein, wie auch das Hirn, etwas Salz und gestoßenen Pfeffer, einige Handvoll Semmelbröseln, etwas Brühe, und läßt dieses zusammen gut versieden; dann nimmt man Oblaten, schneidet sie in zwei Theile, taucht sie in frisches Wasser ein, und legt einen kleinen Theil von dem Hirn darauf, wickelt es zusammen, taucht es in abgeschlagene Eier, dann in halb Semmelbröseln und Mehl, und verfährt mit dem übrigen Hirn ebenso, bäckt sie dann schön gelb aus dem Schmalze.

101. Braungedünstetes Sauerkraut.

Man gibt zwei Löffel voll Schmalz in eine Rein, läßt es heiß werden, drei Löffel voll gröblich gestoßenen Zucker dazu, und wenn er schön gebräunt ist, gibt man etwas kleingeschnittenen Zwiebel hinein, läßt ihn ein wenig anlaufen, preßt die saure Suppe von dem Kraut gut aus, gibt das Kraut in den gebräunten Zucker, und läßt es langsam unter wiederholtem Aufrühren mit einer großen Gabel so lange dünsten, bis es eine schöne braune Farbe bekömmt; dann stäubt man etwas Mehl darauf, und läßt es wieder gut verdünsten; gibt dann etwas Brühe daran, doch darf es nicht suppig sein, und läßt dieses zusammen noch eine Weile verkochen.

102. Gedünstetes Sauerkraut.

Man schneidet ein oder zwei Häuptel festes Kraut, putzt die äußeren Blätter ab, schneidet es fein, gibt es in einen Weidling, salzt es und läßt es eine gute Stunde im Salz liegen, dann läßt man einen starken Löffelvoll Gansfett heiß werden, gibt einen vollen Löffel gestoßenen Zucker hinein; wenn der Zucker unter öfterem Aufrühren braun geworden ist, wird das Kraut ausgedrückt, in ein Kastrol gegeben, und in die Röhre gestellt, öfters mit einer Gabel aufgerührt, wenn es schön braun ist, ein kleiner Löffelvoll Mehl daran gestäubt, wieder eine kleine Weile gedünstet, dann zwei Eßlöffelvoll guten weißen Essig darauf, mit dem es noch einige Minuten lang dünsten muß, dann 2 Eidotter, 2 Löffelvoll Brühe, womit man es so lange dünsten läßt, bis es nicht suppig ist. Das Kraut muß zwar weich sein, darf aber keinem Mus ähnlich sehen, sondern ganz bleiben, weshalb man es mit einer Gabel aufrühren muß.

103. Paradeis Kraut.

Man schneide ein frisches Kraut, salze es ein, man dünste es in einen Castrol in Fett, während dem siede 6 bis 7 Paradeisäpfel mit Petersilie und Zwiebel, passiere sie durch, und schütte sie, nachdem das Kraut gestäubt, auf dasselbe, und lasse sie noch eine gute Zeit kochen, gebe etwas Eidotter dazu, und garnire es.

104. Krautsalat.

Die rothen oder weißen Krauthäuptel werden fein wie Nudel geschnitten, und in eine Casserolle, worin Fett heiß gemacht worden, hineingethan. Das Kraut wird nun über dem Feuer fleißig umgerührt; ist es recht heiß, so gibt man Salz, gestoßenen Pfeffer und Essig dazu, wendet es einigemal um, und richtet es an.

105. Blaues Kraut mit Aepfeln.

Vier Stück schönes Kraut werden fein zerschnitten und mit $^3/_{10}$ Liter guten Wein, auch etwas Gansfett in einem zugedeckten Kastrol weich gedünstet. Unterdessen schält man fünfzehn Aepfel, sie können ganz bleiben oder man theilt sie (nur muß das Kernhaus jedenfalls heraus,) in $1/10$ Liter Zuckerwasser, worin der Saft einer Citrone gedrückt wird, werden sie gedünstet, aber nicht zu weich, dann nimmt man sie heraus, legt sie auf einen Teller und zuckert sie, den gekochten Zuckersaft gieße man aber über das Kraut, wendet es öfter, daß es eine schöne Farbe und Glanz bekomme.

Bei dem **Anrichten** wird das Kraut in die Mitte der Schüssel aufgerichtet, und die Aepfel ringsherum gelegt.

106. Süsses faschirtes Kraut.

Ein lockeres Häuptl Kraut wird, nachdem es rein geputzt und gewaschen ist, im Salzwasser übersotten, ausgekühlt und blattweis zertheilet, mittlerweile bereitet man die folgende Fasch: Man nimmt $1/4$ Kilo überdünstetes Kalbfleisch, eine halbe Gansleber, welche in Stücke geschnitten, im Semmelbröseln einbanirt und ausgebacken worden ist; etwas grüne Petersilie, ein halbes Häuptel kleinen Zwiebel, eine halbe abgeriebene Semmel, welche geweicht und ausgedrückt wird; dieses alles schneidet man mit dem Schneidemesser klein zusammen, gibt es in einen Weidling, würzt es mit etwas Salz, ein wenig gestoßenem Pfeffer; gibt drei Eierdotter daran, verrührt es wohl, bestreicht einen Model mit Schmalz belegt ihn ganz mit übersottenen Krautblättern gibt von der Fasch einen Theil darauf, streicht es schön glatt auseinander, legt wieder Krautblätter darüber, und fährt so fort, bis der Model voll ist; oben wird er mit Krautblättern zugedeckt, dann in Dunst gestellt, wo er nach fünf Viertelstunden auf eine Schüssel gestürzt wird, dazu wird eine vorher dazu bereitete Sauce gegeben, die auf folgende Art gemacht wird: Man läßt ein wenig Gansfett warm werden, rührt einen Löffel voll Mehl darunter und läßt es dunkelgelb werden, süllt es mit einem Schöpflöffel voll Brühe auf, gibt auch vier bis fünf Körner ganzen Pfeffer, ein klein wenig Muskatblüthe, nebst zwei Löffel voll brauner Suppe dazu, läßt es gut versieden, seiht es durch ein Sieb, und läßt es kurz eingehen; gibt die kleine Sauce auf die Schüssel; stürzt das faschirte Kraut in die Mitte derselben, und ringsherum einen Kranz von schön geformten Cottelets.

107. Gefülltes Sauerkraut.

Man nimmt ½ Kilo junges Rindfleisch, hackt es klein zusammen; gibt es in einen Weidling, nimmt etwas Fett eine Hand voll gewaschenen Reis, etwas Salz, gestoßenen Pfeffer, und zwei ganze Eier dazu, mengt alles gut durcheinander, nimmt dann die Blätter vom Kraut, schneidet die Rippen davon heraus, füllt das obige hinein, wickelt es fest zusammen, gibt es mit klein geschnittenem Kraut in einen Topf, setzt es zum Feuer, und läßt es ein paar Stunden kochen. Man macht dann eine dünne Einbrenn, gibt das Kraut hinein, und läßt es wenigstens noch eine Stunde verkochen; gibt drei bis vier Eier nebst kleingeschnittenem Gapper dazu, läßt es noch etwas dünsten. Wenn man es zur Tafel gibt, so garnirt man das Kraut mit dem Gefüllten.

108. Gefüllte Paradaisäpfel.

Nimm 12 gleich große rohe Paradeis, höhle das Fleisch mit einem Kaffeelöffel behutsam aus, daß die Form der Paradeis ganz bleibe, dünste ⅛ Kilo Reis mit etwas Zwiebel und Petersilie, und gib ¼ Kilo vorher gebratenes, fein gehacktes Kalbfleisch dazu, und fülle die ausgehöhlten Paradeisäpfel damit. Das Ausgelöste der Paradeis koche mit Zwiebel und passire es durch. Mische 5 bis 6 Eidotter, in dem ein Löffel weißes Mehl eingerührt ist, salze es, und menge es zu den durchpassirten Paradeis. Ordne die gefüllten Paradeis auf eine flache Schüssel, gib die Sauce darüber nebst Stückchen Fett und lasse es im Rohre noch behutsam dünsten. Je nach Geschmack kann die Sauce auch gezuckert werden.

109. Champignons zu verschiedenen Garnirungen zu verwenden.

Man nehme ein kleines Körbchen voll schöner Cham-

pignons, höhle sie aus, schneide sie blätterweis, dünste Pe=
tersilie und Zwiebel in Gansfett und gebe die Schwämme
hinein, lasse sie dünsten bis sie dicklich sind, aber doch ganz
bleiben, dann gebe man noch Eidotter und etwas gestoßenen
Pfeffer dazu.

110. Spargel in der Buttersauce.

Wenn der Spargel rein geputzt ist, so kocht man ihn
im Salzwasser, doch nicht zu weich, dann gibt man ihn in
eine Buttersauce, oder legt ihn kreuzförmig mit den Köpfen
einwärts auf eine Schüssel, gießt $^2/_{10}$ Liter Milchrahm da=
rüber, bestreut ihn mit feinen Semmelbröseln, legt einige
Stücke Butter darauf, und läßt ihn aufsieden. Man kann
ihn auch blos abgesotten auf die Schüssel geben, Semmel=
bröseln darauf streuen und mit heißer Butter überbrennen.

111. Kürbis auf Spargel-Art.

Man nehme einen langen weißen Kürbis, schäle ihn,
und schneide ihn so wie dicken Spargel, koche ihn in Salz=
wasser ab, nachdem er weich, nehme man ihn heraus und
lege ihn auf ein Sieb, damit er gut abtropfe. Hernach be=
streiche eine flache Schüssel mit gutem Rahm, lege schön
reihenweise den Kürbis darauf, oben wieder mit gutem
Rahm begießend, bestreue mit etwas Zucker und Semmel=
brösel, welche fein gerieben werden. Dann belegt man das
Ganze mit kleinen Butterstückchen, und gibt es auf eine
Viertelstunde in die Röhre zum Backen.

Sechster Abschnitt.

Von den verschiedenen Eingemachten.

Von dem eingemachten Geflügel.

112. Ueber das Herrichten des Geflügels.

Bei Indians, Poulards und großen Hendeln, wenn man sie mürb und das Fleisch weiß haben will, ist hauptsächlich darauf zu achten, daß es einen Tag vor dem Gebrauche geschlachtet wird, und über Nacht im kalten Wasser liegt, wenn das nicht möglich, so kann man sich auch dadurch helfen, daß man es, nachdem es rein geputzt ist, in starkes Salzwasser legt, und eine Stunde darin liegen läßt, was auch etwas zähes Geflügel mürber und mild macht; ferner muß man nebst Fett auch einige Löffel kaltes Wasser geben, und während des Bratens sehr fleißig begießen, auf diese Art kann man einen vollkommen guten Braten herstellen.

113. Hendeln mit grünen Erbsen.

Es werden kleine Hendeln blanchirt und in vier Theile zerschnitten, macht eine kleine Sauce, legt die Hendeln hinein; dann dünstet man $^2/_{10}$ Liter grüne Erbsen mit Gansfett und grüner Petersilie; wenn sie weich sind, so gibt man sie zu den Hendeln, und läßt es noch eine Viertelstunde kochen. Wenn man es zur Tafel geben will, legt man die Hendeln in die Mitte der Schüssel, die Erbsen wie einen Reif um den Rand derselben.

114. Ungarisches Huhn mit Paradeisäpfeln.

Man putze zwei junge Hühner rein, nehme sie aus, wasche sie sauber, salze und dressire sie, gebe sie dann in ein Kastrol zum Dünsten, wasche acht Paradeisäpfel, zer-

schneide sie und koche sie mit etwas fetter Suppe in einem
Kastrol, lasse etwas Mehl mit Fett gelb anlaufen, rühre
es unter die Paradeisäpfel, fülle Fleischbrühe nach, salze
sie, gebe einen halben Löffel voll Zucker dazu und lasse sie
langsam kochen. Sind die Hühner gar, so seihe man den
Saft zur Paradeissauce; man schäume sie ab, passire sie
durch ein Sieb, und lasse unter Abschäumen sie so lange
kochen, bis die Sauce schön lichtroth ist. Man rangire die
Hühner auf eine Schüssel und gieße die Sauce darüber.

115. Hendeln mit Sardellen.

Zwei junge Hendeln werden rein geputzt, in die ge=
wöhnlichen Theile zerschnitten und ausgewaschen. In einer
Casserolle etwas Schmalz zerlassen, 4 schöne Sardellen fein
gehackt mit grüner Petersilie vermengt und nebst den zer=
schnittenen Hendeln ins heiße Schmalz gegeben. So müssen
sie langsam dünsten; wenn sie weich sind, wird etwas Mehl
leicht hineingestäubt und ein Schöpflöffel Suppe daran ge=
gossen. Dann gibt man von einer halben Citrone den Saft
hinein, läßt es einmal aufkochen, und gibt es zur Tafel.

116. Hendeln faschirt.

Man nimmt schöne fleischige Hendeln, nachdem selbe
rein geputzt sind, läßt man sie eine Weile im warmen
Wasser liegen, damit sie schön weiß werden; schneidet sie
dann auf dem Rücken abwärts auseinander, löset die Beine
davon aus, bis auf die Schenkel und Flügel. Dann nimmt
man ein Stück Kalbfleisch, löset die Haut und alle faserigen
Theile davon weg, schneidet ihn klein zusammen; nimmt auch
eine halbe abgeriebene geweichte Semmel drückt sie gut aus,
schlägt zwei Eier darauf, und rührt es auf dem Feuer so
lange, bis es recht dick ist. Dann stoßt man das Fleisch
sammt der Semmel, in einem Mörser recht fein zusammen,
gibt etwas Muskathblüthe und Salz dazu, trocknet die
Hendeln mit einem Tuche ab, füllt die Fasch hinein näht

die Haut auf den Rücken wieder zusammen, richtet sie in ihre gehörige Form, legt sie mit gelben Rüben in ein Kastrol, gießt einen oder zwei Schöpflöffel voll Rindsuppe darauf, läßt sie eine halbe Stunde langsam dünsten, und macht eine Champignonsauce dazu. Bei dem Anrichten, gibt man sie auf eine Schüssel, und die Sauce darüber.

117. Hendeln in Fricassée.

Man nimmt kleine Hendeln, dressirt und blanchirt sie, läßt ein Stück Fett warm werden, gibt zwei Löffel voll Mehl hinein, einen ganzen Zwiebel, ein Büschel grüne Petersilie, füllt es mit Brühe auf, etwas Muskatblüthe dazu, und läßt die Sauce versieden, seihet sie, gibt die Hendeln hinein, und läßt sie so lange sieden, bis sie ausgekocht sind. Will man sie auf die Tafel geben, so gibt man zwei Eierdotter in einen Topf, zersprudelt sie, gibt die Sauce dazu, und läßt sie unter beständigem Rühren auf einen Kohlenfeuer dicklich werden; richtet dann die Hendeln auf die Schüssel, und gibt die Sauce darüber. Man kann sie auch so wie den fricassirten Kalbskopf mit gesäurter Sauce bereiten.

118. Ungarisches Paprikahendel.

Man putze ein paar junge Hendeln, nehme sie aus, wasche sie sauber, schneide sie in gleiche Stücke und salze sie leicht. Schneide einen Zwiebel fein und dünste sie mit Schmalz gelblich in einem Kastrol, gebe die Hühner und einen halben Eßlöffelvoll Paprika daran, decke sie zu, lasse es unter öfterem Aufschütteln weich dünsten, bestaube sie dann mit etwas Mehl, gebe etwas Fleischbrühe daran lasse sie langsam kochen, schöpfe den Schaum fleißig ab, dann richte man sie auf eine Schüssel an.

119. Heissabgesottene Hendeln.

Man wählt hiezu kleine fleischige Hendeln, und nachdem selbe rein geputzt worden, werden sie etwas weniges gesalzen und schön dressirt; gibt sie dann in ein Kastrol, Zwiebel, gelbe Rüben, grüne Petersilie, etwas ganzen Pfeffer, Neugewürz, zwei bis drei Gewürznelken dazu, füllt es mit drei Theilen Wasser und einem Theil Essig an, und läßt sie so lange sieden, bis sie zur Hälfte weich sind. Dann läßt man ein Stück Gansfett warm werden, gibt zwei Löffelvoll Mehl hinein, läßt es etwas weniges anlaufen, seihet die Sauce darauf, gibt zwei oder drei Eidotter hinein, legt die Hendeln wieder darein, und läßt sie vollends auskochen.

120. Heissabgesottene Hendeln anderer Art.

Nachdem diese Hendeln so wie die vorigen dressirt und auf dieselbe Art abgesotten wurden, so werden diese, nachdem selbe ganz auf die Schüssel angerichtet, mit feinen Bröseln überstreut und mit heißer Gansfette übergossen.

121. Pörkölt-Hendeln.

Man nehme 2 schöne fleischige Hendeln, schneide sie in die gewöhnlichen Stücke, salze sie ein. Dann gebe in eine Casserolle ein wenig Fett, beiläufig 3 Häuptel Zwiebel werden fein gehackt, in das heiße Fett hineingeben, nebst einige Messerspitz guten Paprika, läßt es schön gelb werden legt die Hendeln hinein, und läßt sie mit einem Deckel zugedeckt langsam dünsten, immer ein wenig Wasser aufgießend, daß sich ein schöner Saft bildet. Es ist zu bemerken, daß man sie nicht rührt, sondern nur rüttelt, damit die Stücke ganz bleiben.

122. Hendeln in der Kapernsauce.

Die Hendeln werden schön dressirt und blanschirt; dann ein wenig Fett warm gemacht, zwei Löffelvoll Mehl darein gegeben, nur ein wenig angelanfen, ein ganzer Zwiebel hinein gethan, mit Brühe aufgefüllt, und die Sauce versieden gelassen; seihet selbe dann durch ein Sieb, legt die Hendeln darein, einen Löffelvoll guten weißen Essig, drei Eidotter, eine Handvoll Kapern, etwas Limonienschalen, beides klein geschnitten dazu, läßt es so lange sieden, bis die Hendeln ausgekocht sind, richtet sie dann auf die Schüssel, und gibt die Sauce darüber.

123. Hendeln in der Paradeisäpfel-Sauce.

Die Hendeln werden rein geputzt und in gewöhnliche Theile zerschnitten, dann mit Gansfett gedünstet, ein wenig Mehl daran gestäubt, und mit den durchschlagenen Paradeisäpfeln, welche zuvor mit Brühe gut verkocht werden müssen, aufgefüllt, die Hendeln noch so lange gekocht, bis sie weich sind; zuletzt gibt man etwas Eidotter und Zucker dazu; richtet sie zierlich auf eine Schüssel, und gibt die Sauce darüber.

124. Hendeln in der Pomeranzen-Sauce.

Man nimmt drei kleine aber fleischige Hendeln, putzt, dressirt und spickt sie, bratet sie doch nur so viel, daß sie eine schöne gelbe Farbe bekommen, macht dann mit Fett eine kleine gelbe Einbrenn, füllt sie mit brauner Suppe auf, gibt etwas Pomeranzen- und Limonienschalen, ein Stück Zucker, den Saft von einer Pomeranzen und einer halben Limonie hinein, läßt dies gut versieden, nimmt alles Fett von der Sauce, legt die Hendeln hinein, und läßt sie noch einige Minuten aufsieden. Wenn man sie zur Tafel gibt, wird der Rand der Schüssel zierlich mit Pomeranzenspalten garnirt.

125. Gedünstete Enten mit kleinen Zwiebeln.

Nachdem die Enten rein geputzt sind, werden sie gesalzen und schön dressirt. Dann gibt man in ein Kastrol etwas Fett, Zwiebel und gelbe Rüben, alles blätterweis geschnitten, gibt die Enten darauf, und läßt sie langsam dünsten, bis sie weich und auf allen Seiten braun sind. Dann nimmt man die Enten heraus, stäubt zwei kleine Löffelvoll Mehl daran, läßt es braun werden, füllt es mit guter Brühe auf, gibt etwas weißen Essig dazu, läßt die Sauce versieden, streicht sie durch ein Sieb, gibt die Enten wieder hinein, auch etwas Limonienschalen dazu, und 'läßt sie noch etwas dünsten. Dann nimmt man dreißig bis vierzig Zwiebeln, welche nicht größer als eine Nuß sein dürfen, schneidet oben und unten ein Blattel davon weg, und läßt sie einige Augenblicke im Wasser sieden: dann legt man sie in kaltes Wasser, läßt sie eine Weile darin liegen, und schält die obere Hälfte davon ab. Indessen läßt man ein Stück Fett warm werden, gibt die Zwiebeln hinein, kehrt sie öfters um, daß sie überall braun werden, füllt dann etwas braune Suppe darauf, gibt auch etwas Salz darein, und läßt sie weich kochen, doch dürfen sie nicht zerfallen. Wenn man es zur Tafel gibt, richtet man die Enten in die Mitte der Schüssel, und die Zwiebeln wie einen Kranz herum.

126. Eingemachte Poulards.

Nachdem die Poulards geputzt, dressirt, blanschirt und schön geschnitten sind, wird die Sauce dazu auf folgende Art bereitet: 4 bis 6 Dekagr. Fett werden zerlassen mit zwei Kochlöffelvoll Mehl, zwei Eierdotter, und von einer Limonie den Saft fein abgerührt. Die Poulards, welche vorher in Fleischbrühe beinahe ausgekocht sein müssen, werden in dieser Sauce unter beständigem Rühren nur aufgedünstet. Gleichzeitig werden von Kalbfleisch schöne Coteletts geformt, und ebenso braun gedünstet, die Sauce davon aber kurz eingelassen. Die Poulards werden sodann in die Mitte der Schüssel hoch aufgerichtet, mit ihrer Sauce begossen, und die Coteletts im eigenen Safte ganz eingehüllt um dem Rand garnirt.

127. Faschirter Indian.

Man nimmt einen jungen aber ziemlich großen Indian, blanschirt ihn, schneidet die Haut auf dem Rücken in der

Länge abwärts auseinander und löst die Beine mit einem scharfen Messer aus, bis auf die Schenkeln und Flügeln. Dies muß aber mit Behutsamkeit geschehen, damit man die Haut nicht verletzt; dann nimmt man ein halbes Pfund Kalbfleisch, blanschirt es, auch eine Gansleber schneidet es ungefähr in der Größe einer Erbse zusammen, einige frische Trüffel, auch Champignons ebenso geschnitten dazu, überdünstet sie mit Fett und etwas grüner Petersilie, ein wenig klein geschnittenen Schnittlauch, Salz und Pfeffer, gibt dies alles in einen Weidling, schlägt ein ganzes Ei und einen Dotter hinein, vermengt es gut mit dem übrigen, füllt den Indian damit, und näht die Haut auf dem Rücken wieder zusammen. Dann legt man ihn in ein ein Kastroll, das aber nicht größer als der Indian sein darf; gießt drei Schöpflöffelvoll gute Brühe daran, $^2/_{10}$ Liter weißen Wein, und läßt es langsam kochen. Wenn der Indian weich genug ist, nimmt man ihn heraus, gibt ihn an einen Ort, wo er nicht auskühlt, nimmt das Fett rein von der Sauce herab, seihet sie durch ein Sieb, und läßt sie so lange kochen, bis nur ganz wenig davon übrig bleibt. Dann legt man ihn auf die Schüssel, gießt die kleine Sauce darüber und gibt kleine gedünstete Erdäpfel um den Rand derselben.

128. Karbonadeln von einem jungen Indian in Fricandeau.

Ein junger und großer Indian wird, wenn er rein geputzt ist, im Salzwasser blanchirt; die Schenkeln, so groß man kann, herausgeschnitten, auch die Flügeln so groß geschnitten, daß man die Brust von beiden Seiten mit heraus nimmt, und die Flügeln die Form eines Karbonadels erhalten. Von den Schenkeln löst man das Bein bis zum halben Glied heraus, das obere vom Schenkel muß bleiben und schön ausgelöst werden, sowie auch das von den Flügeln. Dann wird es dicht aneinander gespickt. Dann gibt man es in ein Kastrol, etwas Fett, einen Kalbsfuß, etwas Schnittlauch, füllt drei bis 4 Schöpflöffelvoll braune Suppe darauf, deckt das Kastrol mit einem Deckel zu und läßt es so lange dünsten, bis die Karbonadeln weich genug sind; dann nimmt man sie heraus, seihet die Sauce durch ein Sieb, nimmt das Fett davon weg, und läßt sie so lange kochen, bis sie zur Glace wird; legt die Karbonadeln wieder hinein, drückt den Saft von einer Limonie darauf, wickelt die Karbonadeln gut in die Glace ein, richtet sie dann auf die Schüssel, und gibt die kleine Sauce darüber.

129. Kapaun mit Müscherl.

Man nimmt einen schönen großen Kapaun, salzt ihn ein wenig, dressirt und bratet ihn schön braun, daß er aber dennoch im Saft bleibe. Dann macht man eine gelbe Einbrenn, läßt etwas Semmelbröseln darin anlaufen, gibt auch etwas grüne Petersilie, Limonienschalen, und ein wenig Zwiebel, dies alles klein geschnitten dazu, gießt gute Brühe und $^2/_{10}$ Liter weißen Wein darauf und läßt es eine Weile zusammen kochen. Dann nimmt man frische Müscherl, wäscht sie mit Wein aus, gibt selbe sammt dem gebratenen Kapaun darein, läßt es mit aufsieden, richtet ihn auf eine Schüssel, und gibt die Müscherl sammt der Sauce darüber.

130. Kapaun in der falschen Müscherlsauce.

Wenn der Kapaun rein geputzt ist, dann salzt, dressirt und bratet man ihn wie den Obigen; macht dann von Fett eine braune Einbrenn, füllt sie mit halb rothem Wein und halb Brühe auf, nimmt etwas Zwiebel grüne Petersilie, Limonienschalen, alles klein geschnitten, etwas gestoßenen Pfeffer, läßt die Sauce gut versieden, legt den Kapaun hinein, und läßt ihn noch so lange dünsten, bis er weich genug ist, dann gibt man ihn zur Tafel.

131. Kapaun mit Gemüse.

Ein steirischer Kapaun wird nach reinstem Abputzen gespeilt in ein passendes Kastrol gethan, mit einer starken

Rindsuppe übergossen, dann langsam gedünstet. Acht Röschen weißesten Karfiol werden geputzt und im Salzwasser mit etwas Fett weich gekocht, dann zugedeckt stehen gelassen. Vier große Paradeisäpfel werden in der Mitte getheilt und mit feiner Fleischfasch gefüllt in ein Kastrol gethan, mit Rindsuppe übergossen und mit oben überlegter Glut gar gedünstet. Ebenso acht Stücke von großen gelben Rüben bester Gattung zierlich zugeschnitten, und mit Suppe und Zucker weich gedünstet. Der Sud vom Kapaun wird geseihet mit drei Schöpflöffelvoll Fettsauce vermängt, zur Hälfte eingekocht, dann mit vier Eierdottern, ein wenig frischer Gansfett und den Saft einer halben Limonie, alles gut versprudelt, heiß gemacht, in ein kleines Kastrol geseihet, und warm gestellt. Beim Anrichten wird der Kapaun zierlich aufgeschnitten, mit den Gemüsen garnirt und mit der Sauce übergossen aufgetischt.

132. Gebeizte Tauben.

Wenn die Tauben rein geputzt sind, werden sie eingesalzen, eine gute Beize darüber gemacht, und durch einen Tag darin liegen gelassen. Dann spickt man sie, bratet sie langsam, und begießt sie mehrmal mit der Beize und auch mit Eidotter. Die Sauce dazu macht man von 5 bis 6 Eidotter mit einem Löffelvoll Mehl gut verrührt, gibt die Beize daran, wie auch das Herabgetropfte von den Tauben, auch länglich geschnittene Limonienschalen dazu; läßt es etwas aufsieden, richtet dann die Tauben auf eine Schüssel, und gibt die Sauce darüber.

133. Gedünstete Tauben.

Man nimmt zwei oder drei Tauben, salzt und dressirt sie schön, gibt in ein Kastrol etwas Fett, Zwiebel, gelbe Rüben, alles blätterweis geschnitten: legt die Tauben darauf, und dünstet sie so lange, bis sie schön braun sind. Dann nimmt man sie heraus, stäubt etwas Mehl daran, läßt es braun werden, füllt es mit Brühe und etwas gutem Essig auf, gibt auch etwas Limonienschalen und ganzen Pfeffer dazu, und läßt die Sauce gut versieden; seihet sie durch ein Sieb, gibt kleine Kapern und 2 bis 3 Eidotter daran, die Tauben wieder hinein und läßt sie noch etwas dünsten.

134. Tauben mit grünen Erbsen.

Die jungen Täubchen werden gut gereinigt, die Füße unter der Haut eingesteckt, schnell blanschirt, abgekühlt, dann mit einer kräftigen Suppe weich gedämpft, ausgehoben und kalt gestellt. Die Suppe wird geseiht, sehr rein entfettet und mit weißer Sauce eingekocht, dann durch ein Haartuch in eine Sauce-Casserolle gepreßt und warm gestellt. Unterdessen hat man $7/10$ Liter sehr feine und frische Erbsen in gesalzenem Wasser 5 Minuten abgekocht, und auf einem Sieb abtropfen lassen. Die Täubchen werden sodann halbirt, rein zugestutzt, in eine flache Casserolle geordnet, die Erbsen mit der nöthigen Sauce dazu gethan, mit etwas Zucker nochmals aufgekocht, gehörig gesalzen, und nachdem die Täubchen im Kranze in einer Schüssel angerichtet worden sind, gibt man die Erbsen in ihre Mitte.

Siebenter Abschnitt.

Von den kälbernen und lämmernen Eingemachten und Ragouts.

135. Kälberne Brust in der Limoniensauce.

Die kälberne Brust wird blanschirt, in kaltes Wasser gelegt, der Schaum rein abgespült und dünne Spalten davon geschnitten. Dann gibt man ein Stück Fett in ein Kastrol, läßt sie warm werden, gibt zwei Löffelvoll Mehl hinein und läßt es anlaufen, aber nicht braun werden; füllt es mit guter Brühe auf, legt das Kalbfleisch hinein, auch etwas Limonienschalen und den Saft von einer Limonie dazu, läßt es so lange kochen, bis es weich genug ist.

136. Kälberne Brust mit Sago.

Man löst die Rippen von der Brust aus und blanschirt sie. Gibt in ein Kastrol Fett, Zwiebel, gelbe Rüben, alles blätterweis geschnitten, legt die Brust darauf und läßt sie langsam dünsten; wenn sie schön braun ist, so nimmt man sie heraus, stäubt zwei Löffelvoll Mehl daran, läßt es braun werden, füllt es mit Brühe auf und gibt einige Löffel guten Essig dazu, läßt es damit verkochen, seiht es durch ein Sieb gibt die Brust wieder hinein, etwas länglich geschnittene Limonienschalen, 4 Eidotter und $3^{3}/_{4}$ Dekagramm Sago, welcher vorher geklaubt und gereinigt werden muß, dazu, läßt es so lange dünsten, bis der Sago weich ist. Wenn man es anrichtet, gibt man die Brust in die Mitte der Schüssel, die Sauce darüber.

137. Ungarische grillirte Kalbsbrust mit Paradeissauce.

Die Brust koche man in einer Presse, beschwere sie mit etwas Flachem, und scheide sie in schöne Schnitten, sobald sie kalt geworden. Die Schnitten werden leicht gesalzen dann in Eiern und Semmelbröseln panirt, und in Fett auf jäher Glut schnell gebraten. Sie werden in Ringe auf der Schüssel dressirt und die Paradeissauce in die Mitte angerichtet.

138. Paprika-Kälbernes mit Nockerln.

Man schneide Kalbfleisch zu Würfeln, lasse etwas grüne Petersilie, Zwiebel, beides gehackt, in Fett dünsten, salze es und gebe das Kalbfleisch daran. Dünste es, staube etwas Mehl daran, fülle es mit Fleischbrühe nach, lasse es eindünsten, gebe etwas Paprika daran, und 2 bis 3 Eierdotter. Zu diesem Kälbernen servirt man Nockerln.

139. Kälbernes Hirn in der Limoniensauce.

Man läßt ein Stück Fett warm werden; gibt einen Löffelvoll Mehl hinein, läßt es ein wenig anlaufen, schneidet einen Zwiebel in der Mitte von einander, gibt sie auch hiezu, und füllt es dann mit guter Brühe auf; wenn die Sauce versotten, nimmt man den Zwiebel heraus, gibt Limonien=schalen und von einer Limonie den Saft hinein. Das Hirn wird im Salzwasser abgesotten, die Haut davon reinlich weggenommen, dann in gleiche Stücke geschnitten, in die Sauce gelegt, und einige Minuten darin aufgekocht, dann aufgetragen.

140. Kälberne braungedünstete Karbonadeln.

Man nimmt kälberne Karbonadeln, so viel es beliebt, wäscht sie rein aus, löst die Haut von dem Bein gut ab, so, daß das Bein bis unten, wo das Fleisch anfängt, ganz rein ist; dann wird es klein zusammengeklopft, und mit einem breiten Messer runde Karbonadeln davon geformt, und gesalzen. Man legt etwas Fett in ein Kastrol, Zwiebel und gelbe Rüben, blätterweis geschnitten dazu, legt die Karbonadeln darauf, läßt sie dann langsam dünsten, wendet sie öfters um, damit sie auf beiden Seiten braun werden, nimmt sie dann heraus, stäubt ein oder zwei Löffelvoll Mehl auf das Gedünstete, läßt es schön braun werden; füllt es mit Brühe auf, und läßt die Sauce eine halbe Stunde verkochen; dann seihet man sie durch ein Sieb, nimmt das Fett davon herab, gibt die Karbonadeln hinein, etwas Limo=nienschalen und den Saft von einer Limonie dazu; richtet sie zierlich wie einen Kranz auf die Schüssel, die Sauce darüber.

141. Kälberne Karbonadeln mit Kapern.

Man löst die Beine von den Karbonadeln ganz von der Haupt ab, klopft und formt sie schön rund, salzt und bestreicht sie mit zerlassener Fett, bestreut sie mit feinen

Semmelbröseln und bratet sie schön auf dem Roste; legt sie dann auf eine Schüssel, gießt 5 bis 6 Eidotter darüber, gibt einige Stückchen Fett, klein geschnittene Limonienschalen und Kapern darauf, unten und oben Glut, läßt sie auffieden und drückt zuletzt den Saft von einer Limonie darüber.

142. Lämmernes in der Bertramsauce.

Man nimmt das Brüstel von einem Lamm, blanschirt und schneidet es in Stücke. Dann läßt man ein Stück Fett warm werden, gibt einen Löffelvoll Mehl hinein, läßt es ein wenig anlaufen, gibt einen Zwiebel in vier Theile zerschnitten, auch ein Büschel Bertram darein, füllt es mit Brühe auf, gibt etwas weißen Essig und 2 bis 3 Eidotter wie auch das Lämmerne hinein, läßt es so lange sieden, bis es weich genug ist. Bevor man es zur Tafel gibt, richtet man das Lämmerne auf die Schüssel, seihet die Sauce, und läßt selbe wieder siedend werden, sprudelt zwei Eierdotter in einem Topf gut ab, gibt die Sauce dazu, und gießt sie über die bereits angerichteten Fleischschnitten.

143. Ragout von den Flügeln der Indian und Enten.

Die Flügel und Mägen der Indian und Enten werden im Salzwasser mit etwas grüner Petersilie, gelben Rüben und Bury weich gekocht, dann macht man eine kleine Fettsauce, gibt die Flügel und Mägen schön geschnitten hinein. Nimmt dann ein Stück Kalbfleisch, eine halbe in Wasser geweichte Semmel, etwas Mark, ein klein wenig Zwiebel und grüne Petersilie, dieses alles klein zusammengeschnitten, wie auch etwas Salz, schlägt zwei Eierdotter daran, verrührt sie gut mit dem Uebrigen, macht kleine Knödeln davon, und bäckt sie schön gelb aus dem Schmalze; legt selbe in die Sauce zu den Flügeln und Mägen, läßt es zusammen etwas auffieden, und richtet es zierlich auf die Schüssel.

144. Zungen in Fricandeau.

Man gibt die Zunge in einen Topf, einen Büschel

grüne Petersilie, Schnittlauch, etwas gelbe Rüben und Salz darein, läßt sie so lange kochen, bis man die Haut davon abziehen kann. Man spickt sie dann in drei oder vier Reihen, eine nach der andern, richtet in ein Kastrol Fett, Zwiebel, gelbe Rüben und einen Kälberfuß, alles blätterweis geschnitten, setzt die Zungen hinein, füllt sie mit brauner Suppe auf, deckt das Kastrol zu, und läßt sie so lange gelind dünsten bis sie weich genug sind. Man nimmt dann die Zungen heraus, seihet die Sauce, gibt zwei Löffelvoll guten Essig hinein, läßt die Sauce so lange kochen, bis sie zur Glace wird, legt dann die Zungen wieder hinein, kehrt sie auf alle Seiten um, so sind sie fertig. Man kann um den Rand der Schüssel einen Kranz von kleinen gedünsteten Zwiebeln legen.

145. Zungen in der polnischen Sauce.

Die Zunge wird in Salzwasser weich gekocht, und wenn sie von der Haut gereinigt, in ein Kastrol gegeben; dazu kommt etwas Fett, ein großer Zwiebel, eine gelbe Rübe in Blätter geschnitten, etwas ganzes Neugewürz und einige Kalbsknochen; dieses Alles wird so lange gedünstet, bis es schön braun wird, stäubt dann einen Löffelvoll Mehl daran, läßt es braun werden, und füllt es mit halb rothem Wein und halb Brühe auf, läßt es dann gut verkochen, seihet die Sauce durch ein Sieb in ein anderes Kastrol, gibt 7 Dekagram Zibeben, eben so viel Weinberln rein geklaubt, auch 6 Dekagram geschwellte und gestiftet geschnittene Mandeln dazu; legt die Zunge hinein, und läßt sie gut versieden. Vor dem Anrichten wird die Zunge durchaus mit gestifelten Mandeln gespickt, die Sauce auf die Schüssel gegeben, und die Zunge darauf gelegt.

Achter Abschnitt.
Vom rindenen und schöpsernen Eingemachten und Rostbraten.

146. Ungarisches Gulyasfleisch.

Man schneide ein gut unterwachsenes, enthäutetes rindenes Rippenstück in lange und breite Stücke, lasse sie mit etwas gehacktem Kernfett und ein paar in Scheiben geschnittenen Zwiebeln in der eigenen Brühe dünsten. Salze es, thue Paprika daran, stäube ein wenig Mehl dazu und lasse es mittelweich dünsten. Will man es dünner haben, so gebe man noch etwas Fleischbrühe dazu.

147. Gedünstete Rolladen.

Man nimmt Saftsteisch, schneidet handbreite längliche Stücke davon, aber nicht dicker als ein Messerrücken, klopft und salzt sie; dann überkocht man ein Hirn im Salzwasser; zieht die Haut rein davon ab, hackt es klein und dünstet es mit etwas grüner Petersilie in Fett, gibt ein wenig klein geschnittene Zwiebel, etwas Salz, Pfeffer und eine Handvoll Semmelbröseln, auch einen Löffelvoll Brühe dazu, läßt es ein wenig aufsieden und auskühlen; bestreicht das Fleisch damit, rollt und bindet es mit Zwirn zusammen. Man gibt dann in ein Kastrol Fett, Zwiebel und gelbe Rüben, legt die Rolladen hinein und läßt sie so lange dünsten bis sie ihre Sauce eingedünstet haben und bräunlich werden; nimmt sie dann heraus, gibt ein paar Löffelvoll Mehl in das Kastrol, läßt es braun werden, füllt es dann mit Brühe auf, gibt etwas Essig und Limonienschalen hinein, läßt die Sauce gut verkochen, seihet sie, legt die Rolladen wieder hinein, gibt zwei Eidotter dazu und läßt es noch ein wenig dünsten. Dann gibt man die Rolladen in der Reihe auf die Schüssel, seihet die Sauce darüber und gibt die Rolladen, nachdem man die beiden Enden abgeschnitten hat, hoch aufgehäuft, in die Mitte der Schüssel, die kleine Sauce darüber und faßt sie mit einem zweifingerbreiten Kranz von Champignons, frischen Pilzlingen oder Maurachen ein, die mit Fett, etwas klein geschnittener grüner Petersilie und ein paar Eidotter abgedünstet werden.

148. Französischer Rostbraten.

Man schneidet das Fett und die Beine von dem Rostbraten, klopft ihn stark mit einem breiten Messerrücken und salzt ihn. Zu $1^1/_2$ Kilo Rostbraten nimmt man sechs Sardellen, wäscht und reinigt sie von den Gräten, gibt dann $1^3/_4$ Dekagram Kapern, zwei kleine Häuptel Zwiebel, etwas grüne Petersilie nebst Limonienschalen dazu, und schneidet alles klein zusammen; läßt etwas Fett warm werden, gibt das Geschnittene hinein und läßt es ein wenig anlaufen, füllt dann den Rostbraten mit dieser Fasch, wickelt ihn zusammen, legt ihn in ein Kastrol, und läßt ihn so lange dünsten, bis er sich bräunet gibt dann 10 bis 12 Eidotter darauf, läßt ihn noch eine halbe Stunde dünsten, seihet das Fett davon ab, und richtet ihn zierlich auf die Schüssel.

149. Gedünsteter Rostbraten.

Man gibt etwas Fett in ein Kastrol, auch etwas grüne Petersilie, ein kleines Zeherl Knoblauch, etwas Limonienschalen, alles klein geschnitten, und ein wenig ganzen Pfeffer dazu, wäscht den Rostbraten gut aus, klopft und salzt ihn, gibt ihn in das Kastrol, deckt ihn zu und läßt ihn langsam dünsten, gibt öfters einen Löffelvoll Brühe daran, daß nur eine kleine Sauce bleibt; seihet dann das Fett herab, gießt noch etwas weniges Brühe, ein wenig Essig und einige Eidotter daran, und läßt es gut verdünsten; die Sauce muß kurz und dicklich sein. Auf $1/_2$ Kilo Rostbraten kann man zwei kleine Häuptel Zwiebel, ein kleines Büschel grüne Petersilie und ein Zeherl Knoblauch nehmen.

150. Gefüllter Rostbraten.

Man nimmt von einen schönen Rostbraten so viel man braucht, schneidet das Fett und die Beine davon weg, klopft ihn tüchtig mit einem Messerrücken und salzt ihn. Dann nimmt man ein Schnitzel von dem Rostbraten, hackt es klein, nimmt auch klein geschnittene grüne Petersilie, etwas Zwiebel und Limonienschalen, salzt es und rührt die Fasch mit Eidotter ab, daß sie sich gut streichen läßt. Man nimmt dann ein Stück Rostbraten, bestreicht es Messerrückendick mit Fasch, legt dann ein zweites Stück Rostbraten darauf, speilet es auf vier Theile zusammen, und behandelt auf solche Art auch die übrigen. Man belegt sodann ein Kastrol mit Fett, gelben Rüben, Kuttelkraut und Lorbeerblättern, legt den Rostbraten darauf, auch einigen ganzen Pfeffer und Neugewürz darauf, läßt ihn weich dünsten, und legt ihn dann auf eine Schüssel. Die Sauce läßt man goldbraun eingehen, stäubt einen Löffelvoll Mehl darauf, läßt auch dieses gelb werden, gießt einen Schöpflöffelvoll Brühe mit einigen Eidottern daran, seihet es über den Rostbraten, und läßt es noch etwas aufkochen.

151. Gefüllter Rostbraten auf bairische Art.

Man nimmt schönen Rostbraten, klopft und salzt ihn, löst einige Sardellen von den Gräten, gibt ein wenig Kapern, Schnittlauch, grüne Petersilie, alles klein geschnitten dazu; treibt etwas Fett flaumig ab, schlägt zwei bis drei Eierdotter daran, gibt das Obige klein geschnitten hinein und rührt alles gut durcheinander; füllt es dann in den Rostbraten, rollt es zusammen, legt es in ein Kastrol, gibt etwas Brühe darauf, und läßt es so lange dünsten, bis es mürbe ist; dann gibt man sechs Eidotter darauf, und läßt es noch etwas dünsten, seihet das Fett davon ab, und gibt es mit Limonienschalen bestreut zur Tafel.

152. Beefsteak.

Ein sogenanntes englisches Beefsteak wird aus dem Filetstück des Rindes bereitet. Man klopft die Scheibe tüchtig, bestreut sie auf beiden Seiten mit Salz und Pfeffer, sowie gehackten Zwiebeln in reichlichem Maße, dann bratet man das Beefsteak in heißem Fett rasch auf beiden Seiten, während man es mit der Gabel durchsticht und fleißig begießt. Hierzu gibt man kleine gebratene Kartoffeln. Häufig belegt man ein Beefsteak mit Spiegeleiern. Deutsche Beefsteaks macht man aus gehacktem und geschabtem Rindfleisch. Zu dem gehackten Fleische pflegt man eine oder mehrere geriebene Kartoffeln — je nach Quantität desselben zu kneten.

153. Schaalschnitzel auf eine gute Art zu bereiten.

Nehme 1 Kilo schöne Schaalschnitzel und klopfe sie recht mürbe, salze sie und spicke sie in einigen Reihen, dann lege sie in eine Casserolle, gebe etwas Fett, zwei geschnittene Zwiebel dazu, etwas Essig, einige Pfefferkörner und $2/10$ Liter Wasser. So lasse es mehrere Stunden hindurch recht stark dünsten, bis sich aller Saft eingedünstet hat, sie weich sind und eine schöne gelbe Farbe bekommen; dann seihe das Fett ab, gieße 8 bis 10 Eidotter darüber und lasse sie noch einigemal aufkochen. Auf diese Art bereitet, sind sie sehr schmackhaft.

154. Fleisch-Würstchen.

Dünste $1/4$ Kilo Reis weich, nehme ein $1/4$ Kilo gebratenes Kalbfleisch und hacke es sammt etwas Fett fein, gebe noch etwas Limonienschale, Salz und ein ganzes Ei hinein, damit es zusammenhält, formire daraus Würstchen, bestreue sie mit Semmelbrösel und backe es in Schmalz schön lichtgelb, nebst etwas Mehl und Limoniensaft, jedoch nicht so viel, daß es sauer wird, lasse die Sauce aufkochen und schütte sie vor dem Anrichten über die Würstchen.

155. Saftbraten.

Das Fleisch wird von den Fasern und Haut befreit, fest geklopft; nimmt etwas Koriander, Saliter, Salz und Paprika, mischt es zusammen, dann nimmt man einzelne Zeherl Knoblauch und dunkt sie in der Zubereitung ein und spikt das Fleisch damit; mit den übrigen wird das Fleisch fest eingerieben, legt es in einen Topf, wo es gepreßt darin liegt, läßt es 3—4 Tage auf einen kühlen Ort stehen. Wenn man es dünstet, wird es von der Zubereitung rein gewaschen, Grünzeug in Würfeln geschnitten, Zwiefel, ganzer Pfeffer, Ingber, etwas Wasser darauf gegeben, bis es bedeckt ist; läßt es weich dünsten, schneidet es in Stücke, passirt den Saft durch und gibt es mit etwas geriebenen Krenn zur Tafel.

156. Reinbraten.

Man schneidet den Zwiefel fein zusammen, legt es auf den Boden der Kastrolle, auch etwas Salz und Paprika, klopft den Rostbraten, legt ihm auf den Zwiefel, deckt ihm zu und läßt ihm dünsten. Bis der erste Saft verdünstet ist, kehrt man ihm um und begießt ihm, läßt ihm weiter dünsten, gibt Erdäpfel daran, gießt so viel Wasser dazu, daß der Braten bedeckt ist, läßt ihn weich dünsten und gibt ihm dann zur Tafel.

157. Schöpsenfleisch mit Zwiefel-Sauce.

Das Fleisch wird mit sehr vielen Zwiefeln (am schmackhaftesten hierzu sind im Sommer die grünen) reichlich Kochkümmel, Salz und Pfeffer in Wasser langsam weich gedünstet. Um es zu bräunen, gießt man auch die Sauce ab, füllt nur das Fett in den Schmortopf zurück und bratet hierin das Fleisch auf beiden Seiten. Vor dem Anrichten gießt man die Sauce in den Topf und läßt sie mit dem Fleische aufkochen. Hierzu gehört eine gute Kartoffel=Pürée.

158. Ungarisches Schöpsernes mit grünen Fisolen.

Man lasse fein geschnittene Zwiebel und Rokambolen mit Fett anlaufen, gebe dazu etwas Kümmel, Salz, Paprika; legt dann feine Schnitzchen von Schöpsenfleisch hinein, fülle es mit etwas Fleischbrühe auf und lasse sie weich dünsten. Gebe dann etwas Eidotter, in dem Mehl abgerührt wurde, ebenso grüne Fisolen, die vorher geputzt, fein geschnitten, in Salzwasser gekocht, abgeseiht und im kalten Wasser abgekühlt wurden. Man lasse es noch kochen, bis es kurz eingekocht ist und servire es.

159. Dampfbraten.

Ein derbes Stück Rindfleisch wird geklopft, falls es mager mit Fett gespickt und tüchtig mit Salz eingerieben. Dann werden Zwiebeln gewiegt, mit Salz und gestoßenem Pfeffer gemengt und mit dem Fleische in einen hohen Topf gegeben. Hierzu kommt wenig Wasser, wohl aber noch etwas zerlassenes Fett. Der Topf wird durch einen Deckel, der aber ein Loch haben muß, fest verschlossen, indem derselbe ringsum mit Papier zugeklebt wird. So wird das Fleisch auf gelindes Feuer gebracht und muß sehr langsam im eigenen Dampfe weich dünsten. Nach 2 Stunden öffnet man den Topf, wendet das Fleisch und schließt ersteren wieder. Nun läßt man es ohne weiteres Hinzuthun bis zur Mahlzeit ungestört dämpfen. Auf diese Weise zubereitet, hat das Fleisch einen delicaten Geschmack. Statt des Wassers kann man auch Weinessig nehmen.

160. Lungen-Hachée.

Die Lunge wird in Stücke geschnitten, mit Suppenkräutern in Wasser und Salz gar gekocht. Die Brühe verwendet man zur Suppe und zieht sie in der Regel mit Eidottern ab. Die Lunge, die man häufig mit dem Herz zusammenkocht, wird auch mit diesem vereint gehackt und mit gewiegten Zwiebeln, abgestreiften Thymian oder Mey=

ran, mit etwas Brühe, Fett, Salz und Pfeffer durchgekocht, zuletzt kommt ein wenig Essig zu und dann wird das Gericht mit braunem Mehl angeröstet.

161. Gesulzter Kalbskopf.

Der Kalbskopf wird in der Mitte voneinander geschnitten, und in Salzwasser mit grüner Petersilie, gelben Rüben, zwei Häuptel Zwiebel, etwas Limonienschalen gekocht; man läßt ihn so lange kochen, bis er recht weich ist, dann nimmt man ihn heraus, legt ihn in kaltes Wasser, und läßt ihn eine Weile darin liegen. Die Suppe, in welcher er gekocht wurde, sammt einem Kälberfuß, etwas ganzen Pfeffer und Neugewürz, läßt man so lange sieden, bis sie sich zu einem großen Seitel eingekocht, gibt dann den Saft von einer Limonie dazu, seihet es durch ein feines Sieb, und läßt die Sauce ein wenig stehen. Man löset dann den Kalbskopf von den Knochen, schneidet ihn in länglich dünne Schnitten, gibt ihn in einen Model, seihet die Sauce nochmals durch ein reines Tuch, und gießt sie darauf, stellt es an einen kalten Ort, bis es stoft. Wenn es schon fest ist, so stürzt man es heraus.

Neunter Abschnitt.

Von den Fischspeisen.

162. Hecht oder Schill mit Sardellen.

Man nimmt das Mittelstück von einem großen Fisch, welches 1½ Kilo sein darf, salzt es, und läßt es eine Stunde liegen, trocknet dann den Fisch mit einem reinen Tuche ab, schneidet acht Sardellen, ein ganzen Zwiebel, grüne Petersilie, von einer Limonie die Schale, alles klein zusam=

men; gibt auch etwas Pfeffer dazu, mengt alles gut durcheinander, und bestreicht das ganze Stück Fisch damit, legt es in ein Kastrol, gießt 10 bis 12 Eidotter darüber, den Saft von einer ganzen Limonie, etwas Fett, eine Handvoll Semmelbröseln, gibt oben Glut, und läßt den Fisch auskochen; gibt ihn dann auf eine Schüssel, und gießt die Sauce darüber.

163. Faschirter Hecht.

Man schneidet einen reinen geschuppten Hecht auf dem Rücken auseinander, und nimmt alles Fleisch sammt den Gräten heraus, doch muß Kopf und Schweif an dem Rückgrate gelassen werden, und die ganze Haut unbeschädigt bleiben. Nun löst man die Gräten aus dem Fleische, schneidet dies mit Zwiebeln, grüner Petersilie, einige von Haut und Gräten gereinigten Sardellen, dann etwas Limonienschalen klein zusammen, gibt eine abgeriebene in Wasser geweichte, dann wieder ausgepreßte Semmel, ein wenig Gansfett etwas Muskatblüthe, Pfeffer, Salz und drei Eier hinzu und verrührt es glatt wie einen Teig. Mit dieser Fasche wird jetzt die Haut des Hechtes ganz angefüllt, dann auf dem Rücken zusammengenäht. Nun wird eine Bratpfanne mit Fett stark bestrichen, der Hecht hineingelegt, und schön goldgelb gebraten, während dessen aber fünf bis sechs Mal mit Eidotter und etwas Fett übergossen. Nach dem Ausbraten wird der Fisch behutsam auf eine Schüssel gelegt, mit scharfem Messer schön gleich geschnitten, mit der Sauce übergossen, dann mit in dünne Streifchen zertheilten Limonienschalen gleichförmig bestreut. Auch den Schill bereitet man auf gleiche Weise, und will man einen Karpfen hiezu verwenden, so müssen nur das Fett und die Limonienschalen wegbleiben, weshalb der Fisch blos mit zerlassener Gansfett während des Bratens begossen und auch aufgetischt wird.

164. Gesulzter Hecht.

Man läßt den geputzten Hecht eine Stunde im Salze

liegen; richtet in ein Castrol einen Theil weißen Essig und drei Theile Wasser, gibt Zwiebel, grüne Petersilie, gelbe Rüben, Limonienschalen, ganzen Pfeffer, etwas Neugewürz, ein Lorbeerblatt und etwas Kuttelkraut hinein, legt den Fisch und zwei Ringeln geklopfte Hausenblase dazu, läßt den Fisch so lange sieden, bis er ausgekocht ist, aber ja nicht zerfällt; man nimmt ihn dann heraus, und läßt die Sauce so lange kochen, bis die Hausenblase aufgelöset ist. Dann spannt man ein Tuch auf die vier Füße eines umgekehrten Sessels, gießt die Sauce darauf, und läßt es langsam durchlaufen, damit sie klar werde; gibt dann den Fisch auf eine Schüssel, gießt die Sauce darüber und stellt ihn an einen kalten Ort, damit es stockt; kocht zwei Eier hart, nimmt die Dotter heraus und treibt sie durch ein Sieb; von dem Weißen des Eies schneidet man feine Blättchen, sticht mit einem kleinen Ausstecher Mondscheindeln aus und verziert den ganzen Fisch damit nach eigenem Geschmack.

165. Gebratener Hecht mit Sauce.

Man nimmt einen Hecht mit 1½ Kilo, schuppet und salzt ihn und läßt ihn eine Stunde liegen. Dann schneidet man vier Sardellen, ein wenig grüne Petersilie, ein halbes Häuptel Zwiebel, alles klein zusammen, treibt etwas Fett ab, gibt das Geschnittene hinein, rührt es gut durcheinander und bestreicht den innern Theil des Fisches mit der Hälfte davon, heftet ihn dann zusammen, bratet ihn schön. Während des Bratens begießt man ihn mit Eidotter und dem übrigen Theil des Geschnittenen. Wenn er gebraten ist, gibt man ihn auf eine Schüssel und die Sauce darunter.

166. Gezupfter Hecht mit Sauerkraut.

Man macht das Kraut wie gewöhnlich, brennt es mit etwas Zwiebel ein und läßt es mit der Einbrenn verkochen. Den Hecht siedet man in Salzwasser ab, löst die

Gräten davon aus und zupft ihn in kleine Stücke; läßt etwas Fett warm werden, schneidet zwei Häuptel Zwiebel so wie Nudeln zusammen, gibt ihn in Fett und läßt es schön gelblich werden. Dann gibt man mehrere Eidotter, etwas Fett und einen Theil von dem gezupften Hechten auf eine Schüssel, salzt ihn, gibt etwas von dem gerösteten Zwiebel darüber, wieder drei bis vier Eidotter, einen Löffelvoll Semmelbröseln und wieder von dem Fische und so fort, bis man alles eingelegt hat. Die letzte Reihe begießt man mit Eidotter und dem gedünsteten Zwiebel; auf die Semmelbröseln gibt man etwas Gansfett, stellt ihn in die Röhre, läßt ihn eine Viertelstunde aufkochen und gibt ihn sammt dem Kraut zur Tafel.

167. Hecht mit Sardellen gespickt.

Man putzt den Hecht wie gewöhnlich, macht ihn auf, wäscht ihn rein aus und salzt ihn nur ganz wenig; löst dann ausgewaschene Sardellen von den Gräten, schneidet sie länglich und spickt den Hecht in zwei Reihen damit; gibt in eine Bratpfanne ein Stück Gansfett, drei Eidotter, den Saft von einer Limonie und begießt den Fisch während des Bratens öfters damit. Wenn er gebraten ist, richtet man ihn auf eine Schüssel, gibt noch ein Eidotter und ein kleines Stück Gansfett dazu, läßt es aufsieden, gibt es über den Fisch und streuet länglich geschnittene Limonienschalen darauf.

168. Gebackener Karpfen.

Der gut geschuppte, ausgenommene und rein gewaschene 1½ bis 2 Kilo schwere Karpfen wird in 3 Fingerbreite Stücke zerschnitten, mit Salz und etwas weißem Pfeffer bestreut und zugedeckt in einer Schüssel eine Stunde stehen gelassen. Eine halbe Stunde vor dem Anrichten werden die Karpfenstücke abgetrocknet, in mit etwas frischem Wasser abgeschlagene Eier getaucht, mit geriebenen mit Mehl untermengten Semmeln gut bestreut, aus heißem

Schmalz langsam in lichtbrauner Farbe gebacken, dann zum Abtropfen auf ein Tuch über Löschpapier gelegt und recht heiß auf einer passenden Schüssel über eine gebrochene Serviette angerichtet, sogleich zu Tisch gegeben.

169. Ungarischer Karpfen.

Man putze die Mittelstücke vom Karpfen, salze sie, gebe sie in ein Kastrol, Wasser und Essig dazu, daß der Fisch kaum bedeckt ist und lasse ihn langsam kochen. Dünste feingeschnittene Zwiebel in Gansfett gelblich, gebe einen halben Kaffeelöffelvoll Paprika dazu, der ebenfalls mitdünsten muß, fülle auf mit etwas Fischbrühe, einige Eidotter, lasse kochen und schöpfe ab, seihe die Sauce durch. Der Karpfen wird auf eine Schüssel rangirt, ein wenig von der Sauce darübergegossen und der Rest in einer Sauciére besonders servirt.

170. Karpfen auf böhmische Art.

Man nimmt einen schönen Karpfen, wäscht ihn rein, macht ihn auf und sammelt das Blut in einen Topf, gibt ein wenig Essig in den Fisch, damit alles Blut davon herauskömmt, salzt ihn, macht den Sud in einem Kastrol, gibt zwei Theile Bier und einen Theil Essig darein, wie auch länglich geschnittene Petersilienwurzeln, Zwiebel, Bury, Sellerie, Lorbeerblätter, Kuttelkraut, etwas ganzen Pfeffer, Neugewürz, Gewürznelken, Limonienschalen, ein Stück Zucker und einige Nußkerne; deckt es zu und läßt es eine Stunde kochen. Dann röstet man eine Handvoll schwarze Brodbröseln in Fett, gibt sie hinein, das Blut auch dazu, zertheilt den Fisch in Stücke und gibt ihn in den Sud; ist die Sauce noch zu dünne, so kann man etwas geriebenen Lebzelten dazu nehmen. Wenn der Fisch eine gute Viertelstunde gesotten hat, so ist er fertig, legt ihn dann auf eine Schüssel, seihet die Sauce darüber und gibt ihn zur Tafel.

171. Blau abgesottener Karpfen.

Der Karpfen wird aufgemacht, ein wenig ausgewaschen, stückweise geschnitten und mit heißem Essig übergossen, damit er schön blau werde. Den Sud macht man mit Essig und Wasser, damit er wohlgeschmack sauer wird; gibt einige Gewürznelken, ganzen Pfeffer, von einer Limonie die Schale, Petersilwurzeln und Salz dazu, läßt es aufsieden, legt dann den Fisch hinein, deckt ihn zu und läßt ihn langsam kochen; ist er ausgekocht, so gibt man Fließpapier darüber und läßt ihn ein wenig stehen, legt ihn dann auf eine Schüssel und gibt grüne gezupfte Peiersilie darauf, oder belegt den Rand der Schüssel damit. Der Spiegelkarpfen ist dazu am besten, weil er wenig Schuppen hat; man kann ihn auch kalt mit Essig und Oel geben.

172. Karpfen in einer grünen Sauce.

Der Karpfen wird, nachdem er eine Stunde im Salze gelegen ist, in halb Essig, halb Wasser, Kuttelkraut, ganzen Pfeffer und Neugewürz heiß abgesotten, dann ausgekühlt. Die Sauce dazu wird auf folgende Art bereitet: Eine Handvoll grüne Petersilie und eben soviel Körbelkraut werden weich gesotten, gut von dem Wasser ausgedrückt; fünf Sardellen ausgewässert und von den Gräten gelöst, eine gleiche Quantität Kappern, wie auch drei hartgesottene Eier; dies alles wird in einem Mörser fein gestoßen und durch ein Sieb getrieben; mit einigen Löffelvoll feinstem Tafelöl und etwas Essig gut abgerührt und über den Fisch gegossen.

173. Gesulzter Karpfen.

Man nimmt einen schönen Donaukarpfen; schneidet ihn in Stücke und salzt ihn. Bereitet dann folgenden Sud: Man nimmt $2/10$ Liter weißen Weinessig, $1^{1}/10$ Liter Wasser, Lorbeerblätter, gelbe Rüben, Limonienschalen, ganzen Pfeffer einen Zwiebel in kleine Stücke geschnitten, drei bis vier

Gewürznelken und 1³/₄ Dekagram Hausenblasen, gibt dieses alles in ein Kastrol und läßt es langsam sieden; gibt dann den Fisch hinein, kocht ihn, legt ihn auf eine Schüssel, seihet den Sud davon ab, und läßt ihn auskühlen. Dann schlägt man zwei ganze Eier sammt den Schalen in den Sud, setzt ihn abermals auf die Glut, und läßt ihn noch etwas sieden. Man spannet dann ein Tuch auf einen umgekehrten Sessel gießt den Sud behutsam darauf, und läßt ihn langsam durchlaufen, damit er klar werde; hernach gißt man die Hälfte davon in ein Kastrol oder Model, und läßt es stocken, stürzt es dann auf eine Schüssel und gibt es zur Tafel.

174. Karpfen in der Sauerampfer-Sauce.

Nachdem der Karpfen geputzt ist, schneidet man ihn der Länge nach auf beiden Seiten durchaus ein, aber nicht so, daß er ganz durchgeschnitten wird, salzt und bestreicht ihn mit zerlassener Gansfett, bratet ihn auf dem Roste und begießt ihn öfters mit Gansfett; nachdem er schön bräunlich und gut durchgebraten ist, gibt man in die Schüssel eine gute Sauerampfer-Sauce, und legt den Fisch darauf.

175. Schill mit grüner Petersilie.

Man nimmt einen Schill, putzt ihn, läßt ihn eine Stunde im Salze liegen, kochet ihn im Salzwasser mit verschiedenem Wurzelwerk, dieses muß aber mit Vorsicht geschehen, damit er ja nicht zerfalle; legt ihn dann auf eine lange Schüssel, besäet ihn mit feinen Semmelbröseln, läßt ein wenig Gansfett von beiläufig 10 Dekagram heiß werden gibt klein geschnittene grüne Petersilie hinein und begießt den Fisch damit. Um den Rand der Schüssel kann man kleine in Fett gebräunte Erdäpfel geben.

176. Italienisch-marinirter Fisch.

2 Kilo schöner Hecht oder Karpfen wird in Stücke zerschnitten, in Mehl getaucht, un in feinem Oel langsam

gebacken, nachdem er vorher gesalzen wurde. Dann wird 2 Liter Weinessig gekocht, mit 5 Eßlöffelvoll Zucker, 5 Rosinen, 5 große Zwiebel länglich geschnitten, und auch einige Lorbeerblätter in den siedenden Essig gegeben. Man läßt es ziemlich lange sieden, dann läßt man es gut auskühlen, und schüttet es in einen Topf. Nachdem der Fisch rein abgetropft, legt man ihn in die Marinade, da muß er 24 Stunden liegen, bis er gut ist.

177. Stirl frikassirt.

Man läßt ein Stück Gansfett warm werden, gibt einen Löffelvoll Mehl hinein, läßt es ein wenig anlaufen, und gibt eine in vier Theile geschnittene Zwiebel nebst etwas Limonienschalen dazu, füllt es mit Erbsenwasser auf, und läßt es gut verkochen; drückt dann von einer Limonie den Saft hinein, und läßt die geputzten Stirl in dieser Sauce kochen, daß sie aber nicht zerfallen. Bevor man die Stirl zur Tafel gibt, schlägt man zwei Eierdotter in einen Topf, sprudelt sie gut ab, seihet die Sauce darauf, gibt es auf ein Kohlenfeuer, rührt es beständig, bis es anfängt dicklich zu werden, gießt es über die angerichteten Stirl, und gibt es schnell zur Tafel.

178. Stirl in der Limoniensauce.

Man läßt die Stirl, nachdem sie geputzt und gesalzen sind, eine halbe Stunde im Salz liegen; gibt in ein Kastrol ein Stück Fett, läßt sie heiß werden; gibt dann zwei Löffelvoll Mehl darein, und läßt es gelb anlaufen, schneidet einen Zwiebel in vier Theile, gibt ihn hinein und füllt es mit Erbsenwasser auf, legt die Stirl hinein und läßt sie so lange kochen, bis sie ganz ausgekocht sind, gibt auch etwas Limonienschalen dazu. Bevor man sie anrichtet, drückt man den Saft einer Limonie hinein.

Zehnter Abschnitt.

Von den verschiedenen Mehlspeisen.

179. Mürben Teig zu machen.

Man nimmt ¼ Kilo Mehl, salzt es ein wenig, gibt ¼ Kilo Gansfett hinein; die Gansfett wird durch den Walker gut mit dem Mehl verarbeitet und nicht mit der Hand berührt; gibt vier Eierdotter nebst einem Löffelvoll Wein, daß es hinlänglich genäßt wird; arbeitet ihn mit einem großen Messer gut ab, damit alles wohl vermengt werde. Der Teig darf nicht fest sein und gar nicht mit der Hand berührt werden. Man walkt ihn dreimal und so dünn wie möglich aus, schlägt ihn immer auf dieselbe Seite in vier Theile zusammen, stäubt ja nicht mehr Mehl daran, als höchst nöthig ist. Somit kann man den Teig zu was man will verwenden.

180. Marchpastete mit Ragout.

Es wird ein Marchteig gemacht und ungefähr drei Messerrückendick ausgewalkt; dann ein rundes oder viereckiges Blatt davon geschnitten, einen Finger breit von dem äußersten Rande mit Eierklar bestrichen; das zweite Blatt eben so ausgewalkt und darauf gelegt. Ist das Blatt rund, so sticht man mit einem kleinen Krapfenstecher in der Größe eines Guldenstückes Blätter aus, belegt den Rand der Pastete damit, doch so, daß immer das zweite Blatt auf die Hälfte des Ersteren zu liegen kömmt. Ist es aber viereckig, so schneidet man mit einem warmen Messer ein zweifingerbreites Band von dem Teige, legt dasselbe um den Rand und schneidet es auf jeder Ecke schön ab. In der Mitte der Pastete macht man mit einem warmen Messer einen runden Einschnitt in der Größe eines Trinkglases, gibt von dem Teige einen doppelten Knopf darauf, bestreicht die Pastete mit Eierklar und bäckt sie schön resch im Ofen. Wenn sie ausgebacken, schneidet man mit einem scharfen Messer den eingeschnittenen Deckel aus, nimmt selben behutsam weg, damit er nicht zerfalle, und löst mit dem Messer den Teig, welcher sich etwas specklich zwischen den zwei Blättern theilt, schnell heraus, und füllt die Pastete mit dem schon zubereiteten Ragout; wozu ein $1/4$ Kilo Kalbfleisch, drei bis vier kälberne Briseln, beides übersotten, sechs Champignons mit etwas klein geschnittener Petersilie abgedünstet, etwas in Salzwasser abgesottenen Spargel oder Karfiol. Alles gewürfelt geschnitten, wie auch etwas Muskatblüthe, in einer kleinen Marchsauce so lange gedünstet werden, bis die Sauce ganz eingekocht ist. Das Ragout wird dann mit einem Eßlöffel ganz vorsichtig in die Pastete eingefüllt, der Deckel wieder darauf gelegt und zur Tafel gegeben.

181. Fleisch-Mehlspeise.

Von einem schönen Kapaun oder jungen Indian wird die Brust herausgenommen, von den Beinen gelöst und klein geschnitten. Von ein und einer halben Semmel wird die Rinde abgerieben, in dünne Blätter getheilt, mit $3/10$ Liter Wasser befeuchtet, 9 Dekagramm Gansfett hinzu gethan, auf Kohlenfeuer gesetzt und unter beständigem Rühren, während welchem man drei ganze Eier nach und nach hineinschlägt, zu einem dicken Koche, welches sich vom Löffel lösen muß, eingedünstet und dann ausgekühlt. Nun wird es sammt der geschnittenen Kapaunbrust, etwas Salz und Muskatblüthe in einem großen Mörser fein gestoßen und durchpassirt; das Uebrige des Kapauns wird in einem Kastrol mit etwas Gansfett, einigen Blättern gelbe Rüben und etwas Zwiebel lichtbraun abgedünstet, von Zeit zu Zeit etwas Brühe nachgegeben und wenn das Fleisch weich geworden, von den Beinen abgelöst und nudelweis geschnitten. Dann kömmt die Fasch in einen Weidling und wird mit fünf Eierdottern flaumig abgetrieben, zuletzt der feste Schnee von fünf Eierklar, sammt dem geschnittenen Fleisch damit vermengt, ein Kastrol mit Gansfett bestrichen, die

Masse eingefüllt, eine Stunde lang in Dunst gestellt, dann ausgestürzt und mit dem Saft, welchen der Kapaun im Dünsten erzeugte und nun von allem Fett gereinigt wird, übergossen.

182. Butter-Pagatscherln.

In 1¹/₃ Liter Mehl wird ein ¹/₄ Kilo Butter auf dem Brett gut verarbeitet und nur so viel Milchrahm dazugethan, daß man es zu einem recht harten Teig ausarbeiten kann, woraus man dann kleine Krapfen sticht, mit geschlagenem Ei bestreicht und rasch ausbackt.

183. Kramel-Pagatscherln.

In zwei Liter gesiebtes Mehl werden eben so viel frische fein zerschnittene Krameln gut vermischt und mit dem Walker so lange gedrückt, bis es ganz vermengt ist, etwas Salz, 4 Dekagr. in Wasser gelöste Germ und ³/₁₀ Liter weißer Wein hinein gegeben; dieser Teig wird fingerdick ausgewalkt, mit dem Krapfenstecher ausgestochen, auf dem Blech etwas gehen gelassen und vor dem Backen wird die Oberfläche mit einem Messer gewürfelt eingeschnitten und mit Ei bestrichen.

184. Pagatscherln auf andere Art.

¹/₂ Liter Mehl wird mit eben so viel feingeschnittenen Krameln und etwas Salz auf dem Mehlspeisbrette mit dem Walker abgebröselt. Nun kommen 4 Eidotter, zwei Löffel Wein und 2 Dekagr. in etwas Wasser aufgelöste Germ hinzu und wird dies Alles so lange mit der Hand verarbeitet, bis ein schön glatter Teig daraus wird, welcher so dünn wie möglich ausgewalkt zusammengeschlagen, dann wieder gewalkt und so drei Mal wiederholt wird, bis beim vierten Walken eine kleine fingerdicke Platte bleibt, welche mit einem mittleren Krapfenstecher ausge=

stochen, auf ein Backblech gereiht und an eine warme Stelle zum Germen gestellt werden. Nach einigem Aufgehen macht man mittelst eines Messers der Länge und Quere nach leichte Eindrücke über die Pagatscherln, bestreicht selbe mit abgeschlagenen Eiern und bäckt sie schön goldgelb. Diese höchst einfache Speise kann warm und kalt genossen werden, besonders bildet sie bei Herren ein Lieblingsgericht, so zwar, daß oft luxuriöse Gerichte wegen diesem unbeachtet bleiben.

Eilfter Abschnitt.

Meridons, Puddings und andere kleine Mehlspeisen mit Chaudeau.

185. Der brennende Pudding.

Es wird eine und eine halbe Semmel zu Bröseln gerieben, $^2/_{10}$ Liter weißen Wein darauf gegossen, vier Loth geschwellte fein gestoßene Mandeln und so viel Zucker dazu gegeben, daß es süß genug wird, dann unter beständigem Rühren zu einem Koche verkocht und ausgekühlt. Sodann werden 5 Dekagr. Gansfett, zwei ganze Eier und drei Dotter nach und nach hineingerührt; hiezu kommt noch in große Würfel geschnitten 4 Dekagr. Citronat, dann eingesottene grüne Nüsse, grüne Zwetschken, ausgelöste Weichsel und Dienteln, von allen gleiche Theile und zwar so viel, daß man wenig von der Semmel sieht; zuletzt wird von den drei Eiern das Klare zum festen Schnee geschlagen und darunter gemengt. Man nimmt dann einen Reif-Model, bestreicht ihn mit Fett und füllt den Pudding hinein, wonach er eine Stunde in Dunst gestellt wird. Beim Anrichten wird er ausgestürzt, die Oeffnung, welche in dem Pudding ist, wird in dem Augenblicke, als er zur Tafel gegeben wird, mit gutem Rum angefüllt, einige Stücke Zucker darein gelegt, angezündet und mit der Flamme schnell zur Tafel gegeben. Diese Mehlspeise ist vorzüglich zum Soupé verwendbar; der Rum muß, bevor er in den Pudding gegossen wird, warm gemacht werden. Der Boden des Models wird mit Citronat, die in Halbmonden geschnitten werden, und geschwellten, gespaltenen Mandeln zierlich ausgelegt. Es wird zu diesem Pudding in einer Schale entweder Orangensaft, den man mit Zucker etwas dicklich eingehen läßt, oder auch Wein-Chabeau gegeben.

186. Warmer Cabinets-Pudding.

Es werden sechs Eierdotter in einem Topf mit einem $^2/_{10}$ Liter Obers fein abgerührt, etwas feingestoßene Vanille und fein gestoßener Zucker, so viel, daß es süß genug ist, hinzugegeben; dann stellt man diese Masse auf ein Kohlenfeuer, rührt sie so lange, bis sie anfängt, dicklich zu werden, nimmt sie sodann schnell weg, und rührt sie noch einige Augenblicke, damit sie nicht zusammenläuft; dann läßt man sie stehen, bis sie gänzlich ausgekühlt ist. 8 Dekagramm verschiedene, im Zucker eingelegte Früchte werden in kleine Würfel geschnitten, und in die Masse gerührt; dann wird von sechs Eierklar ein fester Schnee geschlagen und auch ganz leicht mit dem Uebrigen vermengt. Die Form wird mit Butter bestrichen und mit 5 Dekagramm feinen Bisquittes ausgelegt, jedoch am Model aufrechtstehend und mit der glänzenden Seite nach außen; die Masse hineingegeben, in Dunst gestellt und drei Viertelstunden darin gelassen, dann ausgestürzt und gleich aufgetischt.

187. Semmel-Pudding.

Man reibt von zwei Semmeln die Rinde ab, weicht sie in Wein, schwellt dann 8 Dekagram Mandeln und stößt sie; reinigt $^1/_8$ Kilo Rosinen und 5 Dekagramm Weinberln, treibt dann 5 Dekagram Fett flaumig ab, drückt die Semmeln gut aus und schneidet sie mit dem Schneidemesser klein zusammen, gibt sie hinein, schlägt zwei ganze Eier und vier Dotter, eines nach dem andern darein und rührt es eine Viertelstunde; zuletzt wird der von drei Eiern festgeschlagen Schnee gleich darunter vermengt, dann gibt man die Mandeln, Zibeben und Weinberln, nebst etwas an einer Zitrone oder Pomeranze abgeriebenen Zucker dazu, und mengt alles gut durcheinander. Bestreicht dann ein Kastrol mit Fett, schneidet ein weißes Papier in der Form des Kastrolbodens, paßt es genau hinein, bestreicht es ebenfalls mit Fett, belegt es zierlich mit ganzen Zibeben, geschwellten und gespaltenen Mandeln, gibt die obige Masse hinein, und läßt sie eine Stunde im Dunste kochen. Stürzt dann den Pudding auf eine Schüssel, löst das Papier behutsam davon herab, gießt den bereits fertigen Chadeau ringsherum welchen man auf folgende Art bereitet: Es wird $^1/_8$ Kilo Zucker auf einer Limonie abgerieben und gestoßen, dann nimmt man zehn Eierdotter sammt dem Zucker in einen Topf und auf jeden Eierdotter zwei Eßlöffel= voll guten weißen Wein, zersprudelt es gut, und setzt den Topf in ein Kohlenfeuer, sprudelt den Chadeau beständig fort, bis er anfängt dicklich zu werden und zu steigen, nimmt ihn dann schnell vom Feuer, sprudelt ihn noch etwas fort und richtet ihn auf die Schüssel.

188. Pudding auf englische Art.

Man schwellt 15 Dekagr. Mandeln, stoßt sie fein, be= feuchtet sie während des Stoßens mit etwas kaltem Wasser damit sie nicht ölig werden; dann werden 15 Dekagr. Zucker fein gestoßen, 5 Dekagr. Bröseln von gutem schwarzen Brod gerieben, mit einem Eßlöffelvoll Malaga oder Menescher Wein angefeuchtet und eine Weile stehen gelassen. Schneidet von einer Limonie die Schale klein zusammen, gibt auch etwas gestoßenen Zimmt, sammt dem Obigen zusammen in einen Weidling, schlägt ein ganzes Ei und sechs Dotter nach und nach hinein, rührt es so lange, bis es recht flaumig ist, wozu eine halbe Stunde hinreicht; zuletzt wird von fünf Eierklar der feste Schnee darunter gemengt. Dann bestreicht man ein Kastrol oder Model mit Fett, füllt den Pudding hinein, und gibt ihn in den Dunst; in dreiviertel Stunden kann er ausgedünstet sein, stürzt ihn dann auf eine Schüssel, und gibt Wein-Chadeau darüber, wie er im Semmel-Pudding Nr. 187 zu finden ist.

189 Kaiser-Pudding.

Es werden 6 Dekagr. Fett flaumig abgetrieben, 15 Dekagr. Zucker mit Vanille und eben so viel Mandeln, die geschwellt, fein gestoßen und während des Stoßens mit etwas kaltem Wasser befeuchtet, damit sie nicht ölig werden 7 Dekagr. Citronat mit dem Schneidemesser klein geschnitten. Dies alles gibt man in die abgetriebene Fett, rührt ein ganzes Ei und fünf Dotter nach und nach hinein, zuletzt von vier Eierklar einen festen Schnee, bestreicht einen Model mit Gansfett, legt den Boden mit Citronat zierlich aus, füllt die Masse hinein, und gibt sie drei Viertelstunden in Dunst; stürzt es auf die Schüssel, und gibt Wein-Chadeau nach Nr. 187 um den Rand desselben.

190. Reis-Pudding.

Es wird ⅛ Kilo Reis in warmen Wasser ausgewaschen, dann mit 6 Dekagr. gestoßenen Mandeln gekocht und ausgekühlt; treibt 7 Dekagr. Fett flaumig ab, gibt den Reis hinein, schlägt ein ganzes Ei und vier Dotter gut verrührt dazu, bestreicht einen Model mit Fett, gibt das Ganze hinein und läßt es im Dunste kochen. Darüber wird ein Abguß gegeben, den man auf folgende Art bereitet. Man nimmt ein exbeliebiges, in Zucker eingekochtes und durchpassirtes Obst, löst es in Wasser auf, läßt es ein wenig aufkochen und gießt es dann über den Pudding.

191. Bisquitstangeln mit Chaudeau.

Man stoßt ⅛ Kilo Zucker rein, schneidet die Schale von einer Limonie klein zusammen, schlägt zwei ganze Eier und vier Dotter nach und nach hinein, und rührt es so lange, bis der Teig dick und weiß wird; dann schlägt man von vier Eierklar einen festen Schnee und rührt ihn löffelweise hinein, zuletzt mengt man 5 Dekagr. Mehl dazu. Macht dann von weißem Papier längliche Kapseln, füllt das Obige hinein und bäckt es bei einer gelinden Wärme; läßt es dann auskühlen, nimmt die Stangeln aus den Kapseln, legt sie in eine tiefe Schale und gießt den Wein-Chaudau nach Nr. 187 darüber.

192. Eine besondere Mehlspeise mit Chaudeau.

Man macht einen Zuckerteig, wie er zur Zuckertorte gemacht wird, walkt ihn zwei Messerrückendick, sticht ihn mit einem mittleren Krapfenstecher zu runden Blättern, in der Mitte aber mit einem ganz kleinen Ausstecher, wie zu einem Kränzchen aus, bestreicht es mit Eierklar und bäckt es schön, belegt den Boden der Schüssel mit dem Reste des zurückgebliebenen Teiges. Die ausgestochenen Blätter werden um den Rand der Schüssel wie ein Kranz gelegt, so daß jede zweite Hälfte immer die erste bedeckt. In die Mitte eines jeden Blattes kömmt eine eingesottene Weichsel sammt dem Stengel und in die Mitte der Schüssel wird Wein-Chaudau nach Nr. 187 gegeben, doch darf er den Kranz nicht erreichen.

193. Spanisches Brod.

Man nimmt längliche Semmeln, schneidet davon messerrückendicke Spalten, bestreicht sie mit eingesottenen Marillen, legt einen andern Theil darauf und weicht sie in rothen Wein, der vorher gut gezuckert sein muß, so lange, bis sie durchgeweicht sind, dann tunkt man sie in abgeschlagene Eier, wickelt sie in feine Semmelbröseln, bäckt sie im Schmalze jäh aus und besäet sie mit Zucker und Zimmt.

194. Spanisches Brod auf andere Art.

Die Semmeln werden so wie die obigen in Spalten

geschnitten, mit eingesottenen Ribiseln gefüllt, in gezuckertem rothen Wein geweicht; dann von rothem Wein, Mehl, Zucker und Zimmt ein dünner Teig gemacht, die gefüllten Semmeln darein getaucht und aus dem Schmalze gebacken, sogleich stark mit fein gestoßenem Zucker bestreuet und mit einer heißen Schaufel gebräunt. Nur ist hier zu bemerken, daß diese Semmelschnitten nicht zu stark in Wein geweicht sein dürfen, denn sonst zerfallen sie und saugen Schmalz ein.

195. Weinkipfeln.

Man reibt von sechs mürben Kipfeln die Rinde ab, schneidet sie in der Mitte auseinander, hölscht die Schmole davon aus, füllt sie mit eingesottenen Weichseln ohne Kern oder Himbeeren, macht einen kleinen Stöpsel von der ausgehölschten Schmole wieder darauf, legt sie in eine tiefe Schüssel, läßt in $^2/_{10}$ Liter guten rothen Wein ein Stück Zucker auflösen, daß er süß genug wird, gießt ihn auf die Kipfeln und läßt sie darin weichen. Man muß sie öfters umkehren, daß sie auf auf allen Seiten anziehen, aber nicht zu weich werden, schlägt einige Eier gut ab, tunkt die geweichten Kipfeln darein, wickelt sie in feine Semmelbröseln und bäckt sie jäh aus dem Schmalze; bestreuet sie dann mit Zucker und Vanille.

Für Milchfreunde können die Kipfeln anstatt im Wein eben so in gezuckerter Milch geweicht werden, die weitere Behandlung bleibt dieselbe.

Zwölfter Abschnitt.

Von den verschiedenen Köchen.

196. Aepfelkoch.

Man schält fünf säuerliche Aepfel, schneidet sie klein zusammen und läßt sie mit Zucker so lange dünsten, bis sie zu einem Koche werden; reibt dann zwei mürbe Kipfeln zu Bröseln und feuchtet sie mit Wein an, nimmt 7 Dekagr. fein gestoßene Mandeln, eben so viel fein gestoßenen Zucker, von einer Limonie die Schale klein geschnitten, treibt 4 Dekagr. Fett flaumig ab, gibt zwei ganze Eier und vier Dotter, eines nach dem andern gut verrührt, dann die Aepfel sammt dem Uebrigen dazu und rührt es eine halbe Stunde; endlich schlägt man von vier Eierklar einen festen Schnee, vermengt ihn mit dem Abgetriebenen, bestreicht einen Model mit Fett, besäet ihn mit feinen Semmelbröseln, füllt das Koch hinein und bäckt es langsam. Dieses Koch muß etwas länger als die gewöhnlichen Köche in der Röhre bleiben, weil die Aepfel mehr Feuchtigkeit als die andern Massen enthalten.

197. Aepfelkoch auf französische Art.

Man schält zehn bis zwölf schöne Maschanzger-Aepfel, schneidet sie in fingerdicke Spalten, gibt drei bis vier Löffelvoll Marillen-Marmelade, 7 Dekagr. fein gestoßenen Zucker mit einer Kaffeeschalevoll Wasser verdünnt zu den Aepfeln und läßt sie unter oftmaligem Aufrütteln weich werden; doch dürfen selbe ja nicht zerfallen, sondern ihre Form behalten. Mittlerweile werden 10 Dekagr. Reis gröblich gestoßen, 7 Dekagr. Mandeln geschwellt und ebenfalls gestoßen, der Reis ausgewaschen, beides, Reis und Mandeln weich gekocht und unter beständigem Rühren verdünstet, dann vom Feuer weggenommen, 5 Dekagr. Fett, während dieses noch warm ist, darein gerührt, ausgekühlt, so viel Zucker und gestoßene Vanille dazu gegeben, daß es süß genug ist und mit einem ganzen Ei und fünf Dottern eine Viertelstunde fortgerührt; zuletzt wird der feste Schnee von vier Eierklar darunter gemengt, ein Kastrol mit Fett bestrichen und die Hälfte des Koches eingefüllt. Die Aepfelspalten werden dann getheilt, die minder schönen werden gleichmäßig auf die eingefüllte Masse gegeben; die andere Hälfte des Koches darauf und langsam gebacken. Die noch übrigen Aepfelspalten werden warm erhalten, der Saft davon dicklich eingekocht und wenn das Koch ausgebacken, auf eine Schüssel gestürzt, oben mit dem Saft überzogen, von Aepfelspalten ein Doppelkranz geordnet, mit Zucker bestäubt und schnell zur Tafel gegeben.

198. Amuletten mit Reis in Milch.

Man kocht 8 Dekagr. gewaschenen Reis in $^8/_{10}$ Liter Milch so lange, bis er weich genug ist, gibt während des Kochens 7 Dekagr. fein gestoßene Mandeln hinein, läßt es dicklich werden, sodann auskühlen. Treibt 5 Dekagr. Fett flaumig ab, gibt den Reis hinein, schlägt zwei ganze Eier und vier Dotter nach und nach hinein und rührt es eine halbe Stunde; gibt auch so viel Zucker hinzu, daß es süß genug wird. Jetzt theilet man die Masse in drei Theile: der eine Theil bleibt wie er ist, nur gibt man von einer Pomeranze die Schale, welche auf Zucker abgerieben wird, darunter; in den zweiten Theil gibt man zwei Zelteln fein geriebene Chokolade und endlich in den dritten Theil drei Löffelvoll Marillensalse, die man zuvor fein abrühren muß, dann den Reis dazu und mit selben gut verrührt, daß er die Farbe bekömmt; zuletzt wird von vier Eierklar ein fester Schnee geschlagen und in jeden der drei Theile ein Theil davon hinein verrührt. Man bestreicht dann einen runden Model mit Butter, bäckt die Amuletten so dünn als möglich, belegt den ganzen Model damit und gibt den Theil mit dem Pomeranzengeschmack hinein, bedeckt es dann wieder mit Amuletten und gibt jenen Theil mit Chokolade darauf; dann wieder Amuletten und endlich den letzten Theil des Koches auch darein; deckt es sodann mit Amuletten zu und bäckt es schön bräunlich in der Röhre. Wenn es gut ausgebacken ist, stürzt man es auf eine Schüssel und gibt es sogleich zur Tafel.

199. Amuletten im Dunste.

Es wird ein guter Theil Amuletten gebacken und vie feine Nudeln geschnitten, ein Kastrol mit Fett bestri=

chen und dicht mit Amuletten bestreut; die übrigen in das Kastrol eingefüllt, so, daß nur ein Finger breit von dem Kastrol leer bleibt; dann werden 5 Dekagr. geschwellte und so fein wie Teig gestoßene Mandeln, 7 Dekagr. Zucker mit etwas Vanille fein gestoßen, sechs Eierdotter, alles in einen Topf, nebst $^2/_{10}$ Liter Wein gut gesprudelt, über die Amuletten gegossen und in Dunst gestellt. Beim Anrichten wird es auf eine Schüssel gestürzt, $^2/_{10}$ Liter durchgeschlagene Erdbeeren, Himbeeren oder Ribiseln mit 7 bis 9 Dekagr. gestoßenem Zucker dicklich eingesotten und der obere Theil der Mehlspeis schön glatt damit überstrichen.

200. Englischer Reis.

15 Dekgr. Reis werden durch eine Viertelstunde in warmem Wasser geweicht und auf ein Sieb gegeben; 5 Dekagr. Rosinen und 4 Dekgr. Weinberln rein geputzt, ausgewaschen und abgetrocknet; vier mürbe säuerliche Aepfel geschält und in dünne Blätter geschnitten, 18 Dekagr. Zucker gestoßen und gesiebt. Nun bestreicht man ein Kastrol mit Gansfett, belegt den Boden dicht mit Aepfeln, dann eine Lage stark gezuckerten Reis und auf diesen etwas Rosinen und Weinberln, dann wieder eine Lage Aepfel, Zucker und Reis und hierauf eine Lage eingesottenes Weichselfleisch; nun folgen wieder Aepfel, der Rest von den Rosinen und Weinberln; dann die letzte Lage gezuckerter Reis, endlich wird das Kastrol mit dem Safte von einem Dunstobste, z. B. Marillen, Pfirsichen, Weichseln oder Kirschen, in Ermangelung dessen aber mit gutem Ausbruchwein, welcher stark gezuckert wird, so angefüllt, daß es den Reis überdeckt, worauf es in einen warmen Ofen kömmt und so lange darin bleibt, bis der Saft völlig aufgesaugt wurde. Mittlerweile bäckt man schöne Starnitzeln, stürzt den Reis auf die Schüssel und besteckt ihn damit in zierlicher Ordnung.

201. Bisquitkoch.

$^1/_8$ Kilo Zucker wird auf einer Limonie oder Pome=

ranze leicht abgerieben, gestoßen, gesiebt, mit sieben Eierdottern in einen Weidling gegeben und drei Viertelstund gerührt. Dann 5 Dekagr. feiner Haarpuder oder das Mehl von einer Stärk, die gestoßen und gesiebt wird, leicht darunter gerührt, von fünf Eiern das Klare zum festen Schnee geschlagen und schnell darunter gemengt, der Model mit Fett bestrichen, die abgetriebene Masse gefüllt und drei Viertelstunden in Dunst gestellt; doch darf man oben nicht zu viel Glut geben, damit es sich nicht bräunet, sondern nur ausdünstet. Wenn es zur Tafel gegeben wird, stürzt man es auf die Schüssel und gibt Weichsel- und Ribiselsaft, welcher in Zucker gekocht wird, um den Rand des Koches. Oder man kann auch Chocolade, welche man in Obers gut verkochen läßt, schäumen und den Schaum wie einen breiten Kranz hoch aufrichten, so, daß nur in der Mitte etwas höher als der Schaum, das Koch, welches schön gelb aussieht, hervorragt.

202. Brodkoch.

1/8 Kilo Mandeln werden geschwellt und gestoßen, desgleichen auch so viel Zucker; von einer Limonie wird die Schale klein geschnitten, etwas gestoßenen Zimmt, klein geschnittene Citronat, vier Dekagr. Brodbrösel von gutem Brod, welches aber nicht sauer sein darf, mit zwei Eßlöffelvoll gutem Menescher befeuchtet; dies Alles nebst sechs Eidottern eine halbe Stunde gerührt, zuletzt der feste Schnee von vier Eierklar darunter gemengt, der Model mit Fett bestrichen, das Koch eingefüllt, und drei Viertelstund im Dunst gekocht. Wenn es gestürzt ist kann man es mit einer Einfassung von Wein-Chadeau nach Nr. 187 verzieren.

203. Nusskoch.

10 Dekagr. Nüsse werden sehr fein gestoßen, dann nimmt man 8 Dotter, und rührt sie mit 10 Dekagr. fein gestoßenem Zucker, sammt den Nüssen eine gute halbe Stunde ab. Dann gebe man einen guten Kaffeelöffelvoll Mehl

hinein, schlage das Weiße von den 8 Eiern zu festem Schnee und menge ihn leicht darunter. Es ist zu bemerken, nachdem man es in eine gut geschmierte Form gegeben hat, daß es beinahe 2 Stunden im Dunste kochen muß, damit es nicht roh bleibt.

204. Chocoladekoch.

Man nimmt ⅛ Kilo klein gestoßene Mandeln und 9 Dekagr. fein gestoßenen Zucker in einen Weidling, gibt sechs Eierdotter nach und nach hinein und rührt es eine ganze Stunde. Dann nimmt man 6 Dekagr. fein geriebene Chocolade, etwas fein gestoßene Vanille, rührt Alles wohl durcheinander; zuletzt wird von drei Eierklar der feste Schnee darein gemengt, in einen mit Fett bestrichenen Model gefüllt und schön gebacken.

205. Erdbeerenkoch.

⁸⁄₁₀ Liter schöne Erdbeeren werden rein geklaubt und durchpassirt, dann ¼ Kilo Zucker mit drei Löffelvoll Wasser so lange gesotten, bis er sich spinnt, die durchgetriebenen Erdbeeren hinein gethan und so lange gekocht, bis es dicklich wird, dann in einen Weidling gegeben und ausgekühlt; dann wird von einer halben Limonie der Saft hineingedrückt, ein Löffelvoll Zucker dazu gegeben, dieses zusammen eine halbe Stunde gerührt. Von sechs Eierklar schlägt man einen festen Schnee und gibt selben während des Rührens löffelweise darunter; richtet es auf eine mit Fett bestrichene Schüssel hoch auf, bäckt es in einem ganz überkühlten Ofen eine kleine halbe Stunde und gibt es schnell zur Tafel, weil es sehr leicht zusammenfällt.

206. Eierdotterkoch.

Man nimmt sechs hartgesottene Eierdotter, ⅛ Kilo geschwellte Mandeln, stoßt jedes für sich fein zusammen;

treibt 6 Dekagr. Gansfett flaumig ab, gibt das Gestoßene hinein, wie auch ein ganzes Ei und vier Dotter, jedes gut verrührt, gibt gestoßenen Zucker und etwas klein gestoßene Vanille nach Belieben dazu, zuletzt von drei Eierklar einen festen Schnee, richtet es in eine mit Fett bestrichene Schüssel, macht einen Reif herum und bäckt es schön langsam.

207. Schaumkoch.

Man schlägt von sechs Eierklar mit der Schneeruthe einen festen Schnee. Dann gibt man 7 Dekagr. eingesottene Marillen in einen Weidling, 7 Dekagr. fein gestoßenen Zucker dazu, dies wird eine Viertelstunde gut verrührt; von einer halben Limonie wird der Saft dazu gedrückt und wenn selber gut verrührt ist, so wird der Schnee ein Löffelvoll nach dem andern hineingerührt. Man bestreicht dann eine Schüssel mit Fett, legt den Schaum in die Mitte derselben und richtet ihn wie einen Berg; macht dann mit dem Ecke einer Karte fünf oder sechs tiefe Einschnitte, in gehöriger Entfernung von einander, in den aufgethürmten Schaume und zwar nach der Länge, an der Spitze macht man von dem Faume einen Knopf und bäckt es in einem sehr ausgekühlten Ofen; in einer halben Stunde ist es ausgebacken wonach es geschwind zur Tafel gegeben wird, weil es sehr leicht zusammenfällt und dadurch an schönem Ansehen und Güte verliert. Alle Schaumköche können mit mehr Sicherheit im Dunste gekocht werden; doch dazu muß man das Koch in ein porzellanenes oder silbernes Kastrol geben und mit einem Löffel schön hoch und zierlich aufrichten, dann sogleich zur Tafel geben wie es aus dem Dunste kommt.

208. Kaiserkoch.

Man schlägt $1/4$ Kilo Zucker in Stückchen, gibt ihn in ein messingenes Becken, gießt $2/10$ Liter Wasser darauf und läßt ihn eine Weile stehen; dann setzt man ihn auf ein Kohlenfeuer und läßt ihn so lange kochen, bis er schwere Tropfen wirft. Nun nimmt man ¹/₄ Kilo frische durchgeschlagene Himbeeren, gibt sie in den gesottenen Zucker und läßt sie dicklich einsieden; nimmt sie dann vom Feuer weg und läßt sie auskühlen. Man treibt dann 5 Dekagr. Fett flaumig ab, gibt ein ¹/₈ Kilo geschwellte und fein gestoßene Mandeln, wie auch 5 Dekagr. Kipfelbröseln mit Wein angefeuchtet, darein, auch zwei ganze Eier und vier Dotter dazu; rührt es damit eine halbe Stunde. Zuletzt gibt man von drei Eierklar einen festen Schnee darunter, bestreicht ein Tortenblatt mit Fett, füllt das Koch hinein und bäckt es schön.

209. Kipfelkoch mit Himbeerguss.

Von fünf mürben Kipfeln wird die Rinde leicht abgerieben, in Spalten geschnitten, in ein Kastrol gethan, 8 Dekagr. geschwellte und fein gestoßene Mandeln, nebst 9 Dekagr. gestoßenem Zucker mit etwas Vanille, ¹/₂ Liter kaltes Obers auf Kohlenfeuer gestellt und während beständigem Rühren zu einem glatten Koche gekocht, vom Feuer weggestellt und so lange es noch warm ist, 6 Dekagr. Butter dareingerührt, dann ausgekühlt. Wenn es ganz kalt ist, rührt man sechs Eierdotter nach und nach hinein, zuletzt den festen Schnee von vier Eierklar darunter, bestreicht ein Kastrol mit Butter, legt ein Blatt weißes Schreibpapier genau auf den Boden des Kastrols, bestreicht dasselbe abermals mit Butter; legt den Rand des Kastrolbodens mit dünnen Blättern der Citronat, einen Kranz formirend aus, in die Mitte desselben legt man abermals einen Kranz von eingesottenen ganzen Weichseln oder Dienteln in der Größe eines Guldenstückes, füllt das Koch mittelst eines Anrichtlöffels behutsam darauf und stellt es drei Viertelstund in Dunst. Wenn man den Guß von frischen Himbeeren bereitet, werden sie gereinigt, durch ein Tuch gepreßt; ¹/₂ Liter Saft mit 15 Dekagr. Zucker so lange gekocht, bis der Saft etwas dicklich ist; dann wird das Koch behutsam auf die Schüssel gestürzt, das Blatt Papier vorsichtig abgenommen und der Saft auf den Boden der Schüssel gegossen.

210. Limonienkoch.

Man nimmt ¹/₈ Kilo Mandeln, schwellt und stoßt sie fein, gibt sie in einen Weidling und befeuchtet sie mit dem Safte von einer halben Limonie; dann stößt man ¹/₈ Kilo Zucker gröblich zusammen, gibt zwei Eßlöffelvoll Wasser darauf und läßt ihn so lange kochen, bis er dicklich wird; gießt ihn heiß über die Mandeln, rührt es durcheinander und läßt es auskühlen. Wenn es vollkommen abgekühlt ist, so schlägt man sechs Eierdotter nach und nach hinein, rührt es durch drei Viertelstunden; dann schlägt man von drei Eierklar einen festen Schnee, rührt ihn ganz leicht darunter, gibt auch Citronat und von einer halben Limonie die Schale klein geschnitten dazu; bestreicht ein Kastrol mit Fett, füllt das Koch hinein und bäckt es langsam.

211. Mandelkoch mit gefüllten Aepfeln.

Man schwellt und stoßt 15 Dekagr. Mandeln und eben so viel Zucker fein, nimmt auch 4 Dekagr. Bröseln, von einer Limonie die Schale klein geschnitten, gibt alles in einen Weidling und rührt es mit zwei ganzen Eiern und vier Dottern eine halbe Stunde; zuletzt wird von vier Eierklaren ein fester Schnee geschlagen und darein gemengt. Vorher aber nimmt man acht bis zehn Maschanzgeräpfel, schält und hölscht sie aus und läßt sie einige Augenblicke im Wasser aufkochen; legt sie dann in ein porzellänernes Kastrol, in welchem sie zur Tafel gegeben werden, füllt sie mit Eingesottenem nach Belieben, besäet die Aepfel mit Zucker, gießt das Koch darüber und gibt es in den Ofen. Wenn es ausgebacken ist, so schlägt man von sieben Eierklaren einen festen Schnee und macht von Marillen ein Schaumkoch, wie es Nr. 207 zu finden ist, belegt den Rand der Schüssel damit, bestreicht es mit einem breiten Messer zu einem Kranze hoch auf und macht mit einem Kaffeelöfferl durchaus Einschnitte, immer zwei Fingerbreit auseinander, dann wieder einen Einschnitt, so das der Kranz gewunden aussieht; gibt es wieder in den Ofen, und läßt es noch eine halbe Stunde backen.

212. Mandelkoch mit frischen Weichseln.

16 Dekagr. Mandeln werden geschwellt und eben so viel Zucker gestoßen, und letzterer gesiebt; von einer halben Limonie die Schalen klein geschnitten, alles in einen Weidling gegeben, ein ganzes Ei und sechs Dotter nach und nach darein und das Ganze eine halbe Stunde gerührt. Vorher werden reife große Weichseln von den Stengeln gezupft, selbe gewaschen, getrocknet und etwas mit Zucker überdünstet, doch so, daß selbe schön ganz bleiben; der Model wird mit Fett bestrichen, ein Blatt Schreibpapier passend darauf gelegt, dieses wieder mit Fett bestrichen, der ganze Boden mit den Weichseln, wovon man den Saft gut abfließen läßt, zierlich ausgelegt, die Hälfte des Mandelteiges darauf gefüllt und in Dunst gestellt. Nach fünf oder zehn Minuten, wenn der Teig schon so fest ist, daß die Weichseln nicht untersinken, wird der zweite Theil der Weichseln darauf gelegt und die andere Hälfte des Mandelteiges auf dieselben gegossen. Dieß alles muß schnell geschehen, ohne den Model aus dem Dunste zu nehmen; dieser wird sogleich wieder bedeckt und im Ganzen eine Stunde gedünstet.

213. Pomeranzenkoch.

Es werden 15 Dekagr. Mandeln gestoßen, während des Stoßens aber mit ein wenig frischem Wasser besprizt, damit sie nicht ölig werden; dann reibt man 15 Dekagr. Zucker an zwei Pomeranzen ab, stößt ihn fein und gibt ihn sammt den gestoßenen Mandeln in einen Weidling, schlägt ein ganzes Ei und vier Dotter dazu und rührt alles sammt dem Saft von zwei Pomeranzen eine ganze Stunde; zulezt gibt man den Schnee von vier Eierklaren dazu, bestreicht dann ein Tortenblatt mit Fett, gibt das Koch hinein und läßt es backen. Wenn es beinahe ganz ausgebacken ist, so nimmt man 6 Dekagr. gestoßenen Zucker, zwei Löffelvoll Himbeer-Marmelade, welche mit dem Zucker vorher recht flaumig abgerührt wird; dann wird von vier Eiern der feste Schnee, der aber ja nicht wässerig sein darf, Löffelweise hineingerührt, der Reif von dem Tortenblatt herabgenommen, von dem Schnee ein Kranz auf das Koch gemacht, mit einem Messer schön gleich in die Höhe gerichtet; mit der Ecke einer Karte alle zwei Fingerbreit ein Einschnitt gemacht, damit der Kranz gewunden aussieht, dann mit gestoßenem Zucker bestäubt und wieder in den Ofen gegeben. Dieß Alles muß sehr schnell gehen, damit das Koch nicht zusammenfalle.

214. Quittenkoch.

Man kocht fünf Quitten weich, zieht die Haut davon ab und schlägt sie durch ein Sieb, gibt sie in einen Weidling und läßt sie auskühlen; wenn selbe ganz ausgekühlt sind, gibt man 16 Dekagr. fein gestoßenen Zucker dazu, rührt dies eine Viertelstunde; schlägt von neun Eierklaren einen festen Schnee, rührt auch diesen nach und nach unter die Quitten; bestreicht ein porzellänenes Kastrol mit Fett, füllt die abgetriebene Masse hinein, richtet sie mit einem breiten Messer zu einem Berge hoch auf, macht sechs Einschnitte hinein, oben einen Knopf darauf, gibt sie in den Dunst und läßt sie eine halbe Stunde kochen. Noch ist zu bemerken, daß der eiserne Deckel ja nicht anliege, indem das Koch sonst sehr angebräunt würde.

215. Reis mit Chocolade und Milch-Chadeau.

Nachdem 15 Dekagr. Reis geklaubt und blanchirt sind, kocht man ihn in 1 Liter Obers, gibt vier Zelteln fein geriebene Chocolade, 6 Dekagr. geschwellte und fein gestoßene Mandeln und 8 Dekagr. Zucker dazu, und läßt alles zusammen so lange kochen, bis der Reis weich ist, aber doch ganz bleibt. Dann wird er auf eine Schüssel in der Mitte zu einem hohen Berge aufgerichtet; mit ganzen eingesottenen Weichseln geziert und in einem überkühlten Ofen gebacken.

Der Chadeau wird auf folgende Art gemacht: $^1/_2$ Liter Obers wird mit fünf Eierdottern, 8 Dekagr. gestoßenen

Zucker und etwas fein gestoßener Vanille fein abgesprudelt, in ein Kohlenfeuer gesetzt und immerfort gesprudelt, bis es anfängt dick zu werden, dann nimmt man ihn schnell vom Feuer, damit er nicht zusammenläuft und gibt ihn um den gebackenen Reis.

216. Spanisches Obstkoch.

Man schneidet etwas dicker als ein Messerrücken einige Semmeln in Spalten und befeuchtet sie etwas mit Malaga oder in Ermangelung dessen mit Menescher Wein. Bestreicht dann ein Kastrol mit Gänsfett, belegt das ganze Kastrol dergestalt mit den angefeuchteten Semmeln, daß gar kein Zwischenraum bleibt. Dann werden schöne, reife Marillen geschält, spaltenweise geschnitten, stark gezuckert und eine Lage davon gemacht; wieder eine Reihe Semmelspalten, dann eine Reihe von grünen Früchten oder auch anderem Eingesottenen, doch keine Marmelade, und so fort, bis das Kastrol voll ist, dann wird es mit den Semmelschnitten zugedeckt, schön gebacken, auf eine Schüssel behutsam herausgestürzt und mit Zucker bestreut zur Tafel gegeben. Diese Speise kann auf eben diese Art auch von Pfirsichen und guten saftigen Aepfeln gemacht werden.

217. Weichselkoch.

Man treibt $1/8$ Kilo Fett flaumig ab, dann werden nach und nach acht Dotter und drei ganze Eier darein verrührt, sodann etwas fein gestoßene Vanille mit $1/4$ Kilo fein gestoßenem Zucker; zuletzt wird $1/4$ Kilo sehr feines Mehl ganz leicht hineingerührt; die halbe Massa sogleich in die gut ausgestrichene Form gegeben, darauf eine Lage schöne Weichseln gelegt und mit Zucker gut besäet, diese mit der zweiten Hälfte der Massa bedeckt und eine Stunde gebacken.

218. Koch von frischen oder im Dunste eingekochten Weichseln.

$1^{3}/_{10}$ Liter Weichseln werden gewaschen, abgetrocknet, die Stengel abgelöst, die Kerne herausgenommen, etwas abgedünstet, der Saft davon abgeseiht, und mit dem Schneidmesser gröblich zusammengeschnitten; zwei mürbe Kipfeln werden zu Bröseln gerieben und mit dem Saft befeuchtet; zu dieser Quantität nimmt men 8 Dekagr. geschwellte fein gestoßene Mandeln, von einer halben Limonie die klein geschnittene Schale, Zucker so viel, daß es süß genug ist. Treibt dann fünf Dekagr. Fett flaumig ab, schlägt sechs Eierdotter, jedes gut verrührt, daran, gibt die Weichseln, Mandeln und Bröseln dazu und rührt es noch eine Viertelstunde: zuletzt giebt man von vier Eierklar den festen Schnee leicht darunter, bestreicht den Model mit Fett, füllt das Abgetriebene hinein und bäckt es bei anhaltender Wärme.

219. Weinkoch.

Man läßt ohngefähr 5 Dkagr. Fett warm werden, reibt vier Semmeln zu Bröseln und läßt sie in dieses Fett anlaufen, aber nicht bräunen; füllt es mit 1 Liter alten weißen Wein auf und läßt es unter beständigem Rühren kochen, dann auskühlen. Nun treibt man 5 Dekagr. Fett flaumig ab, rührt ein ganzes Ei und fünf Dotter nach und nach hinein, von einer Limonie die Schale klein geschnitten, wie auch 12 Dekagr. gestoßenen Zucker dazu; wenn alles flaumig gerührt ist, wird von den vier Eierklaren ein fester Schnee geschlagen und leicht hinein gemengt; dann ein Model mit Fett bestrichen, mit feinen Semmelbrösel bestreut, das Koch hineingefüllt und schön gebacken.

220. Marillenkoch.

Es werden sechzehn gute reife große Marillen geschält, die Kerne herausgenommen und die Marillen so lange in einem Kastrol unter öfterem Aufschütteln gedünstet, bis sie weich sind, dann durch ein Sieb geschlagen und ausgekühlt; von zwei Kaisersemmeln wird die Rinde leicht abgerieben, in Wasser geweicht, gut ausgedrückt und klein geschnitten; es werden dann 8 Dekagr. Mandeln geschwellt und fein gestoßen, 5 Dekagr. Fett flaumig abgetrieben, sechs Eierdotter nach und nach hineingerührt, zuerst die Marillen damit verrührt, dann die Mandeln und Semmeln dazu, auch so viel gestoßenen Zucker, daß es süß genug ist und wenn das Ganze gut abgetrieben ist, kömmt zuletzt von vier Eierklar ein fester Schnee leicht vermengt darunter. Das dazu bestimmte Kastrol wird mit Fett bestrichen und langsam gebacken.

221. Kastanien-Purée als Milchspeise.

½ Kilo wälsche Kastanien werden weich gebraten, jedoch so, daß selbe durchaus keine braunen Flecken bekommen, dann geschält und warm so lange gestoßen, bis sie einem Teige gleichen, in ein Kastrol gegeben, und mit $^3/_{10}$ Liter dicken Obers glatt abgerührt und unter beständigem Rühren fein verkocht. Mittlerweile putzt man 6 Dekagr. süße Mandeln und stoßt sie eben so fein als die Kastanien. Das Purée wird durchpassirt, sammt den Mandeln 15 Dekagr. gesiebtem Zucker und einigen Löffelvoll kalten Obers, in ein Kastrol gegeben und unter fortwährendem Rühren zu einem dicklichen Koche verdünstet, vom Feuer weggenommen, während es noch warm ist, mit 4 Dekagr. frischer Butter vermengt und kalt gestellt. Nun werden fünf Eierdotter nach und nach hinein verrührt und der feste Schnee von drei Eiern damit vermengt. Der Model wird mit Butter bestrichen; acht bis 10 Stück schöne gebratene Kastanien werden geschält, 7 Dekagr. Zucker mit einer halben Kaffeeschale Wasser so lange gekocht, bis er sich spinnt und im Kochen große Blasen macht, dann werden die Kastanien darein getaucht, auf eine Marmorplatte gelegt, bis sie kalt sind, dann in der Mitte gespalten, der Model damit schön ausgelegt, doch so, daß jene Seiten der Kastanien, die mit Zucker überzogen sind, an die Wand des Models kommen, das Koch eingefüllt und während einer Stunde in Dunst gestellt. Jetzt wird von zwei Orangen und einer halben Limonie der Saft ausgepreßt, gesei
het und mit 10 Dekagr. Zucker so lange gekocht, bis er große Blasen wirft, dann

überkühlt, wonach es einer Sulz gleicht und nach dem Ausstürzen des Purée's über selbes gezogen wird.

Dreizehnter Abschnitt.

Von den Kuchen, Strudeln und gemischten Mehlspeisen.

222. Aepfelkuchen.

Man macht einen mürben Teig, wie Nr. 179 zu finden ist, walkt ihn messerrückendick aus, gibt ihn auf eine flache große Schüssel, schält die Aepfel und schneidet sie in dünne Blätter, belegt den ganzen Boden dicht damit und besäet sie gut mit gestoßenem Zucker und etwas Vanille. $1/8$ Kilo geschwellte Mandeln werden klein geschnitten und auf die Aepfel gestreuet, gibt wieder etwas gestoßenen Zucker darauf, dann einen zweiten Flecken von dem Teig, welcher nicht dicker als der erste sein darf, bedeckt die Aepfel damit, drückt ihn mit dem ersten fest zusammen, daß die Blätter sich nicht theilen, bestreicht den obern Theil mit Eierklar und bäckt sie bei anhaltender Wärme. Dieselbe Speise kann man auch auf andere Art machen; zum Beispiel: die Aepfel können klein gewürfelt geschnitten werden, die Mandeln ebenso sammt der Hülse geschnitten, Zimmt und Zucker mit den Mandeln vermengt, $1/4$ Kilo Zibeben ohne Kern dazu genommen; das erste Blatt wird mit der Fülle besäet, das zweite darüber gelegt und so wie oben ausgebacken.

223. Pester Aepfelkuchen.

Man nimmt 1 Liter feines Mehl, 7 Dekagr. Fett, ein ganzes Ei, macht einen Strudelteig, arbeitet ihn gut ab, macht fünfundzwanzig Laiberln daraus, bedeckt sie mit einem warmen Tuch und läßt sie eine halbe Stunde rasten. Dann werden $1/8$ Kilo geschwellte Mandeln klein geschnitten, 15 Dkagr. Zibeben ausgelöst und auch gröblich geschnitten, $1/8$ Kilo Zucker fein gestoßen, wie auch etwas gestoßener Zimmt und Alles gut durcheinander gemengt. Schält dann säuerliche mürbe Aepfel, schneidet sie in sehr dünne Spalten, bestreicht eine flache dazu bestimmte blecherne Schüssel mit Fett und zieht ein Laiberl nach dem andern über die Schüssel fein aus, bestreicht jedes Blatt davon mit zerlassenem Gansfett und fährt so fort, bis man acht Blätter über die Schüssel ausgezogen hat, dann belegt man es mit geschnittenen Aepfeln und der Hälfte der anderen Fülle, dann kommen wieder acht Blätter über die Fülle, worin jedes Blatt wieder mit Fett bestrichen wird, dann wieder eine Lage Aepfel und Fülle und zuletzt kommen die noch übrigen neun Blätter darauf; streicht den über die Schüssel hängenden Teig am Rande mit dem Walker ab, damit er fest beisammen bleibe, bestreicht die obere Platte mit abgeschlagenem Ei, sticht mit einer feinen Gabel einigemal in den Teig, damit er sich während des Backens nicht hebe; gibt ihn dann in die Röhre und bäckt ihn schön hellbraun. Wenn der Kuchen gebacken ist, besäet man ihn mit Zucker und gibt ihn zur Tafel; man kann selben auch kalt geben. Obige Zubereitung dient auch für einen Mandelkuchen.

224. Mandelkuchen, gezogener.

Man macht den Teig ebenso wie Nr. 223, behandelt ihn auf dieselbe Weise; zur Fülle werden Mandeln und Zibeben genommen, von jedem $1/8$ Kilo, Zucker und Mandeln gleichen Gewichtes. Die Mandeln werden geschwellt und fein geschnitten, von den Zibeben die Kerne ausgelöst, ebenfalls geschnitten, ein Stück Zucker fein gestoßen; den Geruch kann man nach Belieben geben; das Ganze wird zusammen vermengt und so wie Nr. 223 zweimal gefüllt; wenn die letzten Blätter darauf sind, bestreicht man das oberste Blatt mit Eierklar, besäet es mit fein gestoßenem Zucker und bäckt es in der Röhre bei einer gelinden Hitze. Wenn es schön gebacken ist, gibt man gestoßenen Zucker mit Vanille darauf.

225. Nusskuchen.

$2/3$ Kilo rein gepuzte Nüsse werden gestoßen, ein halber Kaffeelöffel gestoßener Zimmt dazu gegeben, von einer Orange und einer kleinen Limonie die klein geschnittenen Schalen, alles zusammen vermengt; dann gibt man $1/4$ Kilo Zucker in ein Kastrol, $2/10$ Liter Wasser darauf und läßt ihn so lange kochen, bis der Zucker ganz aufgelöst ist dann gibt man das Gestoßene hinein, läßt es nur so lange auf dem Feuer, bis die Nüsse gut angezogen haben und das Ganze zur dicken Masse wird. Mittlerweile wird ein mürber Teig, wie Nr. 179 zu finden ist, gemacht, in zwei Theile getheilt und messerrückendick ausgewalkt, auf die dazu bestimmte Schüssel gelegt, mit der schon verfertigten Fülle bestrichen, so, daß sie daumhoch darauf kömmt, dann oben mit 18 Dekagr. aufgelösten Zibeben besäet, mit dem zweiten Blatt von dem Teig bedeckt, auf dem Rand zusammengedrückt, mit Eierklar bestrichen und gebacken; doch darf es nur so lange im Ofen bleiben, bis der Teig resch ausgebacken ist, aber die Fülle nicht austrocknet. Auf eben dieselbe Art kann man es auch von Mandeln machen: doch dürfen diese nicht geschwellt werden, sondern sammt der Hülse gestoßen. Diese Mehlspeise hat nebst ihrer Güte noch das Verdienst, daß sie sich lange aufbewahren läßt. Es ist noch gut zu bemerken, daß wenn die Schüssel groß ist, diese Quantität nur auf eine Schüssel mittlerer Größe berechnet ist; auf eine große Schüssel sind $3/4$ Kilo Nüsse nothwendig und in diesem Verhältniß auch der Zucker und die Rosinen, da die Fülle wenigstens fingerdick aufgestrichen wird; die Fülle darf nicht mehr warm sein, als daß man sie etwas mühsam streichen kann.

226. Kuchen oder raizische Bitta.

Man nimmt ¹/₄ Kilo Mandeln, schwellt und schneidet sie klein zusammen, ¹/₈ Kilo Zibeben, die Kerne davon ausgelöst, dann länglich geschnitten, ¹/₈ Kilo Weinberln, eben soviel gestoßenen Zucker, etwas gestoßenen Zimmt, mengt dieses Alles gut durcheinander; macht einen Teig wie Nr. 223 und behandelt ihn ganz auf dieselbe Weise; wenn man den Teig schon ausgezogen, gefüllt und die Kuchen bis zum Bestreichen der Eierklar fertig hat, dann schneidet man mit einem scharfen Messer den Kuchen in große Schiffeln durch und bäckt sie im Ofen bei einer gelinden Hitze; sobald sie ausgebacken, nimmt man sie sogleich aus der Schüssel, weil sie sonst weich würden und dadurch ihr schönes Ansehen verlören; schneidet dann die Schiffeln ganz durch legt sie zierlich wie einen doppelten Stern auf eine Schüssel und bestreuet sie mit Zucker.

227. Gerührter Weichselkuchen.

10 Dekagr. geschwellte und feingestoßene Mandeln, eben so viel Zucker, von einer Limonie die feingeschnittene Schale, 4 Dekagr. Kipfelbröseln, die aber nur so viel altgebacken sein dürfen, daß sie sich reiben lassen, alles in einen Weidling, ein ganzes Ei und sechs Dotter daran und eine kleine halbe Stunde gerührt, zuletzt der feste Schnee von fünf Eiern darunter gemengt, das Kastrol mit Fett bestrichen, der Boden mit ganzen Weichseln ausgelegt, die Hälfte der Massa eingefüllt und so lange im Ofen gebacken, bis der Teig so fest ist, daß die Weichseln nicht untersinken, dann zieht man das Kastrol etwas hervor, ohne es aus dem Ofen zu nehmen, belegt den überbackenen Teig ganz mit Weichseln, gibt die andere Hälfte des Teiges darauf und läßt es vollends ausbacken.

Will man denselben Kuchen, von Ribiseln oder Himbeeren machen, so werden 8 Dekagr. dieser Früchte von der schönsten Gattung rein geklaubt, gewaschen, auf einem Sieb wieder so lange gelassen, bis sie trocken sind und in dem Augenblick, wo man den Kuchen in den Ofen geben will, schnell unter den Teig gemengt, in das mit Fett bestrichene Kastrol eingefüllt und gleich in den Ofen gegeben, damit sich die Früchte nicht auf den Boden setzen. Mit leichten Früchten, wie Johannisbeeren oder Himbeeren, läßt es sich auf diese Weise machen, doch Weichseln sind zu schwer. Man preßt dann $^2/_{10}$ Liter Saft von der Frucht aus, von welcher der Kuchen gemacht wird, kocht ihn mit $^1/_8$ Kilo Zucker so lange, bis er dicklich wird, läßt ihn überkühlen, stürzt den Kuchen auf die Schüssel und überzieht ihn mit dem Saft, der wie eine leichte Sulz sein muß; man kann diesen Kuchen eben so gut im Dunst, wie im Ofen backen.

228. Kirschen-Kuchen.

Ein viertel Kilo Mandeln werden sammt den Schalen sehr fein gestoßen, sowie auch $^1/_4$ Kilo Zucker. Dann nehme man 8 ganze Eier und rühre es sammt Zucker und Mandeln eine gute halbe Stunde ab. Vanille und Limonienschäler gibt man nach Belieben hinein. Ein Confect-Tellervoll schöner schwarzer Kirschen wird sodann leicht hineingerührt, das Ganze wird auf eine gutgeschmierte Tortenform gegeben und langsam gebacken.

229. Harlequin-Kuchen.

Es werden von Hohlhippenteig mittelst des Hohlhippeneisens zehn bis zwölf runde Scheiben gebacken, dann wird ein Butterteig gemacht, dieser so fein, wie ein Nudelteig ausgewalkt und ein flaches breites Kastrol damit schön glatt ausgefüttert; dann werden 15 Dekagr. Mandeln geschwellt und fein gestoßen, während des Stoßens mit etwas Wasser befeuchtet, eben so viel Zucker fein gestoßen und gesiebt, gibt dann beides in einen Weidling, acht Eierdotter dazu und rührt es so lange, bis es weiß und flaumig ist, theilt es dann in drei Theile: in den ersten Theil gibt man zwei Löffelvoll an Orangen abgeriebenen, gestoßenen Zucker; in den zweiten Theil zwei Zelteln fein gestoßene gute Chocolade; in den dritten Theil 3 Dekagr. grüne Mandeln, eben so viele rothe Quittenspalten in Zucker eingesotten, vier bis fünf grüne eingesottene Nüsse, alles in kleine Würfel geschnitten, unter die Mandelmassa gemengt: von sechs Eierklar ein fester Schnee geschlagen und unter die drei Theile vertheilt und leicht darunter gemengt. Nun wird jener Theil der Masse, worin der Orangen-Zucker ist, in das ausgefütterte Kastrol gegeben, schön gleich gestrichen und mit der Hohlhippenscheibe bedeckt, nun kömmt die Masse mit der Chocolade darauf, wird wieder mit Hohlhippen bedeckt und den Schluß macht der dritte Theil mit den Früchten: wird schnell in den Ofen gegeben und bei einer gelinden aber anhaltenden Wärme gebacken. Wenn es ausgebacken ist, wird es ausgestürzt, dann läßt man es etwas überkühlen, bestäubt es mit Zucker und gibt es zur Tafel.

230. Weichselkuchen und Germteig.

Man treibt 8 Dekagr. Fett flaumig ab, schlägt neun Eierdotter nach und nach hinein, jeden gut verrührt, 7 Dekagr. geschwellte und so fein wie ein Teig gestoßene Mandeln, drei Eßlöffelvoll gestoßenen Zucker, Mandeln und Zucker mit der Fett und den Eiern gut verrührt, dann $^2/_{10}$ Liter Wein, anderthalb in Wasser erweichte frische Zentelngerm gut damit verrührt, etwas Salz und so viel feines Mehl, daß es ein leichter Teig wird, der zwar nicht rinnen, aber auch nicht fest sein darf, so lange mit dem Mehl gerührt, bis sich der Teig vom Löffel löst. Dann wird der Model oder das Kastrol mit Fett bestrichen, von den Weichseln, welche man vorher schon von den Stengeln abgelöst, gewaschen und mit gestoßenem Zucker überdünstet, seiht man gut von dem Saft ab, legt den ganzen Model damit aus, gibt die kleinere Hälfte des Teiges darauf und läßt ihn gut gehen, die andere Hälfte des Teiges wird aufbewahrt und ebenfalls läßt man sie gehen: wenn dann der Teig im Model gegangen ist, gibt man ihn in den Ofen, bis er so viel überbacken ist, daß die Weichseln nicht mehr untersinken, zieht den Model hervor, ohne ihn aus dem Ofen heraus zu nehmen, legt die zweite Hälfte der Weichseln darauf, bedeckt sie behutsam mit dem übrigen Teig und bäckt es schön. Wenn es gebacken ist, wird es ausgestürzt und mit Zucker bestäubt.

Strudeln.

231. Aepfel-Strudel.

Man macht von Mehl, Ei und lauwarmem Wasser einen gewöhnlichen Strudelteig, nur daß etwas Fett hinzu genommen wird, läßt ihn rasten, zieht ihn dann so dünn wie möglich aus und begießt ihn mit etwas Fett. Vorher werden vier große säuerliche Aepfel geschält und in kleine Würfel oder dünne Blättchen geschnitten, 8 Dekagr. Mandeln geschwellt und gestoßen und mit 8 Dekagr. gesiebtem Zucker vermengt, $1/8$ Kilo Rosinen werden geputzt, abgewaschen und mit einem Tuche getrocknet. Nun streuet man auf den ausgezogenen und begossenen Teig zuerst die Aepfel, dann Mandeln und Zucker, endlich die Rosinen, rollt ihn locker zusammen, formt die Strudel, bestreicht sie oben mit Fett, gibt sie in ein flaches mit Fett bestrichenes Kastrol und bäckt sie schön. Beim Auftragen wird sie mit gestoßenem Zucker besäet. Man kann auch etwas Zimmt und Citronat zur Fülle mengen.

232. Chocolade-Strudel.

Man macht einen Strudelteig wie zu Nr. 231, ziehet den Teig rein aus und läßt ihn abtrocknen, dann reibt man drei Zelteln Chocolade. $1/8$ Kilo geschwellte Mandeln werden fein geschnitten, 8 Dekagr. Zucker damit vermengt, begießt den Teig mit einigen Löffeln Fett, besäet ihn mit der Chocolade und Mandeln, begießt ihn mit 3 Eier, rollt ihn zusammen, gibt geriebene Aepfel bei dem letzten Zusammenrollen hinein.

233. Citronat-Strudel.

Man nimmt $^8/_{10}$ Liter feines Mehl, ein ganzes Ei und einen Dotter, 3 Dekagr. Fett, ein klein wenig Salz und macht mit Wasser einen Strudelteig; arbeitet ihn gut ab und läßt ihn eine Weile rasten. Dann stoßt man $^1/_4$ Kilo Mandeln gröblich zusammen, befeuchtet sie mit dem Safte von einer Limonie, wie auch die Schalen davon klein geschnitten, $^1/_8$ Kilo Zucker fein gestoßen, 7 Dekagr. Citronat und 4 Dekagr. Pistazien feinblätterig geschnitten, mengt dies alles gut durcheinander, zieht dann den Teig fein aus, bestreicht ihn dann mit Fett, streut die Fülle schön gleich darauf, rollt sie zusammen, bestreicht ein Tortenblatt mit Fett, gibt die Strudeln darein, bestreicht sie etwas mit Fett, besäet sie mit fein gestoßenem Zucker und bäckt sie schön.

234. Erdäpfel-Strudel.

Man reibt 15 Dekagr. mehlichte Erdäpfel, nachdem selbe vorher gekocht und ausgekühlt sind; treibt 9 Dekagr. Fett flaumig ab, gibt die Erdäpfel darein, verrührt sie mit sechs Eierdottern, wie auch 6 Dekagr. fein gestoßene Mandeln, 8 Dekagr. gestoßenem Zucker, von einer Limonie die klein geschnittene Schale, und zuletzt den Schnee von drei Eiweiß; alles zusammen eine halbe Stunde gerührt. Dann macht man einen Strudelteig, wie zu den vorigen, zieht den Teig fein aus, gibt die Fülle darauf, streicht sie Messerrückendick auseinander, rollt sie locker zusammen, bestreicht sie mit Fett, gibt sie in den Ofen und bäckt sie schön. Nur ist zu bemerken, daß diese Strudel, sobald sie ausgebacken ist, sogleich zur Tafel gegeben wird, damit sie nicht zusammenfalle.

235. Topfen-Strudel.

Treibe mit 10 Dekagr. Butter $^1/_4$ Kilo Topfen und

10 Dekagr. abgeriebene Parmesankäse ab, rühre daran vier Eigelb und ein Ei. Den Strudelteig bestreiche mit zerschlagenen Eiern, gieb die Füllmasse darauf, rolle zusammen, drücke ihn an beiden Enden fest zu und siede ihn in Salzwasser ab. Seihe das Wasser ab, lege den Strudel auf eine mit Butter bestrichene Schüssel, streiche ihn mit Butter an, sträue abgeriebenen Parmesankäse darauf und lasse ihn in der Röhre etwas überbacken.

236. Kraut-Strudel.

Man schneide aus einem geputzten Krauthäuptel die Stengel aus, schneide dann die Blätter mittelfein zusammen; lasse in einem Kastrol fein geschnittenen Zwiebel, etwas Zucker in Schmalz anlaufen: gebe das Kraut hinein, salze und pfeffere es gut. Ist das Kraut gedünstet, so lasse man es auskühlen. Den ausgezogenen Strudelteig lasse man etwas trocknen, bestreue ihn dann mit dem Kraut, rolle ihn zusammen und backe ihn in der Röhre.

237. Zwiebel-Strudel.

Man schneide 6—8 Zwiebel in sehr feine Blättchen, gebe sie in eine Bratpfanne mit 15 Dekagr. Fett und lasse sie unter Umrühren schön gelblich dünsten. Man nehme sie dann aus der Pfanne auf eine Schüssel und lasse sie auskühlen. Ziehe den Strudelteig dünn aus, gebe die Zwiebel darauf, streue Salz und Pfeffer darüber und rolle ihn zusammen. Aus der Rolle schneide man Fingerlange Stücke, drücke die Enden fest zu, stelle sie auf ein Sieb und lasse sie etwas trocknen. Dann koche man sie in Salzwasser ab, rangire sie auf die Schüssel und übergieße sie mit in Schmalz gerösteten Semmelbröseln.

238. Feine Germ-Strudel.

Hiezu macht man folgenden Germteig: Man treibt 5 Dekagr. Butter recht flaumig ab, rührt sechs Eidotter hinein, nimmt dann ²/₁₀ Liter süßen Milchrahm, 2 Dekagr. in etwas Obers aufgelöste frische Zelteln-Germ, zwei Löffelvoll gestoßenen Zucker und etwas Salz und rührt es auch dazu; nimmt dann so viel Mehl, daß der Teig zum Ausmachen einer Pastäte gut wäre, vermengt es schnell mit dem Uebrigen und läßt den Teig an einem warmen Orte gehen; dann walkt man ihn messerrückendick aus und füllt ihn mit geschnittenen Mandeln, Zitronat, Zibeben wovon die Kerne aufgelöst werden und Weinberln, rollt ihn zusammen, legt ihn in ein mit Butter bestrichenes Tortenblatt, läßt ihn abermals gehen und bäckt ihn schön.

239. Kindskoch-Strudel.

Man macht einen Strudelteig wie Nr. 231, dann wird ein dickes Kindskoch gemacht, 5 Dekagr. Fett flaumig abgetrieben und das ausgekühlte Kindskoch hinein gerührt; 5 Dekagr. fein gestoßene Mandeln, zwei ganze Eier und vier Dotter dazu gegeben und eine halbe Stunde fortgerührt; dann reibt man 8 Dekagr. Zucker an einer Limonie ab und gibt ihn auch hinein, zuletzt den Schnee von vier Eierklar leicht darunter vermengt; ziehet den Teig fein aus, streicht das Kindskoch messerrückendick darauf, und rollt ihn leicht zusammen. Bestreicht ein Kastrol mit Fett, gibt die Strudel hinein und bäckt sie schön; wenn sie ausgebacken ist, gibt man sie mit Zucker bestreut zur Tafel.

240. Gesottener Gries-Strudel.

Von ¼ Kilo Mehl, einem Ei und etwas lauwarmen Wasser wird ein etwas fester Strudelteig gemacht. Während des Rastens treibt man 5 Dekagr. Butter flaumig ab, schlägt zwei ganze Eier, jedes gut verrührt, dann drei Dotter hinein; nach feinem Abrühren noch ½ Liter Milchrahm und ²/₁₀ Liter Gries. Nun wird der Teig so dünn wie möglich ausgezogen, mit der Fülle bis zur Mitte bestrichen und aufgerollt. Nun werden mittelst eines in Mehl getauchten Kochlöffelstiels gleiche Schnitten eingedrückt, mit scharfem

Messer durchgeschnitten, die Enden aber mit den Fingern fest zusammengedrückt. Alsdann werden die Strudeln in kochendes Wasser eingekocht, aber durchaus nicht länger als bis zum Auskochen darin gelassen, weil sonst das Ganze verdürbe, dann auf eine Schüssel geordnet und jede Schnitte mit in Butter gerösteten feinen Kipfelbröseln besträut.

241. Milchrahm-Strudel.

Der Teig wird nach Nr. 231 gemacht, fein ausgezogen und eine halbe Viertelstunde abgetrocknet; dann 7 Dekagr. Butter mit vier Eierdottern flaumig abgetrieben, $2/10$ Liter Milchrahm darunter gerührt, von den vier Eierklar ein fester Schnee darein vermengt und der ausgezogene Teig damit bestrichen. Nun nimmt man $1/8$ Kilo gereinigte Rosinen, 5 Dekagr. Mandeln oder feine Bröseln, 5 Dekagr. Zucker, letzterer gestoßen, das Uebrige gröblich geschnitten und bestreuet den Teig damit, doch so, daß dieser Spannbreit leer bleibet; dann wird er leicht zusammengerollt, das Kastrol so, wie auch oben die Strudel mit Butter bestrichen und langsam gebacken. Man kann auch gezuckerte Milch mit Eiern abgegossen dazu serviren.

242. Mohn-Strudel.

Man treibt 8 Dekagr. Fett flaumig ab, schlägt acht Eierdotter einen nach dem andern gut verrührt hinein, gibt einen Löffelvoll gestoßenen Zucker, $1/2$ Liter Wasser, 3 Dekagr. darin aufgelöste frische Zeltelgerm, etwas Salz und $8/10$ Liter Mehl dazu; vermengt dies alles gut, schlägt den Teig recht fein ab und läßt ihn dann ein wenig gehen. Wenn der Teig gegangen ist, wird er auf ein mit Mehl gut bestäubtes Brett gelegt und messerrückendick ausgewalkt. Vorher wird $1/2$ Liter Mohn fein gestoßen; 15 Dekagr. gestoßener Zucker, etwas Zimmt, von einer halben Limonie und einer halben Pomeranze die Schale klein geschnitten, alles wohl vermengt und der Teig recht dicht damit besäet, etwas geriebene Aepfel hinein und zusammengerollt; dann in eine mit Fett bestrichene flache Schüssel gelegt und gehen gelassen; nun mit Fett bestrichen und bei einer anhaltenden Wärme gebacken, sodann mit Zucker besäet zur Tafel gegeben.

243. Reisstrudel.

Man macht einen Teig wie Nr. 231, kocht ⅛ Kilo Reis in 1 Liter Milch weich; treibt 5 Dekagr. Butter flaumig ab, rührt 5 Eierdotter darein und von drei Eierklar einen festen Schnee, gibt gestoßenen Zucker, etwas Vanille dazu und füllt es in den ausgezogenen Teig, rollt die Strudel zusammen und gibt sie in ein mit Butter bestrichenes Kastrol und bäckt sie schön. Wenn man sie zur Tafel gibt, besäet man sie mit gestoßenem Zucker.

244. Tirolerstrudel.

Man macht einen Marchteig wie Nr. 179, walkt ihn mehr in die Länge als Breite, so wie einen Nudelteig aus, schwellt und stoßt ¼ Kilo Mandeln fein, dann wird auch eben so viel Zucker fein gestoßen, von einer Pomeranze oder Limonie die Schale klein geschnitten; gibt dies Alles in einen Weidling, zwei ganze Eier und vier Dotter dazu, rührt es eine halbe Stunde, damit es recht flaumig wird; gibt es auf den Marchteig, streicht es mit einem Messer auseinander, besäet es mit 8 Dekagr. klein geschnittener Citronat, rollt dann die Strudel locker zusammen, gibt sie in ein mit Fett bestrichenes Tortenblatt, bestreicht sie mit Eierklar und bäckt sie bei einer anhaltenden Hitze.

245. Weichselstrudel.

Man macht einen Strudelteig wie Nr. 231, zur Fülle nimmt man 1¼ Liter schöne reife Weichseln, löst die Kerne davon aus und überdünstet sie ein wenig, seihet den Saft davon ab und läßt sie auskühlen. Dann stoßt man ⅛ Kilo Mandeln gröblich zusammen, stoßt auch ⅛

Kilo Zucker, reibt ein mürbes Kipfel zu Bröseln, schneidet die Schale von einer Limonie klein und mengt dies Alles durcheinander. Ziehet den Teig fein aus, bestreicht ihn mit Fett, gibt die Weichseln gleichförmig darauf, dann wird auch das Uebrige daraufgestreut, locker zusammengerollt, in ein mit Fett bestrichenes Tortenblatt gelegt, oben mit Fett bestrichen und gebacken.

246. Weichstrudelteig von Germteig.

5 Dekagramm Fett werden flaumig abgetrieben sechs Eierdotter nach und nach hineingerührt, 2 Dekagr. erweichte Zeltelgerm, zwei Löffelvoll gestoßener Zucker, etwas Salz, $^2/_{10}$ Liter lauwarmes Wasser und so viel feines Mehl, daß der Teig nicht zu fest wird, doch darf er nicht rinnen: 1 Liter Mehl dürfte hinreichen; da die Eigenschaften des Mehls nicht gleich sind, so muß das Auge und die Hand entscheiden; auf alle Fälle ist es sicherer, das Mehl nur nach und nach hinein zu rühren; der Teig wird dann so lange gerührt, bis er sich vom Löffel ablöst, dann wird er etwas abgeschlagen, zugedeckt und gut gehen gelassen. Mittlerweile werden 10 Dekagr. Mandeln geschwellt und gestoßen, eben so viel Zucker; von $^8/_{10}$ Liter Dunstweichsel, wovon der Saft gut abgeseihet, werden die Kerne ausgelöst. Wenn der Teig hinlänglich gegangen ist, wird er auf ein gut mit Mehl bestäubtes Tischtuch gelegt und messerrückendick ausgewalkt. In dem Augenblick erst, wo man es schon gebraucht, mengt man die Mandeln mit dem Zucker gut durcheinander, bestreut den Teig damit, gibt die abgeseihten Weichseln darauf, bestreuet diese noch etwas mit gestoßenem Zucker und rollt den Teig, welcher aber nicht bis zum äußersten Rande gefüllt sein darf, locker zusammen; der Teig muß mehr in die Länge als Breite gewalkt werden, damit die Strudel nicht zu dick werde; legt sie dann auf ein mit Fett bestrichenes Blech, läßt sie noch eine Viertelstunde gehen, bestreicht sie mit Eierklar und gestoßenem Zucker und bäckt sie bei gelinder aber anhaltender Wärme. Wenn sie aus-

gebacken ist, legt man sie auf ein Sieb, und läßt sie auskühlen; gibt sie dann mit Zucker bestreut zur Tafel.

Man kann sie auch auf dieselbe Art mit gestoßenen
Nüssen, Zucker, Vanille und geschnittenen Zibeben bereiten.

247. Zwetschkenstrudel.

Es wird ein Strudelteig wie Nr. 231 gemacht. Dann
nimmt man fünfunddreißig frische reife Zwetschken, schneidet
sie sammt der Schale in dünne Ringeln, stoßt 5 Dekagr.
Mandeln, 7 Dekagr. Zucker und ein wenig Zimmt; schneidet
von einer Limonie die Schale klein und auch ein mürbes
Kipfel wird zu Bröseln gerieben. Dann zieht man den Teig
fein aus, bestreicht ihn mit Fett, streuet die Zwetschken und
auch das Uebrige darauf, rollt sie locker zusammen und gibt
sie in ein mit Fett bestrichenes Kastrol, bestreicht sie oben
mit Fett und bäckt sie schön; wenn sie ausgebacken ist, gibt
man sie mit Zucker bestreuet zur Tafel.

Gemischte Mehlspeisen.

248. Aepfel mit Bändern von Marchteig.

Maschanzgeräpfel werden geschält und so viel wie
möglich ausgehölscht, so zwar, daß der ganze Apfel hohl
ist, doch darf die Hölschung nicht durchgehen, da er einen
dünnen Boden haben muß; wenn sie alle auf diese Art
ausgehölscht sind, so werden drei bis vier andere Aepfel
geschält und gewürfelt geschnitten, 4 Dekagr. Citronat fein
geschnitten, 5 Dekagr. Zucker, ein guter Löffelvoll eingesottene Marillen sammt den Aepfeln und Citronat und
etwas weniges Wasser, alles in einem Kastrol so lange
gedünstet, bis es zur Marmelade geworden; mit dieser Fülle

werden die ausgehölschten Aepfel angefüllt, mit Eierklar bestrichen, mit Zucker besäet und mit ganz schmalen Bändchen von Marchteig, so wie eine Schnecke überwunden, die Bändchen mit Eierklar bestrichen und schön gebacken, dann auf die Schüssel hoch aufgerichtet, mit Zucker besäet und oben anstatt der Stengel auf jeden eine eingesottene Weichsel sammt den Stengel gelegt.

249. Aepfelspeis.

Man reibt von einem weißen Hausbrod feine Bröseln, befeuchtet sie mit gutem Wein, gibt einige Löffelvoll gestoßenen Zucker darunter bestreicht ein Kastrol mit Fett gibt fingerdick von den angefeuchteten Bröseln darein, belegt sie mit Fett, dann von guten Aepfeln fein geschnittene und stark gezuckerte Spalten darauf, endlich klein geschnittene Rosinen, Weinberln, Mandeln, Limonienschalen und etwas gestoßenen Zimmt; dann wieder Bröseln mit Wein befeuchtet, Fett, Aepfel, Zibeben, Mandeln, Limonienschalen, Weinberln und Zimmt; und so fort, bis das Kastrol voll ist. Dann gibt man es in den Ofen und bäckt es durch drei Viertelstunden. Wenn es ausgebacken ist, stürzt man es auf eine Schüssel und bestreuet es mit Zucker.

250. Mehlspeis mit Aepfeln.

Man nimmt fünfzehn Maschanzger- oder acht Stück andere große Aepfel, doch solche, die keinen süßen oder weichlichen Geschmack haben, schält und schneidet sie recht fein, läßt sie dann mit Zucker gelinde dünsten, daß sie etwas weich werden; dann schwellt und stoßt man 5 Dekagramm Mandeln und 10 Dekagr. Zucker, 5 Dekagr. Citronat werden klein geschnitten, auch eine halbe Semmel zu Bröseln gerieben, rührt dieses Alles nebst vier Eierdottern gut durcheinander, schlägt von vier Eierklar einen festen Schnee und gibt ihn auch darunter. Bestreicht ein Kastrol mit Fett, besäet es mit feinen Semmelbröseln, füllt das Abgerührte hinein, gibt es in den Ofen und bäckt es durch drei Viertel=

stunden, stürzt es dann auf eine Schüssel und gibt es mit
Zucker bestreut zur Tafel.

251. Amuletten mit gerührten Mandelteig.

Man bäckt ungefähr achtzehn Amuletten so dünn als
möglich, schwellt und stößt $^1/_8$ Kilo Mandeln fein, von einer
Limonie die Schale klein geschnitten, 10 Dekagr. gestoßenen
Zucker, gibt Alles in einen Weidling, schlägt ein ganzes
Ei und drei Dotter nach und nach daran und rührt es so
lange, bis es flaumig wird; streicht den Mandelteig auf die
Amuletten, rollt sie zusammen und schneidet in der Länge
eines kleinen Fingers Stücke davon. Man bestreicht dann
ein Kastrol oder porzellänerne Schüssel mit Fett, richtet die
Amuletten aufrechtstehend in der Rundung in zwei oder
drei Reihen, gibt vier Eierdotter, etwas gestoßenen Zucker,
$^3/_{10}$ Liter Wein, in einen Topf, sprudelt es gut ab, und gießt es
darüber; stellt es in den Ofen und läßt es oben lichtbräunlich
werden. Auf eben dieselbe Art kann man die Amuletten
auch mit Weinberln und Zibeben füllen, auch mit einge=
sottenem Weichselfleisch oder mit gestoßenen Nüssen, Zucker,
Zimmt und ausgelösten Zibeben.

252. Amuletten mit Zwetschken gefüllt.

Man macht von $^1/_2$ Liter Wasser und 6 Eiern einen
Amulettenteig, bäckt die Amuletten schön dünne; wenn man
damit fertig ist, füllt man selbe ganz dünn mit eingesotte=
nen Zwetschken, rollt sie dann zusammen, schneidet sie in
der Mitte entzwei, wie auch das ungleiche Ende von der
Seite davon weg; gibt auf eine Schüssel etwas Fett, legt
dann eine Lage von den gefüllten Amuletten sternartig
dicht auf den Boden der Schüssel, dann wieder etwas Fett
und abermals einen Theil der Amuletten und so fort, bis
Alles geordnet ist; zuletzt gibt man noch Fett darauf, be=
säet sie mit feinen Semmelbröseln, gibt sie in die Röhre,
läßt sie etwas aufkochen und gibt sie mit Zucker bestreut
zur Tafel.

253. Bisquitmehlspeis.

10 Dekagr. fein gestoßener Zucker wird mit vier Eierdottern gut abgerührt; wenn es schon flaumig ist, wird von den vier Eierklar der feste Schnee und zugleich mit dem Schnee 8 Dekagr. feines trockenes Mehl darein gemengt, ein Kastrol mit Fett bestrichen, den Teig darein gefüllt, und langsam gebacken. Wenn es ganz ausgekühlt ist, wird mit einem dünnen Messer die braune Rinde fein abgeschnitten und das Ganze in Schnitten wie der Zwieback geschnitten. Der Bisquitteig wird einen Tag vor dem Gebrauche gemacht, weil er sich dann besser schneiden läßt. Der Model dazu muß so wie zum brennenden Pudding in der Mitte eine starke Oeffnung haben, damit es einen breiten hohen Kranz bildet; dieser wird mit Fett stark ausgestrichen, der Boden desselben mit ganzen im Zucker eingesottenen Weichseln oder Dienteln, dann in kleine Dreiecke dünn geschnittenen Quittenkäs und mit geschwellten in der Mitte gespaltenen Pistazien zierlich ausgelegt, dann der ganze Model mit dem geschnittenen Bisquit wie eine feste Wand ausgelegt, der Rest des Bisquitteiges, so wie auch etwas Quittenkäs klein gewürfelt geschnitten, mit etwas kleinen Rosinen vermengt, der Model ganz damit ausgefüllt und leicht eingedrückt. Eine halbe Stunde vor dem Anrichten wird $^3/_{10}$ Liter Wein mit fünf Eierdottern, etwas gestoßenem Zucker und Vanille fein gesprudelt darüber gegossen und sodann in Dunst gestellt. Vor dem Anrichten werden zwei Eßlöffelvoll eingesottene Marillen, mit eben so viel gestoßenem Zucker, vier Eierdotter, einen nach dem andern gut damit verrührt, sammt fünf Eßlöffelvoll alten weißen Wein, auf Kohlenfeuer gesetzt und mit der Schneeruthe so lange geschlagen, bis es zur dicklichen Masse geworden ist; die Mehlspeis wird dann ausgestürzt und die Höhlung mit der französischen Krem angefüllt, der Rest davon aber mit einem Löffel um den Rand der Mehlspeis kranzförmig geordnet.

254. Eingetropftes mit Vanillencreme.

Man macht von sieben Eierdottern ein dünnes Eingetropftes, läßt $^8/_{10}$ Liter Obers siedend werden, gibt ein Stück Zucker und etwas gestoßene Vanille hinein; wenn es siedet, wird das Eingetropfte fein hineingekocht, einige Augenblicke aufgesotten und mit dem Faumlöffel herausgenommen. Wenn Alles auf diese Art gekocht ist, wird es auf eine tiefe Schüssel hoch aufgerichtet und nach jeder Lage mit Zucker, Vanille und fein gestoßenen Mandeln besäet. Oben wird es mit gestiftelt geschnittenen Mandeln gespickt und wieder mit gestoßenem Zucker bestreut, gibt es in die Röhre und läßt es schön bräunlich werden. Wenn es gebacken ist, kömmt um den Rand der Schüssel Vanillekrem.

255. Englische Mehlspeis.

Man nimmt 15 Dekagr. von dem kleinen feinen Thee-Zwieback, bestreicht die Hälfte der Stangeln mit eingesottenen Marillen oder Himbeeren, legt ein zweites Stangel darauf und wenn alle so gefüllt sind, werden sie in schöner Ordnung in einen mit Butter bestrichenen Model gelegt, $^8/_{10}$ Liter gutes Obers mit neun Eierdottern, 10 Dekagr. gestoßenem Zucker, etwas Vanille gut versprudelt, darüber gegossen und eine Stunde bei Seite gestellt, damit der Zwieback sich gut ansaugt, dann in den Dunst gestellt und drei Viertelstund gedünstet. Beim Anrichten wird es auf die Schüssel gestürzt und um den Rand derselben ein Wein-Chaudeau wie Nr. 187 zu finden ist, oder ein Chocoladeguß gegeben.

256. Griesschmarn.

Vier Stunden vor dem Gebrauch wird $^3/_{10}$ Liter schönster Gries in $^1/_2$ Liter Milch geweicht, dann beseitigt. Nun werden fünf ganze Eier mit $^2/_{10}$ Liter Milch und einem Löffel gestoßenem und gesiebtem Vanillezucker abgesprudelt, mit dem geweichten Gries verrührt, in einem breiten flachen Kastrol $^1/_8$ Kilo Butter zerlassen, die Masse hineingegossen und schön goldgelb ausgedünstet. Während dessen kömmt ein Stäubchen Salz hinzu. Wenn Rosinen angenehm sind, so wird ⅛ Kilo von den Stengeln gereinigt, einmal im lauwarmen Wasser ausgewaschen und vor dem völligen Ausdünsten hineingegeben. Jeder Schmarn muß so bereitet werden, daß er gleich nach Beendigung aufgetischt werden kann, weil durch längeres Heißerhalten dessen Güte ungemein verliert. Man richtet ihn, jede Lage mit Zucker bestäubt, hoch auf eine Schüssel.

257. Früchtenreis.

Man kocht in ⁸/₁₀ Liter Obers 9 Dekagr. rein geklaubten, mit warmen Wasser mehrmals gewaschenen schönen Reis weich, gibt 8 Dekagr. gestoßenen Zucker, dann ein Stäubchen Salz hinzu und läßt ihn überkühlen. Mittlerweile werden drei starke Eßlöffelvoll Marillen- oder Himbeer-Marmelade mit 6 Dekagr. an Pomeranzen oder Limonie abgeriebenen gestoßenen und gesiebten Zucker fein verrührt, dann der Saft einer kleinen halben Limonie damit vermengt; endlich der fest geschlagene Schnee von sechs frischen Eierklar allmälig beigemischt. Nun bestreicht man ein tiefes Porzellankastrol mit frischer Butter, gibt den dritten Theil von dem Reis hinein und streicht diesen gleichförmig auseinander, belegt ihn mit in gesponnenem Zucker eingemachten Früchten, als Pfirsichschnitten, Orangen- und Melonenspalten, Ananas, Reineclaude, etwas spanischen Weichseln und größten schwarzen Kirschen. Nun wird der zweite Theil Reis darüber gestrichen, wieder mit Früchten belegt und mit dem Rest des Reises überdeckt. Jetzt formt man mittelst eines Silberlöffels von dem Marillen- oder Himbeerenschaume über den Reis einen Berg und bäckt das Ganze bei sehr gelinder Hitze eine halbe Stunde in der Maschinröhre, worauf es augenblicklich aufgetragen wird. Diese Speise gelungen, sieht sehr hübsch aus und schmeckt ganz vortrefflich.

258. Radetzky-Reis.

¼ Kilo Reis wird in Wasser weich gesotten, aber so, daß

er noch ganz ist, den Saft von einer Pomeranze oder 2 Limonien ausgedrückt, einen Löffel Fett heiß gemacht, den Saft sammt Zucker, der an den Pomeranzen abgerieben ist, hinein und so lange gerührt, bis er sich spinnt, dann mit dem Reis vermengen und abgekühlt. Wenn er kalt ist, gibt man die Hälfte davon auf eine Schüssel, füllt es, gibt die andere Hälfte darauf, macht von drei Eiern einen spanischen Windteig und übergießt das Ganze damit. Gibt es zuletzt in die Röhre und läßt es langsam schön gelb backen.

259. Erdäpfelnudeln.

Man passire die Erdäpfel heiß, nehme davon $1^1/_2$ Liter, reibe sie mit $8/_{10}$ Liter Mehl ab, knete daraus mit zwei Eiern und etwas Salz einen Teig, schneide ihn in kleine Stücke, forme jedes zu einer Nudel und koche sie in Salzwasser ab, wobei man sie untertauchen muß, wenn sie oben schwimmen. Seihe sie ab, werfe sie in frisches Wasser, seihe sie sogleich wieder ab, röste Semmelbrösel oder Gries in Fett, gebe die Nudeln hinein, lasse sie etwas dünsten und richte an.

260. Französische Butternudeln.

Man nimmt $8/_{10}$ Liter feines Mehl auf ein Brett, schneidet 5 Dekagr. Butter in dünne Blätter hinein, arbeitet es mit dem Walker gut ab, salzt es und macht mit vier Eier, einem Eßlöffelvoll Milchrahm und etwas Wein den Teig aber nicht zu fest an, arbeitet ihn gut ab und macht Schupfnudeln davon, kocht sie in Obers aus und läßt sie auskühlen. Treibt dann 5 Dekagr. Butter flaumig ab, schlägt vier ganze Eier eines nach dem andern gut verrührt hinein, gibt die Nudeln nebst 8 Dekagr. gestoßenen Zucker und Vanille dazu, rührt Alles gut untereinander, bestreicht ein Kastrol mit Butter, füllt die Nudeln hinein und gibt sie in den Dunst.

261. Mohnnudeln.

Man walke einen Nudelteig messerrückendick aus, lasse ihn etwas trocknen und schneide Nudeln daraus. Koche sie in Salzwasser, seihe sie ab. Man gibt in ein Kastrol etwas Fett, Honig oder Zucker, etwas Limonie-Schalen und Zimmt, lasse es gut aufkochen, gebe die Nudeln hinein, mische sie gut ab und richte sie auf die Schüssel.

262. Nussnudeln.

Werden so bereitet wie die obigen; nur gebe man statt des Mohns feingehackte Nüsse dazu.

263. Topfennudeln.

Man macht die Nudeln so wie oben. Nachdem sie aus dem Salzwasser kommen, dünste man sie mit Butter, mische sie mit Topfen und richte sie auf eine Schüssel an.

264. Mehlspeis von geriebenem Gerstel.

Man macht von zwei Eiern ein geriebenes Gerstel, kocht selbes in $^2/_3$ Liter Mandelmilch; wenn es dick und gut ausgekocht ist, stellt man es vom Feuer weg und läßt es auskühlen. Dann treibt man 3 Dekagr. Fett flaumig ab, gibt 5 Dekagr. fein gestoßene Mandeln und sieben Eierdotter darein, wie auch 8 Dekagr. gestoßenen Zucker, der an einer Limonie oder Pomeranze abgerieben wird, rührt es eine halbe Stunde, gibt das ausgekühlte Gerstel und zuletzt von vier Eierklar den festen Schnee dazu: bestreicht ein Kastrol mit Fett, gibt das Abgetriebene zur Hälfte hinein und füllt es mit eingesottenen Ribiseln, gibt die andere Hälfte darauf, bäckt es schön und gibt es dann mit Zucker bestreut zur Tafel.

265. Milchrahmnockerln.

Man treibt 5 Dekagr. Butter flaumig ab, schlägt vier Eier nach und nach hinein, gibt auch vier Löffelvoll

Milchrahm, etwas Salz und soviel Mehl dazu, daß sie die gehörige Feste bekommen. Läßt ²/₃ Liter Milch siedend werden, legt die Nockerln mit einem Eßlöffel ein und läßt sie auskochen; nimmt sie dann heraus, gibt sie auf eine mit etwas Butter bestrichene Schüssel, inzwischen Milch=rahm und bäckt sie schön krustirt.

266. Griesnockerln in der Milch.

Man kocht in ²/₃ Liter guter Milch 12 Dekagr. Zucker, ein Stückchen Zimmt und etwas wenig Salz auf, läßt unter beständigem Rühren ³/₄ Kilo guten Gries ein=laufen und rührt denselben auf dem Feuer fort, bis er ganz dick geworden und ausgekocht ist. Derselbe wird nun in eine Schüssel gethan und mit 8 Dekagr. Butter, vier ganzen und dem Gelben von acht Eiern gut abgerührt. Hierauf läßt man ²/₃ Liter Milch mit 12 Dekagr. Zucker und 12 Dekagr. Butter in einer flachen Casserole aufkochen, legt mit einem Eßlöffel die Nockerln, eines neben das an=dere hinein, stellt die Casserole auf's Feuer, deckt die Nockerln gut zu, gibt etwas Glut auf den Deckel und läßt sie so lichtbraun werden. Beim Anrichten werden sie aus=gestochen, in eine flache Mehlspeisschale gelegt und mit einer Vanille-Milch-Sauce oder Zimmt-Guß recht warm zu Tisch gegeben.

267. Kaiserschmarn.

5 Dekagr. Fett werden flaumig abgetrieben, dann all=mälig sechs Eierdotter und dann nur löffelweise acht Löffel=voll Wasser damit verrührt; nun kommen noch 5 Dekagr. an Limonie zart abgeriebener und gestoßener Zucker, ein Stäubchen Salz und sechs Löffelvoll feinsten Mehls hinzu; nach genauem Abrühren endlich der feste Schnee von sechs Eierklaren. Jetzt wird ein Kastrol mit Fett bestrichen, das Abgetriebene hineingegeben, in der Röhre goldgelb gebacken, mit zwei Messern zerrissen, hoch aufgehäuft in die Schüssel gerichtet und mit Zucker bestäubt aufgetragen. Von derselben

Masse macht man auch die Kaiserschisseln; zu diesem Zwecke wird das Gerührte in ein bestrichenes Kastrol gethan, lichtgelb gebacken, mit scharfem Messer schiefe Würfel geschnitten, oben ein Kreuzschnitt gemacht, dann aus heißem Schmalze goldgelb gebacken, der Einschnitt mit beliebigem Eingesottenen gefüllt und mit Zucker bestreut aufgetischt.

268. Aufgelaufene Milchrahmnockerln.

Man nimmt $^5/_{10}$ Liter Milchrahm und sechs ganze Eier, rührt es sein ab, dann etwas mehr als $^1/_4$ Kilo Mehl, salzt es und macht den Nockerlteig an; läßt in einem Kastrol $1^1/_4$ Liter Milch siedend werden, schlägt mit einem Eßlöffel die Nockerln hinein, läßt sie darin auskochen; nimmt sie dann mit einem Backlöffel heraus, damit sie schön ganz bleiben, bestreicht eine Schüssel mit Butter, besäet sie mit feinen Semmelbröseln, gibt die Nockerln darauf, besäet sie oben wieder mit Semmelbröseln, begießt sie zerlassener Butter, gibt sie in die Röhre und läßt sie schön gelb werden. Man gibt selbe dann mit Zucker bestreut zur Tafel.

269. Nudelpfanzel.

Es wird von einem halben Liter Mehl, einem ganzen Ei und zwei Dotter ein gewöhnlicher Nudelteig gemacht, ausgewalkt, breite Nudeln davon geschnitten und selbe in $^2/_3$ Liter Wasser, wenn es siedet eingekocht, 8 Dekagramm fein gestoßene Mandeln und etwas Vanille dazu gegeben und so lange gekocht, bis das Wasser ganz eingesotten ist, dann gibt man sie auf ein mit Fett bestrichenes Blech, streicht sie gleich fingerdick auseinander und läßt es auskühlen; stürzt sie dann auf ein mit Mehl bestäubtes Brett; sticht mit einen Krapfenstecher Krapfeln daraus, tunkt sie in abgeschlagene Eier, wickelt sie in halb Mehl und halb Semmelbröseln und bäckt sie schön gelb aus dem Schmalze; wenn man sie zur Tafel gibt bestreuet man sie mit Zucker und Vanille.

270. Polster-Zipf.

Nehme auf ein Brett $^8/_{10}$ Liter Mehl, zwei ganze Eier und einen Dotter, zwei Löffelvoll Wasser, ein Eigroß Fett und etwas gewässerten Wein, mache den Teig schnell zusammen und schlage ihn dreimal ein, so wie einen Butterteig. Es ist gut, bei jedesmaligem Einschlagen ihn etwas mit Fett zu bestreichen. Man walkt den Teig messerrückendick aus und schneidet kleine dreieckige Fleckchen, gibt in die Mitte ein wenig eingesottenes, bestreicht die Ränder mit Eierklar und schlagt es noch einmal um, drückt die Ränder fest zusammen und backt es schön aus dem Schmalze, bestreut es mit Vanille, Zucker und gibt es zur Tafel.

271. Nussmehlspeis mit Aepfeln.

Man macht ein Beschamel, das heißt: man läßt ein Stück Fett in der Größe eines Eies warm werden, gibt zwei gehäufte Löffelvoll Mehl hinein, verrührt es gut, füllt es unter beständigem Rühren, damit es schön glatt wird, mit $^1/_2$ Liter siedendes Wasser auf und läßt es unter fortwährendem Rühren gut verkochen, dann auskühlen. Wenn es kalt ist, so gibt man es in einen Weidling, vier Maschanzgeräpfel geschält und in Würfel geschnitten, zwanzig Nüsse gröblich gestoßen, Zucker, daß es süß genug ist, dann schlägt man neun Eierdotter nach und noch hinein und rührt es so lange, bis es flaumig genug ist. Zuletzt wird von fünf Eiern das Klare zum festen Schnee geschlagen und leicht darunter gemengt, der Model mit Fett gut bestrichen, eingefüllt und eine Stunde in Dunst gestellt.

272. Reiswandeln in Marchteig.

Man kocht $^1/_8$ Kilo Reis in $^5/_{10}$ Liter Wasser, gibt 7 Dekagr. gestoßene Mandeln dazu, läßt sie etwas mitkochen, stellt ihn dann, wenn der Reis weich genug ist, vom Feuer weg und läßt ihn auskühlen. Dann treibt man ein Stück Fett flaumig ab, gibt den Reis hinein, reibt 7 Dekagr.

Zucker leicht auf der Schale einer Pomeranze ab, gibt diesen Zucker auch dazu, rührt es flaumig ab und gibt während des Rührens ein ganzes Ei und vier Dotter hinein. Macht dann einen Marchteig walkt ihn wie einen Nudelteig aus; nimmt lange flache Wandeln, füttert sie mit Marchteig schön glatt das heißt, daß er keine Falten macht, gibt in jedes von dem abgetriebenen Reis, deckt es mit dem Teig zu und bäckt sie schön.

273. Rahmdalkerln.

Man nimmt $5/10$ Liter frischen Rahm, gibt davon drei Löffel in einen Topf, rührt nach und nach sechs Eierdotter und sechs volle Eßlöffel feines Mehl darein, auch etwas Zucker und den noch übrigen Rahm; ist diese Masse sehr gut verrührt, gibt man den festen Schnee von sechs Eiern dazu, bäckt sie sogleich in der dazu gehörigen Form, füllt sie mit Eingesottenem und gibt sie mit feinem Zucker zur Tafel.

274. Scharlotten.

Es werden zwölf bis fünfzehn Maschanzgeräpfel geschält und in kleine fingerdicke Spalten geschnitten: auf diese Quantität werden vier bis fünf Löffelvoll Marillensalse, 8 Dekagr. Zucker und eine kleine Kaffeeschale Wasser in ein Kastrol gethan, auf ein Kohlenfeuer gestellt, unter öfterem Aufschütteln so lange fortgedünstet, bis die Aepfel weich sind, jedoch nicht zerfallen und die Marillen mit den Aepfeln gut vermengt sind, dann wird ein Kastrol mit Fett dicht bestrichen, von den langen Semmeln messerrückendicke Spalten geschnitten, das Kastrol mit Semmelspalten ganz ausgelegt, dann eine Lage von den Aepfeln, wieder eine Lage Semmeln, welche mit zerlassenem Fett begossen werden und so fort, bis das Kastrol voll ist; oben wird es mit Semmeln zugedeckt, mit Fett begossen, in der Röhre gebacken, so daß die Semmeln, mit denen es ganz eingefaßt ist, schön goldbraun und resch werden, dann ausgestürzt und mit Zucker bestreut.

275. Scheiterhaufen.

Man nimmt mürbe Kipfeln, schneidet sie in längliche Stücke und befeuchtet sie mit Wein; dann bestreicht man ein porzellänernes Kastrol mit Fett, bestreut es mit kleingeschnittenen Mandeln, Zibeben, Weinberln, gestoßenem Zucker und Vanille, dann kommt eine Lage von den geweichten Kipfeln, welche ebenfalls mit Obigen bestreut werden; auf diese Weise fährt man so fort, bis das Kastrol voll ist, dann nimmt man $^2/_{10}$ Liter Wein, welches mit drei Eierdottern, Zucker und Vanille abgesprudelt und über den Scheiterhaufen gegossen wird, gibt es in die Röhre und läßt es schön ausbacken.

276. Ausgelegter Scheiterhaufen.

Gute Kolatschen werden in dünn längliche Schnitten geschnitten, mit Wein begossen und so lange stehen gelassen, bis sie gut angesaugt sind; dann wird ein Melonen-Model mit Fett bestrichen, eine Spalte davon wird mit rein geklaubten Weinberln dicht angesäet, die zweite Spalte wird mit geschwellten und gespaltenen Mandeln ausgelegt, die dritte mit Rosinen, wovon die Stängelchen rein abgezupft werden, dann die vierte mit Pistazien und endlich wieder mit Weinberln und so fort, bis der ganze Model streifweis ausgelegt ist: dann kommt eine Lage von den geweichten Kolatschen, welche stark mit geschwellten, fein gestoßenen Mandeln, Zucker und Vanille besäet wird, dann wieder Kolatschen und so fort, bis der Model voll ist, endlich wird $^3/_{10}$ Liter Wein, 7 Dekagr. Zucker, etwas gestoßene Vanille, fünf Eierdotter gut abgesprudelt, darüber gegossen und in Dunst gestellt, in welchem es durch eine halbe Stunde, wenn es immerfort kocht, ausgedünstet ist; es wird dann behutsam herausgestürzt und entweder trocken zur Tafel gegeben, oder aber um den Rand der Schüssel ein Wein-Chaudeau gerichtet.

277. Wälscher Reis.

Man wäscht ½ Kilo schönen weißen Karolinen-Reis und kocht ihn in Wasser so lange, bis die Körner ganz groß und leicht zu zerdrücken sind; dann seihet man das schleimige Wasser davon ab, schwemmt ihn noch einigemal mit kaltem Wasser aus, bis das Wasser nicht mehr weiß wird und seihet ihn dann gut ab. Vor dem Anrichten wird der Reis in ein Kastrol mit ⅛ Kilo Butter gethan, gesalzen und gepfeffert auf die Glut gestellt. Wenn er heiß ist, gibt man ¼ Kilo geriebenen Parmesankäs darein, läßt ihn ein wenig ausdünsten und wenn nun der Käs sich spinnt, so richtet man den Reis auf eine Schüssel, gibt noch etwas heiße Butter darüber und dann zur Tafel.

278. Kukurutz-Male.

1½ Liter Mehl rühre man mit 2 Liter kochende Milch so lange ab, bis das Mehl nicht mehr knöpfig ist, dann drei Eier hinein und ⅛ Kilo warme Butter, 8 Dekagr. Zucker, dann schmiere ein Blech mit Butter, gieße das Obige hinein, gebe oben kleine Stückchen Butter und backe es bei guter Hitze, bis es schön gelb ist.

279. Ungarische Topfenhaluschka.

Man mache einen Nudelteig, walze ihn messerrücken-dick aus und mache daraus ziemlich große gezupfte Flecken; koche diese in Salzwasser, seihe das Wasser ab; gebe in ein Kastrol etwas Butter, einige Löffel Milchrahm, lasse es aufgekochen, gebe die Fleckerln hinein, richte selbe auf eine Schüssel, eine Reihe Fleckerln, dann geriebenen Topfen und so fort, bis die Schüssel ist.

280. Topfenknödeln.

Es werden 6 Dekagr. Butter flaumig abgetrieben, ein ganzes Ei und vier Eierdotter nach und nach hineingerührt, dann ein Tellervoll geriebener Topfen hineingegeben und zuletzt eine kleine Handvoll fein gestoßene Semmelbröseln darunter gemengt, etwas gesalzen, nachdem man mittelgroße Knödeln geformt, im Salzwasser ausgekocht, auf die Schüssel gelegt und mit Butter gerösteten Semmelbröseln übergossen.

Vierzehnter Abschnitt.

Aus dem Fett gebackene Mehlspeisen.

281. Brandteig.

Zu 1 Liter siedendes Wasser wird 1 Liter feines Mehl unter beständigem Rühren, daß es nicht knöpfig wird, eingekocht, etwas gesalzen, recht glatt verrührt und wenn sich der Teig vom Löffel löset, weggestellt und ausgekühlt. Wenn der Teig kalt ist, wird er in einem reinen Mörser mit sechs ganzen Eiern fein gestoßen, dann wird er durch die Spritze in heißes Schmalz gedrückt und schön lichtbraun gebacken.

282. Spritzkrapfen.

Zu diesen kömmt auf 1 Liter siedendes Wasser $^{3}/_{10}$ Liter feines Mehl, dieses wird dem Obigen gleich eingekocht, nebst etwas Fett unter beständigem Rühren zu einem dicken glatten Koche gekocht; wenn dieses ausgekühlt, werden zehn Eierdotter nach und nach hineingerührt, ein wenig Salz und ein Löffelvoll gestoßener Zucker und zuletzt der feste Schnee von sechs Eierklar damit vermengt, dann dem Obigen gleich behandelt.

283. Prügelkrapfen.

Man nimmt ¼ Kilo Mehl, ¹⁄₁₀ Liter lauwarmes Wasser, 3 Dekagr. in Wasser erweichte Zeltelngerm, auch 4 Dekagr. Fett, zwei ganze Eier und zwei Dotter, salzt es, schlägt dann den Teig gut ab und läßt ihn gehen. Wenn er ein wenig gegangen ist, gibt man ihn auf ein mit Mehl bestäubtes Brett, walkt ihn kleinfingerdick aus, rädelt zwei fingerbreite Streifen aus, bestreicht den Prügel mit gutem Rindschmalz, läßt ihn heiß werden, windet die Streifen darauf, so lang man den Krapfen haben will, drückt ihn mit der Hand leicht darauf, damit er nicht herabfällt, bestreicht ihn beim Braten mit etwas Fett und bratet ihn schön langsam und gelb; wenn er halb gebraten ist, bestreut man ihn mit klein geschnittenen Mandeln, gibt ihn dann wieder zum Feuer und bratet ihn dann vollends aus, nimmt ihn vom Prügel herab, bestreuet ihn mit Zucker und bäckt die übrigen auf dieselbe Weise.

284. Faschingskrapfen.

Da man diese Krapfen größtentheils nur im Fasching bereitet und selbe überhaupt nur bei warmen Ofen gehen können, so ist es besonders nothwendig, das Mehl einen Tag vor dem Gebrauche in die Nähe eines geheizten Ofens zu stellen, damit es trocken und lauwarm werde. Man nimmt dann ⅔ Kilo gesiebtes Mehl in einen Weidling, salzt es und gibt einen Eßlöffelvoll gestoßenen Zucker dazu; nimmt dann ²⁄₁₀ Liter lauwarmes Obers, fünf Eierdotter, 4 Dekagr. zerlassene Butter und 2 Dekagr. in etwas Obers erweichte ganz frische Zeltelngerm, sprudelt Alles gut durcheinander; nimmt so viel von dem Mehle weg, als man nöthig hat die Krapfen auszumachen. Nachdem das Mehl nicht gleiche Eigenschaften hat, so ist es besser, etwas mehr davon herauszunehmen, damit der Teig nicht zu fest werde; mann kann später immer noch Mehl dazu geben, wenn es nöthig sein sollte; seihet dann die obige Masse durch ein Sieb in den Weidling; rührt es mit dem Mehle so lange ab, bis sich der Teig von dem Löffel löst, schlägt ihn dann noch einige Augenblicke gut ab. Es ist hier zu bemerken, daß der Teig nicht zu fest sein darf, wenn er auch etwas mühsam auszumachen wäre.

Man besäet dann das Brett mit Mehl, gibt den Teig darauf und walkt ihn drei Messerrückendick aus, taucht den Krapfenstecher in Mehl ein und sticht die Krapfen damit aus, legt sie auf ein mit Mehl bestäubtes Brett, bedeckt sie mit einer leichten Serviette, damit der Teig nicht trocken werde, stellt sie dann zum warmen Ofen und läßt sie gut gehen; sie müssen noch einmal so hoch werden; auch darf man den Teig durchaus nicht fester machen, als es vorgeschrieben ist, sonst werden sie nicht so leicht, bekommen zu viele Schmolen und sind weder so gut noch so schön als diese Krapfen immer sind.

Noch ist zu bemerken, daß bei dem Backen das Schmalz nicht zu heiß sein darf und daß das Kastrol, in dem man sie bäckt, sobald die Krapfen eingelegt sind, sogleich zugedeckt werden muß und zugedeckt bleibt, bis sie auf der einen Seite gelbbraun sind, dann aber nicht mehr. Sind sie dann auf beiden Seiten gleich gebacken, so nimmt man sie heraus, legt sie auf Fließpapier in einen Seiher, damit das Fett ganz davon abfließet, erhält sie warm und gibt sie mit feinem Vanillenzucker bestreut zur Tafel. Diese Krapfen müssen schön hoch sein und einen weißen Reif haben. Auch kann man Eingesottenes nach Belieben warm in einer Schale dazu geben. Mann kann diese Krapfen auch mit Eingesottenem nach Geschmack füllen; nur muß der Teig hiezu dünne ausgewalkt, die Krapfen mit dem Ausstecher angezeigt, in die Mitte eines jeden ein klein wenig von dem Eingesottenen gegeben, ein zweites Blatt darauf gelegt und diese beiden zugleich mit einem etwas kleineren Ausstecher ausgestochen werden. Uebrigens behandelt man sie wie gewöhnlich.

285. Faschingskrapfen auf andere Art.

Es werden 5 Dekagr. Fett flaumig abgetrieben, sechs

Eierdotter nach und nach hineingerührt, etwas Salz, ein Eßlöffelvoll gestoßener Zucker, $^2/_{10}$ Liter lauwarmes Wasser, 2 Dekagr. frische Zeltelngerm aufgelöst hinein verrührt, dann so viel Mehl, daß ein leichter Teig daraus wird, den man so lange rührt, bis er sich vom Löffel löset, dann wird er noch etwas abgeschlagen und an einem warmen Ort gehen gelassen; wenn er gegangen ist, gibt man ihn auf ein mit Mehl bestäubtes Brett, wallt ihn kleinfingerdick aus, formt die Krapfen daraus, läßt sie wieder gehen und bäckt sie dann nicht zu heiß aus dem Schmalze.

286. Milchrahm-Faschingskrapfen.

Man nimmt $^3/_{10}$ Liter guten süßen Milchrahm, läßt ihn lauwarm werden, gibt zehn Eierdotter, 3 Dekagr. frische in etwas Obers erweichte Zeltelngerm, einen Löffelvoll gestoßenen Zucker dazu und sprudelt alles gut durcheinander. Nimmt dann in einen Weidling ein Liter feines trockenes Mehl, salzt es, seihet die obige Masse hinein, schlägt den Teig nicht zu viel ab, gibt ihn auf ein mit Mehl bestäubes Brett, wallt ihn zwei Messerrückendick aus und behandelt sie ganz auf dieselbe Weise wie die Krapfen Nr. 284.

287. Rosenkrapfen.

Zu diesen nimmt man $^8/_{10}$ Liter Mehl, 5 Dekagr. Fett, diese wird blätterweise in das Mehl geschnitten und mit dem Walker gut verwalkt; dann gibt man sechs Eßlöffelvoll gestoßenen Zucker, zwölf Eierdotter, drei Eßlöffelvoll Wein und etwas Salz; macht den Teig mit einem breiten Messer an, arbeitet ihn so gut wie möglich ab und behandelt die Krapfen so wie die vorigen.

288. Gefüllte Zimmtkrapfen.

Man nimmt $^1/_4$ Kilo Fett, $^1/_3$ Kilo Mehl dann $^1/_8$ Kilo gestoßenen Zucker auf ein Brett und arbeitet es mit dem Walker gut ab, gibt drei Eierdotter und so viel süßen Wein dazu, daß der Teig die gehörige Feste bekömmt, arbeitet diesen mit einem breiten Messer, aber ja nicht mit der Hand fein ab, macht ihn zusammen, walkt ihn dreimal wie den Butterteig. Das letztemal wird die Hälfte des Teiges etwas dicker als ein Nudelteig ausgewalkt, mit eingesottenen Marillen bestrichen; die andere Hälfte des Teiges wird ebenso ausgewalkt und genau darüber gelegt; dann werden vier fingerbreite viereckige Fleckchen geschnitten, die Fleckchen auf das Zimmtkrapfenrohr mit Spagat aufgebunden, aus dem Schmalze gebacken, mit Zucker und etwas Zimmt stark bestäubt; es ist noch zu bemerken, daß die Fleckchen nicht bis am Rand mit dem Eingesottenen gefüllt werden dürfen, damit es im Backen nicht ausrinnt, deshalb ist es besser, man schneidet die Fleckchen, füllt jedes für sich, bestreicht es am äußersten Ende mit etwas Eierklar, legt das zweite Fleckchen darauf und drückt es an den Rändern etwas zusammen.

289. Karlsbader Bretzeln.

$1^{1}/_{4}$ Kilo Mehl, $^{1}/_{2}$ Liter kaltes Wasser, 5 Dekagr. Zelteingerm und ein Eßlöffelvoll gestoßener Zucker, die Germ wird mit dem Wasser und Zucker wohl vermengt und ein fester Kolatschenteig davon geknetet; der Teig wird gesalzen und auf diese Quantität wird, wenn der Teig schon so lange geknetet ist, daß er sich von der Hand löset, zwanzig Dekagr. Fett stückweise in den Teig verrührt. Wenn das Fett alles darinnen und der Teig fein abgeknetet ist, so werden kleine Bretzeln davon gemacht, diese an einen warmen Ort gestellt und etwas gehen gelassen; dann werden sie mit zerlassenen Fett bestrichen und in einem überkühlten Ofen langsam gebacken.

290. Schneeballen.

Es wird $^{1}/_{4}$ Kilo Mehl etwas gesalzen und mit einem kleinen Löffelvoll gestoßenen Zucker gut vermengt; 8 Dekagr.

Fett blätterweise unter das Mehl geschnitten und mit dem Walker gut abgearbeitet. Dann nimmt man 3 Eierdotter und so viel Wasser als zum Nässen nöthig ist, macht den Teig mit einem breiten Messer zusammen, walkt ihn aus und schlägt ihn dreimal übereinander, wie einen Butterteig; theilt ihn in mehrere kleine Theile, walkt runde Fleckchen davon aus, die mit einem Krapfenrädchen eingeschnitten und so wie die gewöhnlichen Schneeballen gebacken, mit Zucker besäet auf die Tafel gegeben werden. Will man sie aber zur Mehlspeise verwenden, so werden sie auf einer Schüssel hoch aufgerichtet, mit fein geschnittenen Mandeln besäet, wozu 5 Dekagr. hinreichend sind: dann $3/10$ Liter Wein mit fünf Eierdottern, Zucker und etwas Vanille gut abgesprudelt darüber gegossen, in die Röhre gestellt und nach einer halben Viertelstunde zur Tafel gegeben.

291. Spitzbuben.

$8/10$ Liter feinsten Mehles wird etwas gesalzen, dann mit einem $1/4$ Kilo festem Fett abgebröselt. Dann gibt man 16 Dekagr. gesiebten Zucker, von einer Limonie die kleingeschnittene Schale, einen Kaffeelöffelvoll Zimmt und etwas gestoßene Gewürznelken hinzu, und vermengt alles mit dem Walker, wonach das Ganze zusammen genommen, in der Mitte eine Grube gemacht, ein großes Ei dareingeschlagen und mittelst eines großen Messers unter fleißigem Abarbeiten ein feiner Teig gebildet wird, welcher kleinfingerdick ausgewalkt, auf ein großes Backblech gelegt, mit beliebigem Eingesottenen überstrichen, mit dünnen Teigstangerln übergittert, mit abgeschlagenen Eiern bestrichen, dann schön hellbraun gebacken wird. Gleich nachdem man ihn aus der Röhre nimmt, schneidet man ganz gleiche Vierecke davon und ordnet selbe zierlich auf eine Schüssel. Auch zum Dessert ist dieses Backwerk sehr verwendbar.

292. Genueser Teig.

Man klärt $1/2$ Kilo sehr frische Butter, seiht diese durch ein Haarsiebchen in eine andere Casserolle und stellt sie lau=

warm. Ferner wird ¹/₂ Kilo fein gestoßener Zucker mit dem abgeriebenen Gelben einer Citrone untermengt, acht ganze Eier und acht Dotter nach und nach dazugeschlagen und eine halbe Stunde schaumig gerührt; ist dieß erreicht, so wird ¹/₂ Kilo feines gesiebtes Mehl dazu gegeben und mit dem geklärten warmen Fett, die nach und nach dazu gegossen wird, genau unter die Masse gerührt, daß daraus ein zarter, feiner Teig entsteht unter welchen noch der festgeschlagene Schnee von 12 Eierklar langsam gerührt wird.

Fünfzehnter Abschnitt.

Von den Germ-Mehlspeisen.

293. Feiner Germteig.

Man nimmt ¹/₂ Kilo Mehl auf ein Brett, gibt 18 Dekagr. Fett hinein, walkt es fein ab, salzt es, nimmt einen Eßlöffelvoll gestoßenen Zucker, acht Eierdotter, drei Eßlöffelvoll Wasser, 3 Dekagr. Zeltelngerm in ¹/₁₀ Liter Wasser erweicht; arbeitet den Teig mit einem breiten Messer gut ab und formirt daraus eine Stangeltorte, Kipfeln oder was sonst beliebt.

294. Gerührter Germteig.

Man treibt 16 Dekagr. Fett flaumig ab, nimmt ²/₁₀ Liter Wein, fünf Eierdotter, 4 Dekagr. in etwas Wasser erweichte Zeltelngerm, sprudelt alles gut zusammen, seihet es durch ein Sieb und rührt es langsam nur Löffelweise in das abgetriebene Fett; man darf aber nie mehr als einen Löffelvoll auf einmal hineingeben und nur wenn dieser gut verrührt ist, wieder einen, auch etwas Salz und gestoßenen Zucker; dann, wenn die ganze Masse darin ist, so gibt man etwas weniger als $^1/_8$ Kilo Mehl hinein, verrührt es gut und macht eine Stangeltorte davon, das heißt: man bestreicht ein Tortenblatt mit Fett, gibt den daumendick gewalkten Teig darauf, belegt diesen mit eingesottenen Weichseln oder Ribiseln und belegt diese mit aus dem übrigen Teig geformten Stangeln, gibt einen Reif um das Blatt und bäckt es bei anhaltender Hitze. Bevor man sie in den Ofen gibt, muß man sie wie jeden Germteig gehen lassen, mit Eierklar bestreichen und mit grobgestoßenem Zucker und geschnittenen Mandeln dicht bestreuen.

295. Geschlagener Germteig.

$^1/_4$ Kilo feines Mehl wird in zwei Theile getheilt, von der größeren Hälfte wird mit $^2/_{10}$ Liter Wasser, fünf Eierdottern und 1 Dekagr. erweichter Zeltelngerm, ein Löffelvoll gestoßenem Zucker und etwas Salz, auf dem Brett ein Teig, der etwas fester als ein Strudelteig sein muß, gemacht, dieser so lange mit der flachen Hand abgearbeitet, bis er sich von der Hand ablöst, dann zu einem Ballen zusammengemacht und mit einem Tuch bedeckt bei Seite gestellt. Die zweite Hälfte des Mehls wird etwas gesalzen, $^1/_4$ Kilo Fett, welches fest sein muß, in die Mitte gelegt, gut mit Mehl bedeckt und mit dem Walker so lange gewalkt, bis das Mehl sich mit dem Fett ganz vermengt hat, doch darf das Fett nicht mit der Hand berührt, sondern mit Hilfe eines breiten Messers immer abgelöst und so zu einem länglichen Streif gewalkt werden. Wenn das geschehen ist, wird der Teig auf ein mit Mehl bestäubtes Brett gelegt, zwei Messerrückendick ausgewalkt, das Fett in die Mitte gelegt, der Teig auf vier Theile zusammengeschlagen und so wie der Butterteig viermal nach einander gewalkt und umgeschlagen; nur ist hier zu bemerken, daß dieser Teig nicht rasten darf, sondern schnell nach einander gewalkt werden muß. Dieser Teig ist besonders gut zu Kastrolpasteten, als auch Germtorten zu verwenden,

vorzüglich aber zu Kipfeln, wozu er messerrückendick aus=
gewalkt, mit einem großen Ausstecher in runde Scheiben
ausgestochen, diese am Rande mit etwas Eierklar bestrichen,
mit eingesottenen Marillen, Ribiseln oder Mohn gefüllt,
zusammengerollt und Kipfeln davon geformt werden, diese
auf ein Blech gelegt und etwas gehen gelassen. Mittler=
weile werden etwas Mandeln geschwellt und wenn diese ge=
putzt sind, mit einem Tuche getrocknet, mit dem Schneid=
messer klein geschnitten, mit eben so viel gestoßenem Zucker
vermengt, die Kipfeln, wenn sie gegangen sind, mit Eier=
klar bestrichen, mit den Mandeln und Zucker dicht besäet
und wenn selbe gebacken sind, mit Zucker bestreut servirt.
Zu bemerken ist, daß nur jene Kipfeln, welche mit Einge=
sottenem gefüllt sind, mit Mandeln bestreut werden.

296. Böhmische Dalkerln.

Man treibt 5 Dekagr. Fett flaumig ab, gibt dann
vier Eierdotter, jedes gut verrührt nebst $^3/_{10}$ Liter Wasser,
2 Dekagr. frische Zeitelngerm, 4 Dekagr. Zucker und etwas
Salz hinzu; zuletzt so viel feines Mehl, daß ein sehr
leichter Teig daraus wird; endlich von der Eierklar den
festen Schnee. Der Teig muß ungefähr noch einmal so
dick sein, als ein Schmarnteig; man gibt ihn an einen
warmen Ort und läßt ihn so lange gehen, bis er noch
einmal so viel geworden ist; dann bäckt man sie in dem
dazu bestimmten Bleche, gibt etwas Eingesottenes darauf,
besäet sie mit Zucker und gibt sie warm zur Tafel.

297. Böhmische Dalkerln von Erdäpfeln.

Man kocht sechs große Erdäpfel von guter mehlich=
ter Gattung, schält und reibt sie auf einem Reibeisen,
treibt dann etwas Fett flaumig ab, schlägt ein ganzes Ei
und drei Dotter, jedes gut verrührt, hinein, gibt auch die
Erdäpfeln und etwas Salz dazu und rührt es eine gute
Weile. Sollte der Teig zu fest sein, so kann man noch
ein Ei dazu nehmen, denn er darf auch nicht fester sein,

als der obige; man bäckt sie wie die vorigen und verwendet sie zur Garnierung der gedünsteten Rindfleische oder gedünsteten Eingemachten.

298. Dampfnudeln.

Man läßt ³/₈ Kilo Mehl in einem Weidling lauwarm werden, salzt es, gibt auch einen Löffelvoll gestoßenen Zucker hinein; nimmt dann ²/₁₀ Liter lauwarme Mandelmilch, fünf Eierdotter, 5 Dekagr. zerlassenes Fett, 2 Dekagr. erweichte Zelteingerm und sprudelt Alles wohl zusammen. Von dem Mehl kann man so viel herausnehmen, als man zum Ausmachen des Teiges bedarf, seihet dann die ganze Masse durch ein Sieb in das Mehl, rührt es so lange ab, bis sich der Teig vom Löffel löset, schlägt ihn dann noch etwas ab, nur darf er nicht zu fest sein, wenn er auch etwas mühsam auszumachen wäre; besäet das Brett gut mit Mehl, gibt den Teig darauf, walkt ihn gut zwei Messerrückendick aus, sticht mit einem mittleren Krapfenstecher die Dampfnudeln aus und läßt sie gehen. Dann gibt man in ein flaches, auf dem Boden breites Kastrol ein Stück Fett in der Größe eines Eies, eben so viel Zucker und daumhoch Wein, läßt es aufsieden und gibt die Nudeln, wenn selbe gut gegangen sind, hinein; dann ein reines Papier darauf, auf dasselbe einen eisernen Deckel, der gut paßt und läßt sie eine halbe Viertelstunde backen. Unterdessen verfertigt man folgenden Guß dazu: Man nimmt fünf Eierdotter in einen Topf, 10 Dekagr. gestoßenen Zucker, etwas Vanille, ³/₁₀ Liter Mandelmilch, sprudelt Alles gut durcheinander, gibt es auf ein Kohlenfeuer, sprudelt es beständig fort, damit es nicht zusammenläuft, bis es anfängt, dicklich zu werden; dann gießt man es in eine Schale, richtet die Dampfnudeln auf eine Schüssel, zuckert sie und gibt sie sammt dem Guß zur Tafel.

299. Dukatennudeln.

Man macht den nämlichen Teig wie zu den Dampfnudeln, walkt ihn zwei Messerrückendick aus, sticht mit einem kleinen Krapfenstecher in der Größe eines Zwanzigers die Nudeln aus, der Krapfenstecher wird nicht, wie sonst gewöhnlich in Mehl, sondern in zerlassenes Schmalz getaucht; bestreicht dann ein Tortenblatt sammt Reif mit Fett; nimmt 8 Dekagr. Mandeln, reinigt sie mit einem Tuche und schneidet sie sammt der Hülse klein zusammen; 1/8 Kilo Zibeben werden auch klein geschnitten, 8 Dekagr. Zucker sammt etwas Zimmt fein gestoßen und dies Alles zusammen gemengt; legt dann eine Reihe von den ausgestochenen Krapfen in das Tortenblatt, aber so, daß immer eines auf die Hälfte des anderen zu liegen kömmt und so fort, bis der ganze Boden damit belegt ist; dann besäet man es mit dem obigen Geschnittenen, legt dann wieder eine Reihe von den Krapfeln in der vorigen Ordnung darauf und bestreut es mit der andern Hälfte des Geschnittenen, legt dann wieder von den Krapfeln darauf, stellt sie an einen warmen Ort und läßt sie gut gehen: bestreicht sie mit Eierklar und bäckt sie bei anhaltender Hitze, weil diese Mehlspeise mehr Zeit und Wärme nöthig hat, als andere Mehlspeisen.

300. Feine Germkipfeln.

Hiezu nimmt man 2/3 Liter Mehl, schneidet 1/4 Kilo Fett blätterweis hinein, walkt es fein ab, salzt es, nimmt drei Löffelvoll gestoßenen Zucker, etwas fein gestoßene Vanille, sechs Eierdotter, 2 Dekagr. erweichte frische Zeltelngerm und etwas Wasser; macht den Teig mit einem breiten Messer, aber nicht zu fest an, walkt ihn zwei Messerrückendick aus, schneidet viereckige Fleckchen davon, füllt sie mit eingesottenen Marillen oder Ribifeln, rollt sie zusammen und läßt sie gehen. Dann bestreicht man sie mit abgeschlagenen Eiern, bestreut sie mit gestoßenem Zucker und klein geschnittenen Mandeln und bäckt sie bei einer gelinder Hitze.

301. Abgetriebener Kugelhupf.

Es wird 16 Dekagr. Fett fein abgetrieben, dann zehn

Eierdotter nach und nach hinein verrührt, gibt in ¹/₈ Liter lauwarmes Wasser 2 Dekagr. erweichte Zetelngerm und rührt es ganz langsam zu dem Uebrigen; salzt es ein wenig, reibt an einem Stück Zucker die Schale von einer Limonie ab, stößt ihn und gibt ihn sammt ¼ Kilo feinstem Mehl hinzu, rührt es nur so lange, bis das Mehl hinlänglich verrührt ist. Dann bestreicht man ein Becken mit Fett, bestreuet es mit geschnittenen Mandeln und Semmelbröseln, füllt das Becken halb an und läßt es an einem warmen Orte voll angehen; dann bäckt man den Kugelhupf langsam und zuckert ihn stark.

302. Feiner Kugelhupf mit Weichseln.

Es werden 8 Dekagr. Fett flaumig abgetrieben, sieben Eierdotter nach und nach hinein verrührt; ²/₁₀ Liter Wasser, 2 Dekagr. in dem Wasser erweichte Zetelngerm, ein Löffelvoll gestoßener Zucker mit Germ und Wasser vermengt und so lange stehen gelassen, bis die Germ zu steigen anfängt; dieses in die abgetriebene Fett, nachdem es vorher geseiht werden muß, nach und nach hineingerührt, etwas gesalzen und so viel feines Mehl hinein verrührt, daß ein leichter Teig daraus wird, welcher so lange gerührt werden muß, bis er sich vom Löffel löst und dann noch etwas abgeschlagen wird; bestreicht ein Model mit Fett, bestreut denselben mit geschnittenen Mandeln, füllt die Hälfte des Teiges hinein, ebnet diesen mit einem in Mehl getauchten Löffel, gibt eine Reihe in Zucker eingesottene Weichseln und dann die andere Hälfte des Teiges darauf, läßt ihn gehen und bäckt ihn bei gelinder Wärme. Wenn er gebacken ist, wird er sogleich ausgestürzt und mit Zucker bestreut.

303. Topfenfleckerln.

Man macht einen mürben Teig wie Nr. 179, walkt ihn zwei Messerrückendick aus und legt ihn auf eine blecherne oder kupferne flache Schüssel, welche zu Kuchen verwendet wird, treibt 6 Dekagr. Butter flaumig ab, rührt ein ganzes

Ei und drei Dotter hinein, reibt ein Stück Topfen in der Größe einer Semmel auf dem Reibeisen, gibt ihn in das Abgetriebene wie auch $^2/_{10}$ Liter guten Milchrahm und etwas Salz. Wenn dieses zusammen gut verrührt ist, so gibt man die Fülle auf den Teig, streicht sie mit einem Messer ganz gleich auseinander, gibt sie in den Ofen und bäckt sie schön. Ist der Teig ausgebacken, so läßt man eine Kaffeeschalevoll süßen Milchrahm warm werden, gibt ein Stückchen Butter darein, gießt es über den Topfen, gibt es wieder eine kleine Weile in den Ofen dann ist es fertig. Man kann auch klein geschnittene Capper unter die Fülle mengen und an der Stelle des mürben Teiges einen Germteig wie Nr. 295 nehmen; will man daß es zierlich aussehen soll, so wird, wenn der Flecken gebacken ist, das Ganze mit einem mittleren Krapfenstecher ausgestochen und zierlich auf die Schüssel gelegt.

304. Feine Topfen-Flecken.

In einem Eigroßen Stück Butter werden drei Eierdotter gut verrührt, 2 Dekagr. Germ, Milch, Mehl und Salz hinein gethan, gut abgearbeitet und gehen gelassen; unterdessen bereitet man die Fülle, der Topfen wird etwas gesalzen, mit einem Stückchen Butter, fünf Eierdottern, so viel guter Milchrahm, daß er nicht zu weich wird und zum Schluß noch der Schnee von den fünf Eiern hinein gerührt; der gut gegangene Teig wird messerrückendick ausgewalkt, gleich auf das Blech gelegt, mit der Fülle bestrichen und der Rand ringsherum in Zacken aufgebogen.

305. Milchrahm-Flecken.

Ein gewöhnlicher leichter Germ-Teig wird gut gehen gelassen, hierauf fingerdick ausgewalkt und auf das Blech gelegt. Unterdessen bereitet man die Fülle: in einer tiefen Schüssel werden zwölf Eierdotter, drei Löffel feines Mehl, zwei Handvoll frischer Topfen, etwas Salz und $^8/_{10}$ Liter guter Milchrahm abgetrieben, auf den Teig gleichmäßig verstrichen und nachdem es schon halb gebacken, bespritzt man es noch mit aufgelöster Butter.

306. Feine Mohnbeugeln.

Man nimmt 1⁸/₁₀ Liter trockenes Mehl auf ein Brett, salzt es und gibt ⅓ Kilo Fett hinein, walkt es mit dem Walker fein ab; dann gibt man 12 Eidotter nebst sechs Eßlöffel Mandelmilch, 4 Dekagr. in etwas lauwarmes Wasser erweichte frische Zeltelngerm, einen Löffelvoll gestoßenen Zucker und etwas lauwarmes Wasser dazu, macht den Teig, aber nicht zu fest, mit einem breiten Messer an und hütet sich überhaupt, ihn mit der Hand zu berühren. Wenn der Teig beisammen ist, so macht man kleine Laiberln (nachdem man die Beugeln größer oder kleiner haben will), deckt sie mit einem Tuche zu und läßt sie gut gehen. Indessen bereitet man die Fülle wie zur Mohnstrudel Nr. 242, aber in größerer Quantität, walkt dann ein Laiberl nach dem andern messerrückendick in längliche Fleckerln aus; streicht von der Fülle messerrückendick darauf, rollt sie zusammen, gibt sie auf ein mit Schmalz bestrichenes Papier und läßt sie noch etwas gehen; bestreicht sie zuletzt mit abgeschlagenen Eiern und bäckt sie schön. Oder man füllt sie auch mit einer Nußfülle, nämlich: Wenn die Nüsse ausgelöst sind, schneidet man selbe mit dem Schneidemesser ganz klein zusammen, läutert dann guten weißen Honig, gibt die geschnittenen Nüsse hinein und so viel Wein dazu, daß sie sich streichen lassen; gibt dann auch klein geschnittene Limonienschalen und etwas gestoßene Vanille dazu und läßt sie ein wenig aufdünsten, dann überkühlen, aber nicht ganz kalt werden, weil sie sich sonst nicht streichen lassen.

Sechzehnter Abschnitt.

Von den Obstspeisen.

---

307. Aepfel im Schlafrock.

Man macht einen mürben Teig wie Nr. 179, walkt ihn messerrückendick aus und schneidet viereckige Fleckerln davon; schält fünf oder sechs säuerliche Aepfel und schneidet sie gewürfelt zusammen, gibt sie in ein Kastrol, 8 Dekagr. Zucker und etwas gestoßene Vanille dazu und läßt sie gut verdünsten. Den Teig bestreicht man an den vier Ecken mit etwas Eierklar, gibt von der Aepfelfülle so viel in die Mitte, als der Teig fassen kann, nimmt die entgegengesetzten Ecken und klebt sie zusammen; bestreicht sie mit Eierklar und bäckt sie schön gelblich, bestreut sie mit Zucker und gibt sie zur Tafel.

308. Gedünste Kirschen mit Chocolade.

Man nimmt saftige schwarze Kirschen, zupft sie von den Stängeln, wäscht sie, gibt sie in ein Kastrol und läßt sie so lange dünsten, bis sie weich sind. Auf $1^{3}/_{10}$ Liter Kirschen gibt man $^{2}/_{10}$ Liter süßen Milchrahm, läßt ihn mit den Kirschen sieden; reibt dann ein Zeltel feine Chocolade auf dem Reibeisen, gibt sie auch dazu, läßt es noch so lange kochen, bis die Chocolade versotten ist; richtet es dann auf eine Schüssel, ziert sie mit getheilten Bisquits, welche rings um den Rand der Schüssel gesteckt werden.

Siebzehnter Abschnitt.

Von dem gebratenen Geflügel, kälbernen und lämmernen Braten.

309. Junge Hendeln, gebraten.

Nachdem selbe rein geputzt sind, drückt man ihnen das Brustbein ein und nimmt es heraus, salzt sie, biegt die Füße ein und bratet sie schön lichtbraun, betropft sie öfters mit Fett und wenn es beliebt, kann man sie zuletzt mit Semelbröseln bestreuen, damit noch ein wenig überbraten und dann schnell zur Tafel geben. Hier ist zu bemerken, daß sowohl Hendeln als auch Kapaune und Indianer, wenn selbe einen Tag vor dem Gebrauch geschlachtet und nach dem Verbluten in kaltes Wasser gegeben werden, worin sie vierundzwanzig Stunden bleiben können, weit schmackhafter und mürber sind, als wenn solche sogleich nach dem Schlachten verwendet werden.

310. Junge Hendeln, gebacken.

Die jungen Hendeln werden rein geputzt und zergliedert, sind selbe aber nicht ganz klein, so müssen sowohl von den hintern Biegeln, als auch von der Brust zwei Theile gemacht werden. Wenn sie eine Weile im Salze gelegen sind, so kehrt man ein Stück nach dem andern in Mehl um, taucht sie in halb Eier und halb Wasser und bestreuet sie sodann mit fein geriebenen Semmelbröseln, bäckt sie aus heißem Schmalze, gibt sie auf die Schüssel, bestreuet sie mit gebackener grüner Petersilie und gibt sie warm zur Tafel.

311. Gebratene Gans.

Eine ausgewachsene junge Gans wird, nachdem sie

schön geputzt, rein gewaschen, mit Salz und Majoran innen gut eingerieben, dann auch von außen gesalzen, in eine Bratpfanne gelegt, mit etwas Schmalz im Anfange begossen und so anderthalb Stunden langsam gebraten, sie muß eine goldgelbe und croquante Haut haben. Hierauf zerlege man sie recht schön und gebe sie ganz frisch gebraten zur Tafel.

312. Indian, gebraten.

Wenn der Indian rein geputzt und aufgeschnitten ist, so löst man das Brustbein davon heraus, wäscht ihn mehrmals gut aus, salzt ihn, spickt die Brust zierlich mitGanshaut, in den Kopf gibt man eine Wasser geweichte Semmel und bratet ihn bei gleicher Hitze. Wenn der Indian groß ist, so braucht er beinahe zwei Stunden, bis er ausgebraten ist, begießt ihn während des Bratens mit Fett und gibt den herabgetropften Saft mit zur Tafel.

313. Steirischer Kapaun mit Reis.

¼ Kilo Reis wird mit 5 Dekagr. Fett und ³/₁₀ Liter Fleischbrühe weich gedünstet, unterdessen der Kapauner geputzt und eingesalzen, in den Reis kommen noch einige fein geschnittene Champignons, die Leber und der Magen; mit dieser Fülle wird der ganze Kapauner inwendig gut ausgefüllt und die Oeffnung zusammengenäht; an die Brust bindet man Ganshaut, damit er noch mürber werde; so hergerichtet, wird er schön gebraten und mit noch ¼ Kilo gedünsteten Reis garnirt.

314. Kapaun mit Sardellen.

Man salzt den Kapaun, nachdem er rein geputzt ist und läßt ihn im Salze eine Weile liegen; löst dann drei Sardellen von den Gräten aus, schneidet sie klein, rührt ein Stückchen Fett gut ab, gibt die Sardellen hinein, rührt beides gut zusammen, streicht die innern Theile des Kapauns gut damit aus, trocknet den Kapaun ab, bratet ihn dann und begießt ihn öfters mit Fett; wenn er schön gelb gebraten ist, richtet man ihn auf eine Schüssel und gießt die kleine Sauce darunter.

315. Gespickte Hühnerbrüstchen.

Die Brüstchen von den nöthigen, schönen jungen Hühnern werden ausgelöst, gesalzen, gespickt und kurz vor dem Anrichten in ein flaches Kastrol mit Fett aufmerksam gedämpft. Das Feuer muß von oben einwirken und die Brüstchen sozusagen in ihrem Safte schön glacirt erscheinen. Man muß dabei sehr vorsichtig sein, damit sie nicht austrocknen. Sie werden zierlich in einen Kranz auf die Schüssel gerichtet und gibt in die Mitte Champignons. (Siehe selbe als Garnirung.)

316. Tauben, gebraten.

Man nimmt hiezu junge fleischige Tauben, bläst selbe mit einem Federkiel auf, rupft und putzt sie rein, salzt sie und läßt sie eine halbe Stunde liegen. Die Fülle zu zwei Tauben wird auf folgende Art gemacht: Man treibt ein Stück Fett flaumig ab, reibt die Rinde von anderthalb Semmeln ab, weicht die Schmolle in Wasser, drückt sie gut aus, gibt auch etwas klein geschnittene grüne Petersilie, ein wenig Salz dazu, rührt alles gut durcheinander, schlägt zwei Eier und einen Dotter daran, rührt es noch eine Weile und füllt dann die Tauben mittelst eines Trichters, bindet sie zu und bratet sie eine halbe Stunde; während des Bratens begießt man sie mit Fett.

Kälberne Braten.

317. Kälberner Schlägel, gebraten.

Wenn der Schlägel rein gewaschen und eingesalzen ist, läßt man ihn zwei Stunden im Salze liegen, steckt ihn dann so an den Spieß, daß der obere Theil davon rund, und das Bein in gehöriger Richtung sich an den Spieß binden läßt. Bratet ihn bei einer anhaltenden Hitze, oder in der Röhre, begießt ihn mit Fett und Saft, zuletzt betropft man ihn blos mit frischem Fett, damit er eine schöne Farbe bekömmt und schäumend zur Tafel gegeben werden kann. Nach Geschmack kann auch eine größere Menge von Saft beigegeben werden.

318. Kälberner Schlägel mit Sardellen.

Nachdem der Schlägel schön dressirt und eingesalzen ist, macht man mit einem dünnen Messer Löcher darein und spickt ihn mit vier länglich geschnittenen Sardellen und zwei Zeherln Knoblauch, welcher so dünn wie möglich geschnitten wird und läßt ihn dann eine Stunde liegen. Der Schlägel auf diese Art zugerichtet, muß bei anhaltender Hitze eine halbe Stunde länger als gewöhnlich, unter fleißigem Begießen mit Fett gebraten werden, der Schlägel gehörig auf die Schüssel geordnet, die Sauce darunter.

319. Kälberner Schlägel sammt dem Nierenbraten zu füllen.

Man nimmt ein hinteres Viertel, nicht gar zu groß, hackt vorne bis zu den Nieren ein Stück herunter, das hintere Stück bleibt an dem Schlägel. Nimmt dann ein langes Messer und untergreift damit den ganzen Schlägel ziemlich tief in das Fleisch und bereitet dann folgende Fülle: Man nimmt sechs ausgelöste Sardellen, das abgehackte Fleisch, welches klein geschnitten wird, wie auch ein wenig Zwiebel, Limonienschalen, grüne Petersilie, salzt und würzt es; dieses wird Alles klein gehackt, in einem Mörser gestoßen und etwas Eier dazu gegeben. Man kann auch etwas Kartoffeln dazu nehmen, wie es die Jahreszeit erlaubt; füllt dann den Braten mit einer großen Spritze, auch kann man den Schlägel zierlich spicken, die Oeffnungen zuspeilen und ihn langsam braten. Läßt dann Fett und Eier untereinander aufkochen und begießt den Schlägel während des Bratens damit. Es kann auch von dem abgeronnenen Saft eine gute Sauce mit Kartoffeln gemacht werden.

320. Kälberne Schnitzeln.

Man nimmt eine Kalbskeule, schneidet davon fingerdicke Schnitzeln nach der Quere ab, klopft sie gut und formirt daraus Schnitzeln, salzt sie, beklopft sie auf beiden Seiten mit Fett, legt sie in eine Bratpfanne und läßt sie gut auf Kohlenfeuer in Fett braten; ordnet sie auf die Schüssel, tropft Limoniensaft darüber und gibt sie zur Tafel. Man kann sie auch auf folgende Art machen: Wenn die Schnitzeln geklopft und eingesalzen sind, tunkt man selbe in zerlassene Fett, bestreut sie mit feinen Semmelbröseln, bratet sie in Fett und gibt sie mit einer Limonie zur Tafel. Man kann sie auch, wenn sie schon auf der Schüssel geordnet sind, mit länglich geschnittenen Limonienschalen bestreuen und heißes Fett darüber brennen.

Achtzehnter Abschnitt.

Von den verschiedenen Compots.

321. Compot von Aepfeln.

Man schält schöne gleichgroße Maschanzger-Aepfel, doch so, daß die Stengel daran bleiben; rührt dann zwei oder drei Löffelvoll Marillensalsen mit Wasser ab und verdünnet es so, daß es hinlänglich Sauce gibt, die Aepfel darin zu dünsten; gibt ein Stück Zucker dazu und von einer Limonie den Saft, legt die Aepfel hinein und läßt sie kochen, gibt aber wohl Acht, daß sie nicht zerfallen; richtet sie dann auf die Schüssel und gießt die Sauce darüber.

322. Compot von Aepfeln oder Birnen auf eine andere Art.

Die Aepfel oder Birnen werden geschält, auf zwei Theile zerschnitten, die Kerne herausgelöst und mit einem Glas Wasser, dem Saft von einer Limonie und einem Stück Zucker gedünstet. Wen man Weichsel= oder Himbeersaft hat, so kann man zwei Löffelvoll davon nehmen, legt die Aepfel oder Birnen auf die Schüssel und gibt den Saft darüber.

323. Gesulzte Aepfel.

Man schält die Maschanzger=Aepfel, hölscht sie in der Mitte etwas aus, nimmt zwei Theile echten Champagner= Wein, einen Theil Wasser, 16 Dekagr. Zucker und läßt die Aepfel darin dünsten, doch so, daß sie nicht zerfallen; wenn sie weich genug sind, so legt man sie auf die dazu bestimmte Schüssel, die Sauce davon, die $^8/_{10}$ Liter ausmachen muß, wird wieder auf eine Glut gesetzt und 4 Dekagr. aufgelöste Hausenblase hineingegeben; wenn man aber Eis haben kann, so sind auch 3 Dekagr. genug. Man gibt dann etwas Alkermessaft hinein, damit es eine schöne Farbe bekömmt und bricht die Sulz wie gewöhnlich durch eine Serviette und Fließpapier, füllt die Aepfel mit eingesottenen ganzen Weichseln und gießt die Sulz dazu, doch behutsam daß die Aepfel davon nicht gefärbt werden, sondern weiß bleiben. In Ermangelung eines echten Champagners nimmt man blos $^7/_{10}$ Liter Wasser, den Saft von zwei guten saftigen Limonien und so viel Zucker, daß es süß genug wird. Im Sommer aber, wenn man frische Früchte hat, kann man in Ermangelung der Maschanzger auch andere kleine Aepfel nehmen und anstatt Champagner=Wein frischen Himbeer= oder Ribiselsaft.

324. Gemischtes Compot.

Man nimmt große weiße Kirschen und dünstet sie mit etwas Zuckerwasser und Limoniensaft. Dann werden Weichsel von großer Gattung von dem Stengel gelöst und in einem andern Geschirr mit etwas Wasser und Zucker gedünstet. Die kleinen Birnen, die eben um diese Zeit zu bekommen sind, werden geschält, doch so, daß der Stengel daran bleibt und wieder allein mit etwas Wasser und Zucker gedünstet; wenn sie weich sind, so gibt man einen Eßlöffelvoll Rum dazu, läßt sie noch einige Augenblicke kochen und dann auskühlen. Endlich werden noch 7 Dekagr. Zucker mit einer Kaffeeschalevoll Wasser so lange gekocht, bis sich der Zucker zu spinnen anfängt. Fünf große Marillen werden rein abgewischt in der Mitte von einander geschnitten, die Kerne herausgenommen, in den gesponnenen Zucker gelegt und nur so lange gekocht, bis selbe mit dem Zucker übersponnen sind, aber ja nicht zerfallen. Wenn man das Compot anrichtet, so müssen die weißen Kirschen in die Mitte der Schüssel hoch aufgehäuft werden, die Weichseln werden als erster Kranz um die Kirschen geordnet, die Marillen ebenso als zweiter Kranz, nur die kleinen Birnen, welche man ganz läßt, werden, damit sie schön weiß bleiben, wenn sie geschält sind und bevor man sie kocht, mit Limonienjaft bestrichen und bilden den letzten Kranz, dann legt man sie auf die Schüssel, daß die Stengel aufwärts auf die Schüssel kommen.

325. Gefülltes Orangen-Compot.

Von acht Stück gleich großen, schönen Orangen wird jedesmal ein Deckel abgeschnitten, die Orangen mit Vorsicht ausgehöhlt und der Saft von den Herausgenommenen leicht ausgepreßt. Ferner wird von acht anderen Orangen die Schale abgezogen, das feine weiße Häutchen sorgsam abgelöst, die Kerne herausgenommen und die Orangen selbst in kleine Stücke verschnitten; diese werden in eine Schale gethan und eben so viel geschnittene, eingemachte Ananasscheiben, mit eben so viel gut abgetropften, eingemachten Amarellen vermengt. Der Saft der Orangen wird mit $1/4$ Kilo fein gestoßenen Zucker untermengt, über das Ganze gegossen, zugedeckt und in Eis gestellt. Kurz vor dem Anrichten werden die Orangen gefüllt, die Deckel darüber gelegt und in eine Kristallschale geordnet.

326. Gesulztes Compot.

15 Dekagr. fein gestoßener Zucker, acht Eierdotter $^3/_{10}$ Liter Champagner wird in einem reinen Topfe gut abgesprudelt, auf Kohlenfeuer gestellt und so lange gesprudelt, bis es dicklich wird und zu steigen anfängt, währenddem 1½ Dekagr. aufgelöste Hausenblase darunter gemengt und in den Reifmodel gegossen, dieser in geklopetes Eis eingegraben und bei Seite gestellt. Vorher werden schöne Quitten geschält, in Scheiben geschnitten, mit einem Ausstecher runde Scheiben in der Größe eines Groschenstückes ausgestochen; zwei mittlere Quitten werden mit 10 Dekagr. Zucker und einem Glas Wasser so lange gekocht, bis sie weich sind; zwei Pomeranzen, welche rein abgezogen, werden in große Würfel geschnitten und gut mit Zucker bestreut; spanische Weichseln gut von ihrem Safte abgeseiht und endlich Ringlo, welche eben so von ihrem Safte gut abgeseiht werden, (nachdem hier von Dunstobst die Rede ist.) Wenn das alles bereitet und der Kranz von Chaudeau gestockt ist, wird er auf eine dazu gehörige Schüssel gestürzt, welche sogleich ins Eis gestellt werden muß. Die Oeffnung des Kranzes wird mit den schon bereiteten Früchten auf folgende Art eingelegt: zuerst kommen die Quitten, dann die Weichseln, dann die Pomeranzen und endlich die Ringlos; vorher wird von zwei Pomeranzen und einer Limonie eine Sulz gemacht; die Sulz muß ungefähr $^3/_{10}$ Liter sein; davon wird Anfangs auf die eingelegten Früchte nur zwei bis drei Löffelvoll gegossen und stehen gelassen, bis man sieht, daß es gestockt ist; dann wieder einige Löffelvoll aufgegossen, und wenn auch dieses so fest ist, daß nichts mehr davon durchfließt, wird mit dem Rest der noch übrigen Sulz die ganze Oeffnung damit angefüllt und so lange auf dem Eis an einem kalten Orte gelassen, bis es gesulzt ist, welches sehr zierlich aussieht.

327. Compot von Pfirsichen.

Die Pfirsiche werden einen Augenblick im siedenden Wasser aufgekocht und dann in kaltes Wasser gelegt; wenn sie überkühlt sind, so wird die Haut davon abgezogen, von einander geschnitten und die Kerne davon ausgelöst. Auf ungefähr acht Pfirsiche werden 8 Dekagr. Zucker mit einem halben Glas Wasser gekocht und wenn der Zucker gut aufgelöst ist, so gibt man die Pfirsiche hinein und läßt sie so lange kochen, bis sie auf beiden Seiten den Zucker eingesaugt haben; dann legt man sie in schöner Ordnung in die Schale; läßt den Syrup noch eine Weile kochen, gibt einen Löffelvoll guten Rum hinein und wenn der Saft anfängt dicklich zu werden, gießt man ihn darüber, stellt es auf Eis oder in einen Keller.

328. Quitten-Compot.

Drei bis vier große Quitten werden im Wasser einige Sud aufgekocht und dann in kaltes Wasser gelegt, bis sie ausgekühlt sind, dann wird die Haut davon abgezogen, die Quitten in vier Theile geschnitten, die Steine davon ausgeschnitten; 16 Dekagr. Zucker wird mit $^2/_{10}$ Liter Wasser so lange gekocht, bis der Zucker schwere Tropfen wirft, dann werden die Quitten in den Zucker gelegt, öfters umgewendet, damit sie auf beiden Seiten weich werden, aber nicht zerfallen; die Quitten in schöner Ordnung auf die Schüssel gelegt und die kleine Sauce darüber gegossen.

329. Compot mit Apfel-Mus.

Acht bis neun Aepfel bester Gattung werden geschält, das Kernhaus ausgeschnitten, gröblich zertheilt, mit 14 Dekagr. gestoßenem Zucker in ein Kastrol aufgesetzt und unter häufigem Umwenden zu einer dicken glatten Masse eingekocht, dann ausgekühlt. Jetzt wird eine Compotschale genommen und das Mus in ihrer Mitte nach Form eines Zuckerhutes mit einem breiten Messer aufgestrichen; dann kommen schöne spanische Dunstweichseln, wovon der Saft mit hinlänglicher Menge Zucker eingedünstet wird, in einen Kranz herum; das Mus selbst aber wird mit schönen Dunstmarillen und Ringlos geschmackvoll verziert, die schönste davon aber obenauf gelegt.

330. Gemischtes Compot von gedörrtem Obst.

Man kocht entweder gedörrte spanische Weichsen, oder von den kleinen Brünner-Zwetschken, in Wasser, Zucker und etwas Limonienschalen, dann gedörrte Pfirsiche, ebenso von den gedörrten und gepreßten Birnen. Bei dem Anrichten kommen die Weichseln oder Brünner-Zwetschken in die Mitte hoch aufgerichtet, dann die Pfirsiche und die Birnen, an welchen man die Stängel läßt und ringsherum aufstellt.

331. Compot von gedörrten Weichseln.

Zu $^8/_{10}$ Liter gedörrte Weichseln, nachdem sie mehrmals mit frischem Wasser gewaschen wurden, nimmt man $^1/_8$ Kilo Zucker, ein Glas weißen Wein, zwei Gläser Wasser, etwas Limonie- oder Pomerazenschalen und läßt sie so lange kochen, bis sie weich sind; dann nimmt man sie mit einem Schaumlöffel heraus, richtet sie auf eine Schüssel, läßt den Saft noch eine Weile kochen und gibt zuletzt den Saft von einer Pomeranze dazu, seihet ihn durch ein Tuch, gibt ihn über die Weichseln, stellt sie an einen kühlen Ort; bevor man sie zur Tafel gibt, bestreut man sie mit länglich geschnittenen Pomeranzenschalen. Auf diese Weise kann man auch die gedörrten Zwetschken zurichten, welche aber von ausgezeichneter Gattung sein müssen.

332. Zwetschken Compot.

Man nimmt frische Zwetschken, schält sie dünn, richtet sie in ein Kastrol, gießt ein wenig Wasser daran, gibt ein Stück Zucker dazu und läßt sie einige Sud aufkochen; richtet sie dann in eine dazu gehörige Schale, in die Sauce werden Limonienschalen gegeben und noch so lange gekocht, bis sie dicklich wird, dann seihet man sie und gibt sie über die Zwetschken, welche kalt zur Tafel kommen. Beide letztere Compots kann man um sie zierlicher aufzutischen, mit einer Reihe weißen und einer Reihe rothen in Blätter geschnittenen und von den Kernen befreiten Pomeranzen belegen.

333. Kürbis als Compot.

Der Kürbis wird rein geputzt, dann in fingerlange und halb fingerdicke Schnitte geschnitten, sodann 24 Stunden in Essig gelegt. (Guten Weinessig muß man nehmen, wo man dann auf $^6/_{10}$ Liter Essig $^3/_{10}$ Liter Wasser zugießen kann.) Nachher nimmt man auf $2^1/_2$ Kilo Kürbis, welche gewogen werden bevor sie in Essig gelegen, 2 Kilo Zucker, welcher mit fünf Glas Wasser gekocht wird bis er sich recht spinnt, dann nimmt man die Kürbis aus dem Essig, gebe sie einige Minuten auf ein Sieb, gibt sie dann in den gesponnenen Zucker und läßt ihn kochen bis alle Stückchen gläserig, also durchsichtig werden, dann nimmt man sie heraus und läßt den Zucker abermals kochen bis er sich spinnt, gibt dann von zwei Orangen und einer Citrone die fein=länglich ge= schnittene Schale dazu, wobei zu bemerken, daß man beim Schälen auch hübsch viel Weißes mitschält und läßt sie nun fünf Minuten im Zucker kochen, wonach man auch die Kürbis dazu gibt, alles zusammen noch eine Weile am Feuer läßt und es dann wegstellt; nachdem sie ausgekühlt, füllt man sie in Gläser und bindet sie mit Papier zu. Sie halten sich auch Jahrelang.

Neunzehnter Abschnitt.

Von den verschiedenen Salaten.

334. Gurken-Salat.

Man schält die Gurken und schneidet selbe in sehr dünne Spalten, salzt sie und läßt sie eine Stunde stehen; seihet dann das Salzwasser rein davon ab und gibt et= was klein geschnittenen Knoblauch darunter, dann wird feines Oel und guter Essig daran gegeben und gut unter=

einander gemengt, auch etwas gestoßener Pfeffer darauf geftreut.

335. Karfiol-Salat.

Man bereitet hiezu schönen weißen Karfiol, die ganzen Rosen werden in Salzwasser übersotten und wenn selbe weich genug sind, das Wasser davon abgeseihet, mit frischem Wasser abgespült, damit sie schön weiß bleiben, ein wenig gesalzen, zierlich auf eine Schüssel gerichtet und mit Essig und Oel angemacht.

336. Kraut-Salat.

Zu diesem Salat werden zarte rothe Krauthäupteln genommen, die starken Rippen von den Blättern herausgeschnitten, die Blätter fest zusammengewickelt und so fein als möglich geschnitten; dann wird ein Stück Ganshaut in kleine Würfeln geschnitten und in einer Pfanne schön gelb geröstet; nun nimmt man die Ganshaut heraus, gießt weißen Essig daran und läßt es aufkochen; das geschnittene Kraut gibt man in einen Weidling, salzt und überbrennt es mit dem siedenden Essig, bedeckt es genau, läßt es etwas stehen, seihet dann den Essig davon herab, läßt ihn wieder siedend werden und überbrennt das Kraut, so wie das erstemal; wiederholt dieses noch ein- oder zweimal, richtet es dann auf eine warme Schüssel, gibt die geröstete Ganshaut oben darauf, ein wenig von dem Essig dazu, so ist der Salat fertig und wird auch sogleich aufgetragen.

337. Spargel-Salat.

Der Spargel wird wie gewöhnlich geputzt, in Büscheln gebunden, weich gekocht, nachdem das Wasser rein davon abgeseihet ist, auf die Schüssel so gerichtet, daß die Köpfe einwärts liegen und der Spargel ganz kalt wird. Nimmt dann schönen gelben Bundsalat, wäscht ihn rein und gibt selben sternartig in die Schüssel zu dem Spargel, salzt ihn, gibt guten Weinessig mit Provenzeröl vermengt über den Salat, etwa eine Viertelstunde bevor man ihn zur Tafel gibt.

338. Wälscher Salat.

Man nimmt mehrere Gattungen grüner Salate, einige gekochte Erdäpfel, ein Stück Aalfisch, einen großen Häring, der vorher ausgewässert und geputzt werden muß, auch einige Bricken, schneidet alles in Spalten, legt es zierlich in die Salatschale, kocht einige Eier hart, nimmt die Dotter heraus, schlägt sie durch ein Sieb, das Weiße davon schneidet man in Blätter und sticht mit einem kleinen Ausstecher Mondscheindeln daraus; gibt auch etwas klein geschnittene rothe Rüben dazu, damit der Salat schön verziert wird. Man kann drei Kränze machen, den ersten von den Eierdottern, den zweiten von den rothen Rüben, den dritten endlich von dem Weiß der Eier, in die Mitte wird Aspic gelegt.

339. Erdäpfel-Salat.

Die Erdäpfel werden gekocht, geschält und wenn sie noch warm sind, in feine Spalten geschnitten, gesalzen, ziemlich viel feines Oel darauf gegossen und guter Weinessig. Obenauf gibt man gehackten Zwiebel und gestoßenen Pfeffer.

340. Sellerie-Salat.

Es werden acht bis zehn schöne gleiche Sellerieköpfe, nachdem sie geputzt und gewaschen sind, in Salzwasser weich gekocht, abgekühlt, abgeschält und in feine Scheiben geschnitten, welche dann mit Essig, Oel, Salz und Pfeffer angemacht werden. Man kann auch Kartoffel darunter mischen. Auch bereitet man ihn von rohem Sellerie, der, wenn er geputzt, geschält und gewaschen ist, fein eingehobelt und gesalzen, dann nach einer Stunde ausgedrückt und mit Essig, Oel und Pfeffer angemacht wird. Dieser Salat läßt sich sehr hübsch verzieren, wenn man im Winter die feinen geschlossenen Blättchen des Sellerie und der rothen Rüben, die wie kleine Federbüsche aussehen, dazwischen aufstellt: man läßt ein Stückchen von dem Kopfe daran, damit es zusammenhält und sich gut stellen läßt.

341. Kren-Salat mit harten Eiern.

Ein schönes Stück Oberländer-Kren wird geschält und gerieben, etwas weiße gesiebte Bröseln darunter gemengt, mit Essig und Oel eingemacht und auf eine flache Schüssel gegeben. Unterdessen werden sechs harte Eier gekocht, geschält, in vier Theile zerschnitten und zierlich in den Kren hineingesetzt.

342. Leinöl-Kraut.

Man nehme einen Tellervoll frisch eingesäuertes Kraut sammt der Krautsuppe, gebe von den Schälern gelöste, in Spalten geschnittene, harte Eier daran und in Stücke zerschnittene Häringe. Begieße sodann das Kraut reichlich mit frischem, kalt gepreßten Leinöl und gebe es als Salat zu Tische.

Zwanzigster Abschnitt.

Von den Torten.

---

343. Haselnuss-Torte.

Ein viertel Kilo ausgelöste Haselnüsse werden mit einem Tuche abgerieben und fein gestoßen, ebenso $1/4$ Kilo Zucker gestoßen und gesiebt; nun kömmt der Zucker mit eilf Eierdottern in einen Weidling, wird so lange gerührt, bis er weiß und recht flaumig ist, dann gibt man die Hafelnüsse hinein, verrührt sie gut und gibt von fünf Eierklar den festen Schnee leicht darunter. Man bestreicht drei gleiche Tortenblätter sammt Reif mit Fett, füllt die Masse hinein und bäckt sie bei gelinder Wärme. Um sich des Ausbackens zu versichern, macht man nach einer halben Stunde mittelst einer großen Nadel einen Stich in die Mitte der Torte; bleibt sie nach dem Herausziehen rein, werden selbe auf ein Sieb gestürzt und ausgekühlt. Nach dem völligen Erkalten der Blätter wird das erste mit eingesottenen Marillen, das zweite Blatt darüber gelegt und mit eingesottenen Himbeeren gefüllt, mit dem dritten Blatt zugedeckt und die ganze Torte schön gleichförmig mit Limonien-Conserve überzogen. Vorher schneidet man von Quittenkäse, oder in Zucker eingesottenen Quittenspalten lange Streifen in der Breite eines schmalen Bandes, dann grüne Mandeln der Breite nach in dünne Blättchen; von Letzteren wird in die Mitte der Torte ein Stern gelegt und wieder in die Mitte dieses Mandelsternes eine ganze eingesottene Marille oder ein schönes eingesottenes Aepferl. Die Quittenstreifen werden in fingerbreiter Entfernung vom Rande der Torte rund herum gelegt, so, daß sie den grünen Mandelblättchen, welche wie eine Guirlande auf beiden Seiten den Quittenbandeln dicht angeschlossen werden, gewissermassen als Stengel dienen. Nun bedeckt man eine Schüssel mit einer zierlich gelegten Serviette und legt die Torte darauf.

344. Aepfel-Torte.

Man nimmt 15 Dekagr. feines Mehl, $1/8$ Kilo fein gestoßenen Zucker, etwas klein geschnittene Limonienschalen auf ein Brett, vermengt es gut; 14 Dekagr. Fett werden mit dem Walker gut mit dem Uebrigen abgearbeitet, dann gibt man ein ganzes Ei und einen Dotter darein, auch so viel gute Mandelmilch, als nöthig ist, den Teig zu nässen, welcher nicht fest sein darf, arbeitet ihn mit einem breiten

Messer gut ab, macht ihn dann zusammen und schlägt ihn dreimal über einander, wie einen Butterteig. Dann werden fünf bis sechs große Aepfel von guter Gattung geschält, in Spalten geschnitten und mit einer halben Kaffeeschale Wasser, einem Stück Zucker und etwas gestoßener Vanille so lange gekocht, bis es zu einer Marmelade geworden. Der Teig wird messerrückendick ausgewalkt und kommt auf ein Tortenblatt; wenn die Aepfel ausgekühlt sind, werden sie fingerdick daraufgestrichen, von dem Teig ein daumenbreites Band um das Blatt gemacht, damit die Aepfel nicht ausrinnen, dann die ganze Torte mit Stangeln von dem Teige geflochten, mit Eierklar bestrichen, mit Zucker bestreut und bei einer anhaltenden Wärme drei Viertelstunden gebacken.

345. Bisquit-Torte.

½ Kilo Zucker wird an einer Pomeranze abgerieben, gestoßen und gesiebt, in einen Weidling gegeben und mit zweiundzwanzig Eierdottern eine Stunde gleichförmig gerührt; dann 18 Dekagr. feiner Haarpuder oder das Mehl von der feinsten Stärke, welches gestoßen und gesiebt werden muß, leicht darunter gemengt; von zwölf Eiern das Klare zu festem Schnee geschlagen und leicht damit vermengt. Drei gleiche Tortenblätter sammt Reifen werden mit Fett bestrichen, der Teig in drei gleiche Theile getheilt und bei gelinder Wärme langsam gebacken; wenn er gut ausgebacken ist, werden die Blätter auf Siebe gestürzt und ganz ausgekühlt, sodann jedes Blatt mit einem andern Eingesottenen überstrichen, diese wieder in gleicher Richtung aufeinander gesetzt und entweder mit Punsch- oder Chocolade-Conserve, oder mit Eis von frischen Himbeeren überzogen. Das Himbeer-Eis wird so wie das von Erdbeeren auf folgende Art bereitet: Die Erdbeeren müssen von der kleinen rothen Gattung sein; 12 bis 15 Dekagr. Zucker wird gestoßen und durch ein feines Sieb gesiebt. Die Früchte werden durch ein reines Tuch gepreßt und nur Kaffeelöffelweise in den Zucker gerührt, damit das Eis nicht zu dünn werde; wenn das Eis flaumig abgerührt ist, wird die Torte mittelst eines Messers schön glatt und gleich damit überzogen und in einem ganz überkühlten Ofen getrocknet, wozu eine Viertelstunde hinreichend ist. Wird die Torte aber mit Limonien- oder Punsch-Conserve überzogen, so stellt man sie auf einen Bogen weißes Papier und wenn die Conserve schon gut ist, gießt man selbe auf die Torte und überzieht die ganze Torte sowohl oben als auch die Seitenwände mit Beihilfe eines Messers ganz gleichförmig und läßt sie fest werden. Wenn die Conserve getrocknet ist, kann man ein oder zwei Kaffeelöffelvoll schöne Marillensalse mit gesiebtem Zucker abrühren und wenn es fein genug ist, mittelst einer dünnen Spritze einen schönen Kranz auf die Conserve spritzen, der oben alsbald trocknet.

346. Rollade von Bisquitteig.

Der Teig wird wie Nr. 345 gemacht; von ⅛ Kilo Zucker ist er für zehn bis zwölf Personen hinreichend. Wenn der Teig so wie der vorige Bisquitteig fertig ist, wird ein langes Backblech mit Fett bestrichen, der Teig darauf gegossen und mit einem Messer glatt und gleich messerrückendick darauf gestrichen, bei einer gelinden Wärme so lange gebacken, bis der Teig schön dunkelgelb ist; dann mit eingesottener Marillen- oder Himbeer-Marmelade durchaus überstrichen, wieder einen Augenblick in den Ofen gegeben, damit der Teig weich werde und sich zusammenrollen läßt. Dann nimmt man das Blech heraus und rollt den Teig der Länge des Bleches nach zusammen, damit die Rollade schön dick werde, gibt es wieder in den Ofen, läßt es noch acht bis zehn Minuten in den überkühlten Ofen; nimmt es nach Verlauf dieser Zeit heraus, läßt es ganz kalt und steif werden, schneidet dann mit einem scharfen Messer die ganze Rollade in messerrückendicke Blätter und ordnet sie in drei oder vier Kränze auf die Schüssel. Bevor man die Rollade schneidet, bestreicht man sie mit einer reinen Feder durchaus mit Schnee und rollt sie in gröblich gestoßenem Zucker, gibt sie wieder in den überkühlten Ofen, aber nur so lange, bis sie trocken ist, dann läßt man sie auskühlen und schneidet sie.

347. Brösel-Torte.

Man nimmt ¼ Kilo Fett und ⅔ Kilo Mehl auf ein Brett, arbeitet es mit dem Walker gut ab; schwellt und stoßt ¼ Kilo Mandeln fein und eben so viel Zucker fein gestoßen, von einer Limonie die Schale klein geschnitten, mengt dies alles gut untereinander, gibt auch den Saft von einer Limonie und ein ganzes Ei dazu, macht damit den Teig an, daß er zusammenhält, walkt ihn fingerdick aus, gibt ihn auf ein Tortenblatt, füllt ihn mit eingesottenen Weichseln oder Ribiseln, macht ein Gitter darauf, gibt den Reif herum, bestreicht sie mit Eierklar, bestreut sie mit gröblich gestoßenem Zucker und bäckt sie bei einer gelinden Hitze.

348. Butter-Torte in Blättern.

Man macht einen Butterteig, walkt ihn messerrückendick aus, schneidet drei gleiche Blätter davon, die man mit einem warmen Messer in schönen Wölbungen ausschneidet, bestreicht sie mit Eierklar, aber nicht ganz am Rand, sonst geht der Teig nicht in die Höhe. 7 Dekagr. Mandeln werden geschwellt und fein geschnitten, mit 7 Dekagr. feingestoßenem Zucker gut vermengt, die Blätter damit besäet und bei einer anhaltenden Wärme gebacken; wenn selbe gebacken sind, wird jedes Blatt mit einem andern Eingesottenen bestrichen und genau aufeinander gelegt; auf das letzte Blatt kann man eingesottene Weichseln legen, oder auch mit Eis verzieren.

349. Chocolade-Torte.

½ Kilo Mandeln werden mit einem Tuche gereinigt und sammt den Hülsen fein gestoßen durch ein schütteres Sieb gesiebt; das Zurückgebliebene noch einmal gestoßen, und so fort, bis alle durchgesiebt sind. ½ Kilo Zucker wird mit etwas Vanille gestoßen und nebst 4 Dekagr. mürben Bröseln gesiebt, dann alles gut vermengt; ¼ Kilo

Chocolade wird gestoßen und mit einer Kaffeeschalevoll Wasser in einer messingenen Pfanne unter beständigem Rühren so lange gekocht, bis sie ganz glatt in der Dicke wie ein Kindskoch ist, dann bei Seite gestellt. Man treibt dann 12 Dekagr. Fett flaumig ab, gibt die Mandeln, Zucker und das Uebrige hinein, ein ganzes Ei und fünfzehn Dotter dazu und rührt dieses eine halbe Stunde, zuletzt kömmt die ganze ausgekühlte Chocolade und wenn diese verrührt ist, der feste Schnee von sieben Eierklar leicht hinein. Zwei gleiche Kastrols werden mit Fett bestrichen, in jedes die Hälfte der Masse eingefüllt und bei gelinder aber anhaltender Wärme durch drei Viertelstunden gebacken; man macht mit einer Stricknadel die Probe, mit der man bis auf den Boden der Torte sticht; wenn dieselbe trocken bleibt, so ist die Torte ausgebacken; läßt sie dann einige Minuten überkühlen, stürzt sie auf ein Sieb und läßt sie ganz kalt werden; legt den einen Theil der Torte auf ein Blatt von derselben Größe, füllt es mit eingesottenen Marillen oder Himbeeren, legt den andern Theil darauf und überzieht es mit einem Chocolade-Guß, wie er Nr. 350 zu finden ist.

350. Chocolade-Guss, um Torten und kleine Bäckereien zu überziehen.

Zum Uebergießen einer Torte werden 15 Dekagr. feine Chocolade, 13 Dekagr. Zucker, beides gröblich gestoßen, in einer Zuckerpfanne mit $^2/_{10}$ Liter Wasser unter beständigem Rühren so lange gekocht, bis sie anfängt große Blasen im Sieden zu werfen und in der Dicke wie ein leichtes Kindskoch ist; dann nimmt man sie vom Feuer weg und taborirt sie eben so wie die Punsch-Conserve schnell und unausgesetzt, so lange, bis sie die Probe hält, nämlich daß der Tropfen, den man auf ein Papier gibt, nicht zerfließt, sondern steif wird. Dann legt man die Torte auf einen Bogen Papier, gießt den Guß schön gleich über die Torte, was davon herabfließt, streicht man schnell auf die Seitenwände der Torte, so, daß es ganz damit überzogen ist und läßt es einige Stunden stehen. Man ziert es dann mit ganzen Früchten, oder aber auf folgende Art: Es werden ein Löffelvoll schöne gelbe Marillensalse mit zwei Kaffeelöffelvoll gestoßenem oder gesiebtem Zucker fein abgerührt, in eine dazu gehörige kleine Spritze gefüllt und wenn die Chocolade- oder Limonie-Conserve steif geworden ist, damit zierlich entweder in Wölbungen oder sternförmig darauf gedrückt, auch kann man diese Verzierungen gelb mit Marillen- oder roth mit Himbeer-Salsen, auch zweifärbig machen.

351. Erdäpfel-Torte.

Von der besten mehlichten Gattung Erdäpfel werden, wenn selbe gekocht und ausgekühlt sind, 15 Dekagr. gerieben und diese nebst ⅛ Kilo fein gestoßenen Zucker mit etwas Vanille, 9 Dekagr. geschwellten und gestoßenen Mandeln und klein geschnittener Schale von einer Pomeranze in einen Weidling gegeben, mit vier ganzen Eiern und acht Dottern eines nach dem andern daran gegeben und dieses eine halbe Stunde fortwährend gerührt, wo sich bis dahin die Masse vermehrt und flaumig wird. Indessen werden drei gleiche Tortenblätter sammt Reif mit Fett bestrichen, die Masse in drei gleiche Theile eingefüllt und diese schön lichtbraun gebacken; man nimmt sie dann von dem Blech herab, gibt sie auf ein Sieb und läßt sie auskühlen. Nun füllt man zwei der Blätter mit Eingesottenem nach Belieben, setzt sie ganz gleichförmig aufeinander, verziert das obere Blatt nach Geschmack. Zu bemerken ist: daß, so gut diese Torte auch schmeckt, man solche doch erst denselben Tag wo sie verwendet wird, bereiten muß, weil sie sonst leicht zu trocken wird.

352. Gesulzte Torte.

Man nimmt ⅜ Kilo Zucker in ein messingenes Becken, gibt aber anstatt dem Wasser; Pomeranzen- und Limoniensaft darauf und läßt ihn so lange sieden, bis er sich vom Löffel spinnt; dann nimmt man ¹⁄₄ Kilo geschälte Maschanzger-Aepfel in Spalten geschnitten, gibt sie in den Zucker und rührt sie während des Siedens immer auf, daß sie wie ein Koch werden, ohne sich anzubrennen; nimmt sie dann vom Feuer weg und rührt Folgendes hinein: Die groß-gewürfelt geschnittenen Schalen von einer Pomeranze und von einer halben Limonie, dann 6 Dekagr. Pistazien, 6 Dekagr. geschwellte und abgezogene Mandeln, 6 Dekagr. eingemachte Citronat und ¹⁄₈ Kilo eingemachte Nüsse, alles grob zusammengeschnitten. Wenn die Aepfel schon dick genug sind, nimmt man sie vom Feuer weg und gibt dieses Alles hinein und vermengt es gut; belegt ein Tortenblatt mit Oblaten, macht einen Reif herum, überzieht ihn auch mit Oblaten und füllt die Sulz hinein, welche wenigstens drei Fingerhoch sein muß; überstreicht es mit Wasser und besäet es mit gestoßenen Zucker, setzt es in einen lauen Ofen, daß es langsam anzieht und läßt es über Nacht stehen; dann wird der Reif hinweggenommen und wenn die Torte steif und ausgekühlt ist, dieselbe mit Limonien-Conserve überzogen und mit eingesottenen grünen Zwetschken oder Dienteln zierlich belegt.

353. Grillirte Torte.

¹⁄₂ Kilo Zucker wird fein gestoßen, eben so viel Mandeln geschwellt und gestiftelt geschnitten, gibt selbe in einen lauwarmen Ofen und läßt sie trocknen. Den gestoßenen Zucker gibt man in ein messingenes Einsiedbecken, stellt es auf einen Windofen oder starkes Kohlenfeuer, rührt es fortwährend mit einem Kochlöffel; zerdrückt die kleinen Knoten, die sich gewöhnlich bilden, bis der Zucker gänzlich zerfloßen ist und anfängt gelblich zu werden; dann gibt man die getrockneten Mandeln schnell hinein, rührt es so lange, bis beides gut vermengt und eine lichte Semmelfarbe bekommen hat. Vorher wird ein Model, welcher in der Form einer Vase oder eines Korbes sein muß, mit frischem Mandelöl sorgfältig ausgestrichen, die Grillage schnell eingefüllt und mit einer Limonie die ganze Form

des Models so dünn wie möglich ausgedrückt. Wenn es gänzlich ausgedrückt ist, stürzt man es behutsam aus, richtet eine Serviette zierlich auf eine Schüssel, stellt die Vase oder den Korb darauf und füllt die ganze Oeffnung mit Obersschaum hoch aufgerichtet, welches dadurch ein sehr schönes Ansehen bekömmt.

354. Kastanien-Torte.

Man nimmt fünfzehn große schön gebratene Kastanien schält und schneidet sie klein: dann treibt man 12 Dekagr. Fett flaumig ab, gibt 15 Dekagr. gestoßenen Zucker, die Kastanien, $1/8$ Kilo fein gestoßene Mandeln, drei ganze Eier und fünf Dotter nach und nach dazu und verrührt dies Alles wohl; zuletzt kömmt noch etwas länglich geschnittene Citronat dazu; wenn dies gut verrührt ist, bestreicht man ein Tortenblatt mit etwas Fett, füllt das Abgetriebene hinein und bäckt sie schön langsam.

355. Linzer-Torte ohne Eier.

$1/4$ Kilo Mandeln werden geschwellt, fein gestoßen und selbe während des Stoßens mit etwas Wasser befeuchtet, damit sie nicht ölig werden; stößt auch $1/4$ Kilo Zucker mit etwas Vanille fein und schneidet die Schale von einer Limonie klein. Nun treibt man $1/4$ Kilo Butter flaumig ab, gibt während des Abtreibens einen Löffelvoll kaltes Wasser hinein, wie auch von einer Limonie den Saft, die Mandeln und den Zucker; wenn es schon recht flaumig abgetrieben worden ist, so rührt man $1/4$ Kilo Mehl ganz leicht darunter. Man kann eine Stangel- oder Blätter-Torte davon machen: im ersten Falle wird sie mit Eingesottenen gefüllt mit dem Stangel schön geflochten, der Reif herum gegeben, mit Eierklar bestrichen und mit grob gestoßenem Zucker bestreut, dann bei einer anhaltenden Wärme gebacken. Dieser Teig ist auch zu kleinen Bäckereien gut zu verwenden, als Torteletten, Bretzeln u. s. w.

356. Gerührte Linzer-Torte.

$1/4$ Kilo Mandeln werden geschwellt und fein gestoßen, während des Stoßens mit Wasser befeuchtet, damit sie nicht ölig werden; eben so viel Zucker, etwas Vanille, von einer Pomeranze die Schale klein geschnitten: dann wird $1/4$ Kilo Butter flaumig abgetrieben, von einer halben Limonie der Saft hineingedrückt, vier Eierdotter nach und nach hineingerührt, sodann der Zucker, die Mandeln und Limonienschalen, auch hineingerührt und zuletzt $1/4$ Kilo feines Mehl darunter gemengt. Es wird entweder eine Torte mit Stangeln schön geflochten oder drei gleiche Blätter davon gemacht, welche mit Eierklar bestrichen, mit Zucker bestreut und schön gebacken werden; wenn sie dann überkühlt sind, wird jedes Blatt mit einem andern Eingesottenen gefüllt, genau auf einander gelegt und entweder mit Pomeranzeneis überzogen oder mit grünen Früchten verziert: wenn man aber eine Stangeltorte machen will, so muß man einen Reif um das Blatt geben, weil der Teig sonst rinnen würde.

357. Linzerteig, brauner.

Es wird $1/4$ Kilo Mandeln sammt den Hülsen fein gestoßen, nachdem selbe vorher mit einem Tuch gereinigt worden, $1/4$ Kilo Zucker auch fein gestoßen, von einer Limonie die Schale klein geschnitten, 1 Dekagr. Zimmt und einige Gewürznelken fein gestoßen. Nimmt dann $1/4$ Kilo feines Mehl auf ein Brett, schneidet eben so viel Butter blätterweis hinein, arbeitet es mit dem Walker gut ab, gibt Obiges darein, dann auch drei Eierdotter und so viel gutes Obers dazu, daß es hinlänglich näßt; macht dann mit einem breiten Messer den Teig zusammen. Man kann eine Stangeltorte mit Eingesottenem gefüllt daraus machen, doch ist sie in Blätter gebacken und gefüllt am besten. Der Teig darf nicht fester sein, als das er sich leicht anmachen läßt.

358. Mandel-Torte, gerührte.

$1/4$ Kilo Mandeln werden geschwellt und fein gestoßen,

von einer Pomeranze oder Limonie die Schale klein geschnitten, ¼ Kilo Zucker fein gestoßen, alles in einen Weidling gethan, wo es mit zwei ganzen Eiern und sechs Dottern nach und nach hineingegeben, eine halbe Stunde gerührt wird. Es läßt sich zwar die Zeit des Rührens nicht genau bestimmen, doch ist zu bemerken, daß es dann genug ist, wenn der Teig weiß wird und im Weidling zu steigen oder sich gleichsam zu vermehren anfängt. Nie darf man so lange rühren, bis er wieder zusammenfällt, sonst wird die Torte zu fest. Wenn der Teig also gut ist, so schlägt man von drei Eiern das Klare zu festem Schnee und mengt ihn leicht dazu; bestreicht den Model mit Fett, gibt das Gerührte hinein und bäckt es langsam. Nie darf eine gerührte Torte in eine jähe Hitze gegeben werden; wenn sie ausgebacken ist, was man mit einer großen Nadel leicht sehen kann, stürzt man sie heraus, läßt sie kalt werden und überzieht sie mit einem Chocolad-Guß, wie er Nr. 350 zu finden ist.

359. Mandel-Torte, gestiftelte.

Man nimmt ½ Kilo Mandeln, schwellt und schneidet sie gestiftelt, dann ⅜ Kilo Zucker, auf welchen man $^2/_{10}$ Liter Wasser gießt und so lange kochen läßt, bis er sich spinnt; gibt dann die Mandeln, 6 Dekagr. geschnittene Pistazien, 9 Dekagr. geschnittene Citronat, von einer Limonie die klein geschnittene Schale sammt den Saft derselben dazu; läßt es ein wenig anziehen, nimmt es vom Feuer weg und läßt es auskühlen; dann rührt man drei Eierdotter darein, belegt ein Tortenblatt mit Oblaten, formirt die Torte davon, bäckt sie bei einer gelinden Hitze, ziert sie mit gefärbtem Eis und grünen Früchten.

360. Mandel-Torte mit Obersschaum.

¼ Kilo Mandeln werden geschwellt und gestoßen; ¼ Kilo Zucker, welcher an einer Limonie abgerieben, wird fein gestoßen, gibt beides in einen Weidling, mit einem ganzem Ei und sieben Dottern so lange verrührt, bis er recht flaumig wird, wozu eine halbe Stunde hinreicht; dann gibt man 3 Dekagr. gesiebte Semmelbröseln dazu, und zuletzt den festgeschlagenen Schnee von vier Eierklar, bestreicht zwei gleiche Tortenblätter sammt den Reif mit Butter und bäckt es langsam. Bevor die Torte zur Tafel gegeben wird, bereitet man von einer Halbe besten Obers einen festen Schaum, gibt so viel Zucker und Vanille dazu, daß es süß genug ist. Wenn die Mandel-Blätter ganz ausgekühlt sind, gibt man eines auf die Schüssel, die Hälfte des Schaumes darauf, dann das zweite Blatt und über selbes den Rest des Schaumes, welcher am Rande mit einem Kranz von großen spanischen Winden verziert und schnell zur Tafel gegeben wird.

361. Nuss-Torte.

$1/8$ Kilo Nüsse werden mit dem Schneidmesser klein geschnitten, $1/8$ Kilo Mandeln geschwellt und gestoßen, $1/4$ Kilo Zucker mit etwas Vanille fein gestoßen, alles in einen Weidling gegeben, vierzehn Eierdotter dazu und eine halbe Stunde immer gleich gerührt; zuletzt der festgeschlagene Schnee von zehn Eierklar leicht darunter gemengt; zwei gleiche Tortenblätter sammt Reife mit Fett bestrichen, in jedes die Hälfte davon eingefüllt und bei einer gelinden Wärme gebacken; dann auf ein Sieb gestürzt und wenn es ganz kalt ist, das eine Blatt mit Eingesottenem gefüllt, das zweite darauf gesetzt und mit Limonien- oder Pomeranzen-Conserve überzogen. Bei der Nuß-Torte ist zu bemerken, daß die Blätter nicht zu dick sein dürfen, weil sie sonst leicht speckig oder schwer wird, wo sie dagegen, wenn sie in dünnen Blättern gebacken wird, sehr leicht flaumig ist; auch dürfen die Nüsse durchaus nicht gestoßen, sondern müssen geschnitten werden.

362. Pomeranzen-Torte.

Man nimmt $1/4$ Kilo geschwellte und fein gestoßene Mandeln. $1/4$ Kilo gesiebten Zucker; reibt von zwei großen oder drei kleinen Pomeranzen die Schale ab, stoßt sie in einen Mörser nebst sechs hart gesottenen Eierdottern. Treibt 4 Dekagr. Fett flaumig ab, rührt drei Eierdotter nach und nach hinein, wie auch die gestoßenen Mandeln dazu, rührt es eine halbe Stunde, gibt den Zucker dazu und rührt es noch eine Viertelstunde. Zuletzt kommen noch die Pomeranzen= schalen sammt den Eierdottern und 3 Dekagr. feines Mehl, dieses so viel gerührt, daß es wohl untereinander kömmt; bestreicht ein Tortenblatt mit Fett, gibt zwei Theile von dem Abgetriebenen hinein, streicht es mit einem Messer schön gleich auseinander und füllt es mit eingesottenen Weichselfleisch: den dritten Theil des Teiges spritzt man ringartig herum, bestreicht die Torte mit Eierklar besäet sie mit grob gestoßenem Zucker, bäckt sie schön langsam und ziert sie mit Eis.

363. Orangen-Créme-Torte.

Zu dieser Torte werden drei gleich große Blätter von Genueser=Teig in schönster Farbe gebacken und zum Erkalten auf Papier gelegt. Unterdessen bereitet man eine Créme= patissiére. Ferner werden sechs schöne Orangen aus der Schale gelöst, die innere weiße Haut abgenommen, die Orangen selbst, mit Beseitigung ihrer Körner, in feine Scheibchen geschnitten, welche man in eine Schale legt und mit feinem Zucker überstreut. Dann wird ein Blatt mit Aprikosen=Marmelade und über diesem von dem Créme ge= schnitten; über diese werden die Hälfte der Orangen=Scheib= chen gelegt und das Ganze mit dem zweiten Blatte gedeckt. Ueber dieses wird nun dasselbe mit der Marmelade bestrichen, dem Créme wiederholt und die zweite Hälfte der Orangenscheibchen darüber gelegt. Das Ganze schließt die dritte Teigplatte. Die Torte wird nun sauber zuge= schnitten, ganz mit einer Orangen=Glasur schön überzogen und wenn diese trocken geworden ist, wird sie schön bespritzt und geschmackvoll mit eingelegten Früchten belegt.

364. Créme patissére.

Wird so bereitet: Ein schönes frisches Stängelchen

Vanille wird in kleine Stückchen geschnitten, in $^2/_3$ Liter kochenden Rahm gethan und zugedeckt an die Seite des Windofens gestellt, damit der Rahm den Vanille-Geruch in sich aufnimmt. Unterdessen werden zwei Eßlöffelvoll Mehl mit acht Eierdotter und etwas Rahm glatt abgerührt, dann wird der Vanille-Rahm durch eine Serviette dazu gegossen und zusammen unter beständigem Rühren auf Feuer, zu einem Créme aufgekocht, der sodann in eine Schale umgeleert wird. Ueber diesen werden 12 Dekagr. fein gestoßener Zucker, 8 Dekgr. gestoßene, gesiebte Maccaroni und 8 Dekagr. bis zum Rothwerden erhitzte, sehr frische Butter und ein Körnchen Salz gethan. Das ganze muß, bis die Masse kalt geworden, sehr oft gerührt werden.

Einundzwanzigster Abschnitt.

Von den Wandeln und Bögen.

365. Citronat-Wandeln.

Man macht einen Butterteig, schneidet 6 Dekagr. Citronat, 6 Dekagr. Mandeln und 3 Dekagr. Pistazien fein länglich; dann wird $^1/_3$ Kilo Zucker fein gestoßen, die Hälfte davon in einen Weidling gegeben, auch 6 Dekagr. fein gestoßene Mandeln, mengt die andern 6 Dekagr. Zucker unter das Geschnittene, schlägt ein ganzes Ei und drei Dotter daran und rührt es recht flaumig ab, walkt den Butterteig messerrückendick und füllt die Wandeln damit aus, gibt von dem Geschnittenen in jedes Wandel etwas Weniges und anstatt dem Deckel etwas Gerührtes darauf, bäckt es in einem kühlen Ofen.

366. Créme-Wandeln.

Schöne ovale Wandelformen werden mit mürbem Teig, wie er Nr. 179 zu finden ist, wenn dieser messerrückendick ausgewalkt wurde, schön glatt damit ausgefüttert und mit Goldschlag=Papier, das zu einem leichten Ballen in der Form wie die Wandeln gebildet wird, ausgefüllt, und im Ofen semmelbraun gebacken. Mittlerweile wird von $^3/_{10}$ Liter Obers, sechs Eierdottern, Zucker und Vanille, welches in einem Topf gut versprudelt und unter beständigem Rühren so lange auf Kohlenfeuer gelassen wird, bis es anfängt dicklich zu werden, eine Créme gemacht, dann weggestellt. Wenn die Wandeln gebacken sind, wird das Papier herausgenommen, in jedes der Wandeln vier bis sechs ganze in Zucker eingesottene Weichseln oder auch Dunstweichseln, welche vom Safte gut abgeseiht und gezuckert worden, hineingelegt, mit der Créme angefüllt, wieder so lange in den Ofen gestellt, bis die Créme fest geworden. Bei dem Anrichten werden sie ausgestürzt, mit Vanillezucker bestäubt und so auf die Schüssel geordnet, daß die Wandeln Schalen gleichen, in denen die Créme eingefüllt ist.

367. Mandel-Wandeln.

Man nimmt $^1/_8$ Kilo geschwellte und gestoßene Mandeln, $^1/_8$ Kilo gestoßenen Zucker, schlägt zwei ganze Eier und drei Dotter wechselweise hinein; wenn dies recht flaumig abgerührt ist, so gibt man von einer Limonie die klein geschnittene Schale dazu, verrührt sie gut, bestreicht die Wandeln mit etwas Butter, füllt das Abgetriebene hinein und bäckt sie bei gelinder Wärme.

368. Weichsel-Wandeln.

Man nimmt $^1/_8$ Kilo gesiebten Zucker, 6 Dekagr. geschwellte fein gestoßene Mandeln, vier ganze Eier und vier Dotter, das Klare davon zu einem festen Schnee geschlagen und rührt dieses eine Stunde; gibt zuletzt von einer Limonie die klein geschnittene Schale und 6 Dekagr. Kipfelbröseln dazu, vermengt es gut mit dem Uebrigen, bestreicht die Wandeln mit etwas Butter, füllt das Abge=

rührte hinein; legt in ein jedes fünf ganze Weichseln und bäckt sie langsam in einem kühlen Ofen.

369. Bisquit-Bögen.

Der Bisquit-Teig wird wie zur Torte Nr. 345 gemacht, ein langes Blech wird etwas gewärmt, mit reinem Wachs bestrichen und mit einem Fließpapier abgewischt, der Teig so dünn als möglich mit einem Messer darauf gestrichen und bei einer gelinden Wärme gebacken. Wenn der Teig schön bräunlich zu werden anfängt, so nimmt man das Blech heraus, schneidet zweifingerbreite und spannenlange Streifen heraus: sollte der Teig steif werden, so gibt man ihn wieder in den Ofen, läßt ihn einige Augenblicke darin, nimmt ihn dann heraus und biegt die Streifen über das Bogenblech oder in Ermanglung dessen über einen Walker und läßt sie so lange darauf, bis sie steif sind.

370. Bögen von Butterteig.

Es wird ein fünfmal geschlagener Butterteig gemacht, messerrückendick ausgewalkt, davon spannlange und zweifingerbreite Streifen geschnitten, diese mit Eierklar bestrichen und mit geschwellten und geschnittenen Mandeln, welche mit gleicher Quantität gestoßenem Zucker und Vanille vermengt werden, dicht bestreuet, auf Bögenbleche gelegt und goldgelb gebacken. Man gibt selbe, bevor sie ausgekühlt sind, mit Zucker bestreut zur Tafel. Auf eben diese Weise schneidet man vom obigen Butterteig lange schmale Stangeln, bestreicht solche ebenso mit Eierklar, bestreut sie mit Mandeln, Zucker und Vanille, legt sie auf ein Backblech und ordnet sie, wenn sie gebacken und noch heiß sind, mit Zucker bestreuet, hoch aufgeschichtet auf die Schüssel.

371. Chocolade-Bögen.

Man nimmt $1/8$ Kilo Mandeln, schwellt und schneidet sie gestiftelt, ¹/₈ Kilo Chocolade wird fein gestoßen und gesiebt, 6 Dekagr. fein gestoßenen und gesiebten Zucker dazu; von drei Eiern das Klare zu einem festen Schnee geschlagen, gibt die Mandeln und die Chocolade in einen Weidling, rührt es mit etwas Schnee, gibt selben aber nur nach und nach hinein, damit der Teig nicht zu dünn werde, denn er darf durchaus nicht rinnen; schneidet dann zwei fingerbreite und eine Spanne lange Streifen von Oblaten, streicht mit einem Messer den Teig darauf, gibt sie auf die mit Wachs bestrichenen Bögenbleche und läßt sie bei einer gelinden Wärme trocknen. Wenn sie schon steif sind, kann man sie mit weiß und rothem Eise verzieren.

372. Limonien-Bögen.

Man nimmt ¹/₄ Kilo zerschlagenen Zucker in eine messingene Pfanne, gibt vier Löffelvoll Wasser darauf und läßt den Zucker kochen; gibt dann ¹/₄ Kilo geschwellte und länglich geschnittene Mandeln hinein, läßt sie etwas rösten; reibt von einer Limonie die Schale auf Zucker ab, gibt es sammt dem Saft von anderthalb Limonien dazu und rührt alles gut durcheinander. Dann schneidet man die Oblaten in beliebiger Größe, streicht das Geröstete halb fingerdick darauf, legt sie auf ein mit etwas Wachs bestrichenes Blech, besäet sie mit gestoßenem Zucker und länglich geschnittenen Pomeranzen oder Citronat, bäckt sie in einem abgekühlten Ofen, biegt sie schnell über ein Bogenblech oder einen Nudelwalker und macht ein Eis darüber.

373. Mandel-Bögen, weisse.

Man nimmt ¹/₈ Kilo Zucker, gibt ein paar Löffelvoll Wasser darauf und läßt ihn so lange kochen, bis er sich spinnt; gibt dann ¹/₈ Kilo gestoßene Mandeln darein, von einer Limonie die klein geschnittene Schale, wie auch den Saft und von einem Eierklar den Schnee dazu; trocknet den Teig auf Kohlenfeuer, bis er sich biegen läßt, nimmt ihn dann vom Feuer weg und läßt ihn überkühlen

Schneidet die Oblaten in beliebiger Größe, streicht den Teig darauf, biegt die Bögen über das runde Blech und läßt sie trocknen.

374. Vanille-Bögen, kleine.

Man nimmt $^1/_8$ Kilo fein gestoßenen Zucker, $^1/_8$ Kilo fein gestoßene geschwellte Mandeln, etwas sehr fein geschnittene Limonienschalen und einen Kaffeelöffelvoll gestoßene Vanille, dieses Alles sammt 2 Dekagr. feinem Mehl rührt man mit dem Schnee von zwei Eierklar gut ab, streicht die Masse auf ein mit Wachs bestrichenes Backblech und gibt es in einen nicht sehr heißen Ofen; wenn es schön gelb ist, schneidet man viereckige Stückchen und biegt sie recht schnell über eine kleine hölzerne Walze; so fährt man damit fort, bis alle gebogen sind, man läßt sie dann an einem warmen Orte stehen, damit sie nicht weich werden.

Zweiundzwanzigster Abschnitt.

Von den Hohlhippen und Schnitten.

375. Hohlhippen.

Es werden 6 Dekagr. Mandeln geschwellt und wie ein Teig fein gestoßen, eben so 10 Dekagr. Zucker mit etwas Vanille; gibt es sammt zwei starke Kaffeelöffelvoll Mehl, zwei ganzen Eiern in einen Topf und rührt den Teig gut ab, gießt $^2/_{10}$ Liter Obers nach und nach darunter; wenn dies gut verrührt ist, bäckt man die Hohlhippen in dem dazu bestimmten Eisen auf Flammenfeuer. Die kleine Walze, worüber man sie schnell drehet, darf nicht größer als fingerdick sein.

376. Quitten-Hohlhippen.

Man nimmt schöne reife Quitten, siedet sie sammt der Schale im Wasser so lange, bis sie weich sind, alsdann ziehet man die Schale davon herab und schabt das Mark mit einem Messer davon, doch so, daß nichts Steiniges hineinkömmt. Dann treibt man das Mark durch ein Haarsieb, nimmt davon ¼ Kilo; ¼ Kilo Zucker an an einer Limonie abgerieben, wie auch den Saft von einer halben Limonie dazu; rührt die Masse fein ab, streicht sie auf kleine porzellänene Teller, die zuvor mit etwas zerlassener Butter bestrichen werden, so dünn als möglich auf, setzt die Teller auf einen warmen Ofen, bis die Masse darauf so trocken ist, daß man sie herunterziehen kann; alsdann werden sie über die dazu gemachten runden Hölzer gewickelt und am Ende mit etwas Eierklar bestrichen, damit sie beisammen bleiben; und so läßt man sie in der Nähe eines warmen Ofens trocknen. Hiebei ist zu bemerken, daß die Seite, welche auf dem bestrichenen Teller gelegen hat, bei dem Aufwickeln der Hohlhippen jedesmal die Außenseite werden muß.

377. Waffen-Krapfen.

Es werden 6 Dekagr. Butter flaumig abgetrieben, ein ganzes Ei und ein Dotter nach und nach hineingerührt, 6 Dekagr. geschwellte und fein gestoßene Mandeln, 8 Dekagr. Zucker mit etwas Vanille gestoßen, gut mit der Butter und den Eiern verrührt, vier bis fünf Eßlöffelvoll Obers und zuletzt 6 Dekagr. feines Mehl mit dem Uebrigen vermengt. Das Waffenkrapfen-Eisen wird auf Flammenfeuer heiß gemacht, mit Butter das erste Mal bestrichen, mit Flußpapier gut abgewischt, wieder gewärmt, ein kleiner Eßlöffelvoll von dem Teig darauf gegeben, das Eisen fest zugedrückt, öfters auf dem Feuer gewendet, damit die Scheibe auf beiden Seiten dunkelgelb wird; dann mit einem Messer schnell abgelöst und über die Bogenbleche gelegt. Wenn alle auf diese Art gebacken sind, läßt man sie an einem warmen Orte stehen, weil sie sonst leicht weich werden und gibt sie auf eine Schüssel, hoch aufgehäuft, mit Zucker bestäubt zur Tafel.

378. Aepfel-Schnitten mit spanischen Winden.

Es wird ⅛ Kilo Butter, welche weich sein muß, 15 Dekagr. Mehl, 9 Dekagr. fein gestoßener Zucker gut vermengt; 8 Dekagr. geschwellte Mandeln nebst drei hartgesottenen Eierdottern im Mörser fein gestoßen, dieses nebst dem Obigen mit dem Walker so lange verarbeitet, bis es zu einem Teig geworden; dann gibt man noch einen Eierdotter und drei Eßlöffelvoll dickes Obers dazu und arbeitet es mit einem breiten Messer gut ab; walkt den Teig einen starken Messerrückendick aus und schneidet davon kleine spannenlange und zweifingerbreite Streifen, gibt selbe auf ein Backblech, überstreicht sie mit Zuckerwasser und bäckt sie lichtgelb bei gelinder Wärme. Vorher werden Maschanzger-Aepfel geschält, in dünne Spalten geschnitten, mit Zucker und einem Löffelvoll eingesottenen Marillen unter öfterem Aufrühren zur Marmelade gekocht. Man zeichnet dann auf Schreibpapier die Form der Streifen von obiger Masse, nur müssen diese etwas schmäler als jene von dem Teig angezeichnet werden. Man macht von drei Eierklar, 14 Dekagr. Zucker und etwas Vanille einen spanischen Windteig, füllt diesen in die dazu gehörige Spritze, drückt nach der Zeichnung durch die Länge drei feine Streifen; doch darf man die Streifen nicht ganz am Rande der Zeichnung ziehen, weil sie sonst durch das Backen größer als die des Teiges würden und drückt mit der Spritze auch querüber kleine Streifen, damit es einem Gitter ähnlich ist; bestäubt es mit feinem Zucker und stellt sie in einen abgekühlten Ofen, damit sie trocknen, aber weiß bleiben. Wenn sie getrocknet sind, daß sie sich leicht vom Papier lösen, so werden die Schnitten von dem schon gebackenen Teig messerrückendick mit der Aepfel-Marmelade bestrichen und das Gitter von spanischem Windteig, bevor man sie zur Tafel gibt, darauf gelegt.

379. Erdbeer-Schnitten oder Schiffeln.

Es wird ein Bisquit-Teig wie Nr. 345 gemacht, dieser auf ein mit Butter bestrichenes Backblech zwei Messerrückendick auseinandergestrichen und bei gelinder Wärme gebacken, ausgekühlt und entweder längliche Schnitten oder große Schiffeln davon geschnitten, mit Eingesottenem gefüllt, eine zweite Schnitte darauf gelegt und mit folgendem Eis überzogen. Der Zucker wird gestoßen und durch ein feines Sieb gesiebt; von den rothen Waldbeeren, die ganz reif und geklaubt sein müssen, wird $^3/_{10}$ Liter durch ein feines Sieb passirt, diese werden kaffeelöffelweise in den Zucker gerührt, damit das Eis nicht zu dünn werde; dann werden die Schnitten oder Schiffeln damit schön gleich überzogen; sollte die Farbe nicht schön sein, so gibt man ein bis zwei Tropfen Alkermessaft dazu, doch darf die Farbe nicht höher als die einer blassen Rose sein; man trocknet sie sodann in einem ausgekühlten Ofen. Diese Schnitten können auch mit Himbeer- oder Erdbeeren-Conserve überzogen werden.

380. Marillen-Schnitten.

Die untere messerrückendick ausgewalkte Platte von fünfmal geschlagenen Butterteig wird messerrückendick mit einer Marillen-Marmelade bestrichen, die andere Platte darübergerollt und den vorhergehenden Aepfelschnitten gleich bezeichnet in die Mitte eines jeden Schnittchens wird mit einem feinen Messer eine zierliche Figur geschnitten und zwar so, daß die obige Platte durchgeschnitten wird, welches im Backen ein schönes Ansehen erhält. Sie werden etwas mit Eierklar bestrichen, mit fein gestoßenem Zucker bestreut und bei einer hellen Flamme glasirt.

381. Pfirsich-Schnitten.

Es wird ein Bisquit-Teig wie Nr 345 bereitet, das Blech mit Butter bestrichen, der Teig zwei Messerrückendick darauf gestrichen und bei gelinder Wärme lagsam gebacken. Unterdessen werden 9 Dekagr. Mandeln geschwellt, mit einem Tuch abgetrocknet, mit dem Schneidmesser klein geschnitten und mit eben so viel gestoßenem Zucker vermengt: wenn der Bisquit-Teig einige Minuten im Ofen gestanden, und sich eine Haut gebildet hat, bestreut man ihn dicht mit den gemengten Mandeln, doch ohne das Blech gänzlich herauszunehmen, läßt es noch so lange in dem Ofen, bis es semmelfarb geworden, dann nimmt man es heraus und schneidet schnell mit einem scharfen dünnen Messer Schnitten in der Größe einer französischen Karte und löst diese vom Blech herab. Vorher werden gute reife Pfirsiche geschält und mit eben so viel gestoßenem Zucker als die Pfirsiche sind, in einen Einsiedbecken zur Marmelade gesotten, zwei Messerrückendick die Hälfte der Schnitten damit bestrichen, mit der andern Hälfte derselben bedeckt und mit einer Chocolade-Conserve, wie sie Nr. 350 zu finden ist, auf den vier Seitenwänden der Schnitten ein schwarzes fingerbreites Band herumgezogen: wenn dieses getrocknet ist, werden sie zierlich geordnet zur Tafel gegeben.

382. Citronen-Schnitten.

Eine recht saftige Citrone wird gut ausgedrückt, $1/8$ Kilo fein gestoßener Zucker hineingethan und zwölf Stunden stehen gelassen. Nur dann darf man in diesen Saft $1/8$ Kilo fein gestiftelte Mandeln rühren und auf Oblaten nur trocken, ausgekühlt wird es in Schnitten geschnitten.

383. Mandel-Maultaschen.

Man macht einen Butterteig wie Nr. 345 zu finden ist, schneidet viereckige Flecken davon, schwellt und stößt 12 Dekagr. Mandeln, eben so viel Zucker, von einer Limonie die klein geschnittene Schale, gibt es mit fünf Eierdottern in einen Weidling, rührt es eine halbe Stunde; zuletzt gibt man den festen Schnee von drei Eierklar darunter, bestreicht die vier Enden von den geschnittenen Flecken mit

Eierklar, gibt in die Mitte eines jeden einen guten Kaffeelöffel=
voll von den Mandelteig, drückt die entgegengesetzten Enden
zusammen, gibt es schnell auf das Backblech, bestreicht es
mit Eierklar, bäckt es schön semmelgelb und gibt sie mit
Zucker bestäubt heiß zur Tafel.

Dreiundzwanzigster Abschnitt.

Von den verschiedenen kleinen Zucker-bäckereien.

384. Aneis-Bretzeln.

Es wird ⅛ Kilo Mehl auf ein Brett genommen, 8
Dekagr. Fett darein vermengt, beides mit dem Walker gut
abgearbeitet, dann wird auch ⅛ Kilo gestoßener Zucker,
von einer Limonie die klein geschnittene Schale und etwas
Aneis darunter gemengt: schlägt ein ganzes Ei daran,
macht den Teig zusammen, formirt Bretzeln davon; wenn
sie fertig sind, so bestreicht man sie mit Eierklar, bestreut
sie mit Zucker und bäckt sie in einem kühlen Ofen.

385. Haselnuss-Stangeln.

¼ Kilo ausgelöste Haselnüsse werden, nachdem sie
mit einem Tuche gut abgerieben, fein gestoßen, eben so viel
Zucker gestoßen und gesiebt, beides gut vermengt auf ein
Brett mit etwas Eierklar, was man nur nach und nach
hineingibt, damit der Teig nicht zu weich werde, mit einem
breiten Messer gut abgearbeitet, dann auf einem mit Zucker
bestäubten Brett zwei messerrückendick ausgewalkt und mit
einem scharfen Messer, das in Zucker getaucht wird, finger=

lange und daumbreite Stangeln geschnitten, auf ein mit Wachs dünn bestrichenes Blech gelegt und in einem ganz kühlen Ofen getrocknet, nachher mit einem Messer abgelöst und ausgekühlt, mit Marillen-Marmelade gefüllt, ein zweites darauf gelegt und in Limonie-Conserve getaucht.

386. Früchten-Stangeln.

Man treibt $^1/_8$ Kilo Butter flaumig ab, gibt 11 Dekagr. Zucker und drei Eierdotter hinein, so wie auch 12 Dekagr. Mehl, von drei Eiern den Schnee, 6 Dekagr. Rosinen und 6 Dekagr. Weinberln, 9 Dekagr. Citronade und zwei Zelteln Chocolade, alles gröblich geschnitten, streiche es dann fingerdick auf ein mit Butter bestrichenes Blech und backe es langsam, schneide es jedoch noch warm in Stangeln.

387. Stibitzen.

$^1/_2$ Kilo Zucker wird mit sechs ganzen Eiern schaumig abgerührt, dazu kommt noch 1 Liter Mehl, etwas Orangenschale; auf ein wachsbestrichenes Blech werden kleine Patzeln gemacht und ganz licht gebacken.

388. Bisquit in Papier-Kapseln.

Es wird $^1/_8$ Kilo fein gestoßener Zucker mit vier Eierdottern eine Viertelstunde gerührt, dann von vier Eierklar ein fester Schnee geschlagen und dazu gemengt; zuletzt gibt man noch 6 Dekagr. feines trockenes Mehl hinein und wenn selbes gut mit dem Uebrigen vermengt ist, füllt man es in Papier-Kapseln, ein jedes etwas über die Hälfte, bestäubt sie mit fein gestoßenem Zucker, dann werden sie in einem kühlen Ofen langsam gebacken.

389. Chocolade-Brod.

Es wird ein Bisquitteig wie zur Torte Nr. 345 bereitet, ein Backblech mit Butter bestrichen, der Teig zwei Messerrückendick schön glatt mit einem breiten Messer aufgestrichen und bei sehr gelinder Wärme gebacken, dann ausgekühlt und mit einem Ausstecher in der Größe eines Zweiguldenstückes ausgestochen und mit eingesottenen Marillen oder Himbeeren gefüllt, ein zweites Blatt darauf gelegt und in einem Chocolade-Guß, wie er Nr. 350 zu finden ist, mit zwei französischen Gabeln ganz eingetaucht, auf Schreibpapier gelegt, bis selbe ganz trocken sind, wovon sie sich dann leicht ablösen.

390. Chocolade-Krapfen mit gefaumter Milch gefüllt.

Man stößt $1/4$ Kilo Zucker fein, gibt ihn in ein messingenes Einsiedbecken, schlägt zwölf ganze Eier daran und verklopft es mit einer Schneeruthe, stellt es auf ein schwaches Kohlenfeuer und schlägt es beständig fort, bis der Teig dicklich und weiß wird, man muß jedoch mit dem Feuer behutsam sein, damit der Teig nicht zu sieden anfängt; ist er schon dicklich und weiß, so nimmt man ihn vom Feuer weg, schlägt ihn noch eine Weile fort und mengt dann 15 Dekagr. feines Mehl mit der flachen Seite des Kochlöffels hinein, füllt den Teig in einem Bisquit-Trichter und läßt auf weißem Schreibpapier in der Größe eines kleinen Fasching-Krapfens kleine Laiberln abfließen, bestäubt sie mit fein gestoßenem Zucker; gibt sie auf ein Backblech und bäckt sie schön und resch bei einer gelinden Wärme. Wenn selbe gebacken sind, löst man sie mit einem Messer behutsam ab, taucht sie in Chocoladeguß ein und läßt sie trocknen, hölscht sie dann so viel als möglich mit einem feinen Messer aus, füllt sie mit gefaumtem Obers, welches schon vorher mit Zucker und Vanille bereitet sein muß, legt zwei und zwei aneinander, damit sie einem Krapfen ähnlich sehen, richtet sie auf eine runde Schüssel mit einer Serviette belegt hoch auf und gibt sie schnell zur Tafel. Man kann diese Krapfen auch mit Gefrorenem oder Erdbeerenschaum füllen.

391. Eis-Krapfeln.

Man schlägt von sechs Eierklar einen festen Schnee, rührt diesen mit ¼ Kilo gesiebten Vanillen-Zucker eine Stunde, damit ein weißes Eis daraus werde. Dann kommen 4 Dekagr. Haarpuder, 15 Dekagr. geputzte und länglich geschnittene süße Mandeln, 4 Dekagr. candirte Pomeranzenschalen, 4 Dekagr. Citronat und 4 Dekagr. Pistazien. Alles den Mandeln gleich geschnitten dazu, vermengt das Ganze gut, schneidet von Oblatten runde Blättchen, streicht die Masse kleinfingerdick darauf und bäckt sie langsam in einer kühlen Röhre.

392. Teufels-Pillen.

In ein Kastrol kommen 7 Dekagr. Honig, ³/₁₀ Liter fein gestoßene Nüsse von drei Orangen und zwei Citronen die fein geschnittenen Schalen, von einer Citrone auch der Saft, zwei Kaffeelöffelvoll gestoßener Zimmt und ein Eßlöffelvoll Rum. Unter beständigem Rühren läßt man es eine Viertelstunde kochen, nachdem es ausgekühlt ist, formt man haselnußgroße Pillen und bestreut es mit geriebener Chocolade.

393. Honig-Nüsse.

³/₁₀ Liter Mohn wird wie Kaffee gebräunt, gebe denselben nebst ³/₁₀ Liter Honig in ein Reindl und lasse ihn dick eingekochen, hierauf werden Nüße in vier Theile geschnitten, mit Honig und dem Mohn vermischt, dann mache man klein geformte Kügelchen und laße es so auf Oblatten trocknen.

394. Gewürz-Stangeln.

½ Kilo Zucker, eben so viel Mandeln sammt den Hülsen wird gestoßen, von einer Limonie und einer halben Pomeranze die Schale klein geschnitten, einen Theelöffelvoll gestoßenen Zimmt, worunter zwei bis drei Gewürznelken sein können, dieses alles wohl vermengt und auf einen Brett mit Eierklar mittelst eines breiten Messers zu einem etwas festen Teig abgearbeitet; man muß jedoch vorsichtig mit dem Zugeben der Eierklar sein, damit der Teig nicht zu weich oder gar flüssig werde; ist er dann hinlänglich abgearbeitet, so bestäubt man das Brett und den Teig mit fein gestoßenem Zucker, walkt ihn messerrückendick aus, überzieht ihn mit weißen Eis und schneidet fingerlange, doch etwas breitere Stangeln, selbe werden mit Pistazien verziert, auf ein mit Wachs bestrichenes Blech gelegt und bei einer gelinden Wärme getrocknet, damit das Eis nicht braun werde, sondern schön weiß bleibe.

395. Kapseln von Brod-Tortenteig.

Man macht einen Brod-Tortenteig, gießt ihn in kleine papierne Kapseln und bäckt sie bei gelinder Wärme; wenn sie ausgebacken sind, werden sie mit Limonie-Eis überzogen und mit breitgeschnittenen Pistazien schön verziert, man gibt sie dann wieder in den Ofen, der schon ausgekühlt sein muß, damit das Eis nur abtrocknet; dann werden sie in den Kapseln auf die Tafel gegeben.

396. Zimmt-Karte.

Man gibt aufs Nudelbrett $1/8$ Kilo Zucker, $1/8$ Kilo Mehl, 5 Dekagr. Butter, ein ganzes Ei, Zimmt, von einer halben Limonie die Schale, welche recht fein geschnitten wird. Der Teig wird Messerrückendick ausgewalkt, zu Karten formirt, mit Eierklar bestrichen und mit vorher geschwellten und gespaltenen Mandeln gleich denen verziert. Man läßt sie in einen nicht zu heißen Rohr recht schön gelb backen.

397. Ingberbäckerei gut zum Thee.

Man stoßt 2 Dekagr. reinen Ingber und siebt ihn durch ein feines Haarsieb; gibt ihn sodann auf ein Brett sammt 14 Dekagr. fein gestoßenen Zucker, 12 Dekagr. feinstes Mehl, ein ganzes Ei und einen Dottter. Dies alles arbeitet man zu einen Teig zusammen, walkt ihn Messerrückendick aus, schneidet zwei Fingerbreite Stücke daraus, beschmiert sodann ein Blech mit Butter oder Fett, legt die Stücke reihenweise darauf und bäckt sie schön gelb aus.

398. Hobel-Späne.

Dazu kommen 14 Dekagr. fein gestoßener Zucker, 9 Dekagr. feines Mehl, welches man gut vermengt; von sieben Eiern das Klare zu festem Schnee geschlagen und dieser mit dem Obigen gut verrührt; sodann ein Backblech mit Butter bestrichen, die Masse mit einem breiten Messer so dünn wie Papier darauf gestrichen, einige Augenblicke in einen lauwarmen Ofen gestellt und wenn es ein dünnes Häutchen hat, mit grob gestoßenem Zucker gleichförmig bestreut und wieder so lange in den Ofen gestellt, bis es schön lichtgelb geworden; dann schneidet man mit einem scharfen Messer spannlange und Fingerbreite Streifen und wickelt diese so schnell wie möglich über ein rundes, fingerdickes Holz, so daß sie ein den Hobelspänen ähnliches Aussehen bekommen; man richtet sie hoch auf eine Schüssel und gibt zu Obersschaum jeder Art.

399. Lebzelten.

Man nimmt ¼ Kilo Mehl, ⅛ Kilo fein gestoßenen Zucker, von einer Limonie die klein geschnittene Schale, etwas Zimmt und ein klein wenig Gewürznelken fein gestoßen, mengt Alles dieses gut durcheinander, macht sodann mit einem sehr heißen Tropfhonig vom Obigen einen Teig in der Feste eines Butterteiges, arbeitet selben eine halbe Stunde gut ab und läßt ihn dann drei Stunden rasten, walkt ihn einen halben Fingerdick aus und macht Schüsseln, oder was beliebt, belegt sie mit gespaltenen Mandeln und bäckt sie resch in einem geheizten Ofen.

400. Linzer-Brod.

Man gibt zwölf Eierdotter in einen Weidling, das

Klare davon wird zu einem festen Schne geschlagen, ½ Kilo Zucker fein gestoßen und dieser sammt Schnee und Eierdotter mit der Schneeruthe eine Stunde gut aufgeklopft, damit es recht dick werde. Dann wird ⅛ Kilo Mandel geschwellt gestiftelt geschnitten in einen Kastrol auf einer schwachen Glut geröstet, bis sie etwas gelblich werden; wenn sie dann ausgekühlt sind, so rührt man sie unter das Aufgeklopfte, von einer Limonie die klein geschnittene Schale und ½ Kilo feines Mehl dazu, rührt alles gut untereinander; bestreicht dann einen Zwieback-Model mit Butter, füllt den Teig hinein und bäckt ihn langsam. Wenn es ausgebacken und ausgekühlt ist, schneidet man es entweder so wie den Zwieback oder in große Schüsseln.

401. Chocolade-Busserl.

⅛ Kilo gute Chocolade und 6 Dekagr. Zucker wird fein gestoßen, 15 Dekagr. Mandeln geschwellt, gut getrocknet, die Hälfte davon wird mit dem Schneidmesser klein geschnitten, die andere Hälfte gestiftelt geschnitten; man rührt dann mit einem festen Schnee den Zucker und Chocolade in ein dickes Eis und wenn es schon recht flaumig ist, rührt man zuerst die klein geschnittenen Mandeln, wenn diese gut verrührt sind, die gestiftelt geschnittene leicht hinein, gibt sie mit einem Kaffeelöffel auf rund geschnittene Oblatten und läßt sie in einem ganz kühlen Ofen trocken werden.

402. Mandel-Busserln.

Dazu wird ¼ Kilo Zucker sammt etwas Vanille fein gestoßen und gesiebt; ¼ Kilo geschwellte Mandeln mit dem Schneidmesser klein geschnitten, dann von zwei Eierklar ein fester Schnee geschlagen, dieser sammt den Zucker in einem Weidling zu Eis gerührt, und die Mandeln darunter gemengt. Dann so viel Oblatten, als man dazu benöthigt, auf ein Blech gelegt, von der obigen Masse mit einem Kaffeelöffelvoll kleine Häufchen darauf gegeben und chnell[!] in einem abgekühlten Ofen gebacken.

403. Mandeln, geröstete.

Man nimmt ½ Kilo Mandeln, reinigt sie mit einem Tuche, ⅜ Kilo Zucker werden mit einem halben Glas Wasser so lange gekocht, bis er sich spinnt und im Sieden große Blasen wirft, wornach er keine flüssigen Theile mehr hat: dann werden die Mandeln hineingegeben und auf einem gelinden Kohlenfeuer immer mit einem Kochlöffel gerührt, bis sie allen Zucker eingesaugt haben und schön trocken sind. Man muß Acht haben, daß sie nicht ölig werden. Sobald sie zu krachen anfangen, muß man sie vom Feuer wegnehmen und das Kastrol zudecken, bis sie ausgekühlt sind. Will man die Mandeln roth haben, so gibt man etwas Alkermessaft darunter. Die Haselnüsse werden auf dieselbe Art gemacht.

404. Mandeln im Schlafrock.

Man nimmt ⅛ Kilo fein gestoßenem Zucker und von einem Eierklar den festen Schnee, rührt davon durch eine halbe Stunde ein dickes Eis, schneidet von Oblatten runde Blatteln, legt auf jedes Blattel eine abgeschälte Mandel und gibt einen Kaffeelöffelvoll von diesem Eise darüber: sind nun alle so hergerichtet, so bäckt man sie in einem abgekühlten Ofen, oder man trocknet sie vielmehr und richtet sie dann auf einen Teller.

405. Muskazonen.

Man nimmt ⅛ Kilo gestoßenen Zucker, eben so viel klein geschnittene Mandeln, 2 Dekagr. fein gestoßenen Zimmt, 1 Dekagr. Gewürznelken und von einer Limonie die klein geschnittene Schale, gibt dieses Alles auf ein Brett und macht mit dem Schnee von einer Eierklar den Teig an; bestreut das Brett mit feinem Zucker und macht Schüsseln, Kränze, oder was sonst beliebt, daraus. Man gibt sie dann auf ein Blech, backt sie in einem kühlen Ofen und bewahrt sie trocken auf; das Blech muß mit Wachs bestrichen werden.

406. Torteletten.

Man nimmt ⅛ Kilo Butter, treibt selbe gut ab, schlägt zwei ganze Eier daran, verrührt sie gut, gibt auch ⅛ Kilo geschwellte und gestoßene Mandeln und eben so viel gestoßenen Zucker, von einer Limonie die klein geschnittene Schale dazu, rührt alles gut durcheinander; zuletzt gibt man ⅛ Kilo feines Mehl hinzu, selbes wird mit dem Uebrigen nur so lange gerührt, bis es gut vermengt ist. Füllt es dann in die dazu gehörigen blechernen Modeln, welche vorher mit etwas Butter bestrichen werden, bäckt sie in einem gelind geheizten Ofen und stürzt sie dann heraus; man kann sie mit Eis verzieren und wenn man will, von diesen Teig auch Torten machen.

407. Torteletten von weissem Linzerteig.

Man nimmt ⁷⁄₁₀ Liter Mehl auf ein Brett, schneidet ¼ Kilo Butter blätterweis hinein, die Butter wird mit dem Walker gut mit dem Mehle abgearbeitet. Gibt dann ⅛ Kilo geschwellte fein gestoßene Mandeln, ⅛ Kilo fein gestoßenen Zucker, die klein geschnittene Schale von einer Limonie sammt vier hart gekochten Eierdottern daran; macht den Teig mit einem ganzen Ei an, welches sehr leicht mit dem Walker geschehen kann, waltt ihn dann einen starken Messerrückendick aus, sticht den Teig mit einem kleinen Krapfenstecher aus, füllt die Hälfte davon mit eingesottenen Ribiseln, sticht die andere Hälfte der Blätter mit einem kleinen sternartigen Ausstecher in der Mitte aus, bestreicht die gefüllten Blätter um den Rand etwas mit Eierklar und gibt die Ausgestochenen darauf; bestreicht sie mit abgeschlagenen Eiern und bäckt sie schön.

408. Vanille-Kränzchen.

Es werden 9 Dekagr. Zucker mit 15 Dekagr. feinem Mehl wohl vermengt auf ein Brett gegeben, und 12 Dekagr. Butter, welche weich sein muß, mit dem Mehl und Zucker mittelst dem Walker so lange verwalkt, bis die Butter das Mehl eingesaugt hat; dann wird es mit einem breiten Messer mehrmals durchgearbeitet, bis ein feiner Teig daraus wird, der mit nichts sonst genäßt werden darf. Dann wird der Teig messerrückendick ausgewalkt, mit einem ganz kleinen Stecher wieder ausgestochen, damit es ein Kränzchen bildet. Vorher werden 6 Dekagr. Mandeln geschwellt, und mit einem Schneidemesser klein geschnitten, dann 6 Dekagr. Zucker mit etwas Vanille ebenfalls gestoßen und mit den Mandeln vermengt; die Kränzchen werden sodann mit abgeschlagenem Ei bestrichen und mit den Mandeln und Zucker gut besäet, dann auf ein Backblech gelegt und bei gelinder Wärme schön lichtbraun gebacken. Wenn sie aus dem Ofen kommen, werden sie sogleich mit gestoßenem Zucker und Vanille dick bestreuet, auf jener Seite der Kränzchen, wo keine Mandeln sind, werden sie mit Marillensalse bestrichen, ein zweites Kränzchen darauf gelegt, auf eine Schüssel hoch aufgerichtet und in die Oeffnung der Kränze eine eingesottene Weichsel gesteckt. Von diesem Teig kann man auch Bretzeln machen und diese nur blos mit Mandeln und Zucker bestreuen.

409. Reichenauer Zwieback.

$1/_8$ Kilo fein gestoßener Zucker wird sammt vier ganzen Eiern in einem Topf gegeben und drei Viertelstunden mit einem Kochlöffel abgeschlagen, dann $1/_8$ Kilo feines Mehl beigemengt, sowie auch etwas reiner Aneis. Die Model mit Wachs ausgestrichen, der Teig eingefüllt und langsam gebacken.

410. Theekuchen.

Man siebt $1^3/_{10}$ Liter Mehl, sondert $3/_{10}$ Liter davon auf dem Brett, löst 3 Dekagr. Germ in lauwarmem Wasser auf, gibt die $3/_{10}$ Liter Mehl, Germ und Wasser in eine tiefe Schüssel und macht davon das Dampfl, läßt es an einen warmen Orte gehen. Sieht man es zur hälfte auf= gegangen, so häuft man den übrigen Liter Mehl am Brette auf, macht eine Vertiefung in der Mitte, gibt etwas lauwarmes Wasser und Salz hinein, nebst ein Kilo Butter und 6 Dottern, mischt erst Butter und Eier zusammen und endlich auch das Mehl dazu, knetet ihn zweimal durch, gibt das Dampfl dazu, theilt den Teig wiederholt mit den Händen und gibt ihn auf eine andere Stelle des Brettes, bestreut eine Serviette mit Mehl, legt den Teig darauf, schlägt ihn mit der Hand flach, legt ihn zusammen, wiederholt dieß mehrmal, formt dann kleine Brödchen oder ein großes Brod, läßt es aufgehen und bestreicht es vor dem Backen mit einem Dotter.

411. Salz-Stangeln zum Thee.

12 Dekagr. Mehl, 6 Dekagr. Butter, 2 Dekagr. Zucker, anderthalb Eierklar und Salz wird auf dem Brett recht gut verarbeitet, ausgewalkt, in Stangeln geschnitten, mit Ei bestrichen und mit Salz bestreut,

412. Aniskuchen.

Man gibt 12 Dekagr. gesiebten Zucker mit 2 Eier in einen Schneekessel, schlägt diese Mischung so lange mit der Ruthe bis keine gelben Aederchen mehr sichtbar sind, was beiläufig eine halbe Stunde erfordert. Nun rührt man 15 bis 18 Dekagr. feines Mehl hinein, je nach der Qualität des Mehles, die Masse muß zwar dick, aber doch noch flüssig sein. Man formt nun auf einem mit Butter bestrichenen und mit Mehl bestäubten Blech kleine runde Kuchen oder Krapfen, mittelst eines Löffels aus dieser Masse, bestreut sie mit Aneis und bäckt sie mäßig warm.

413. Echter Marzipan.

Man zerreibe $\frac{1}{2}$ Kilo geschälte Mandeln, gebe eben so viel gestoßenen Zucker dazu, der mit etwas Mehl vermengt ist, rolle die Masse in Stücke von beliebiger Größe aus, begieße die Stückchen mit einem Gemisch von Eiweiß und Zucker und trockne sie dann, daß sie ganz licht bleiben.

Vierundzwanzigster Abschnitt.

Von den Sulzen, Crémes und geschäumter Milch.

414. Bänder-Sulz.

Man macht eine Chocoladesulz wie Nr. 416 von guten $3/10$ Liter Obers, selbes wird mit der Hausenblase vermengt, in einen Model gegossen und auf dem Eise gestockt. Dann werden Ribisel durch ein Tuch gepreßt, $3/10$ Liter Ribiselsaft genommen, von einer halben Limonie den Saft dazu, 15 Dekagr. Zucker aufgelöst, wie auch 2 Dekagr. aufgelöste Hausenblase darunter gemengt. Die Sulz wird dann durch ein reines Tuch, welches mit den vier Enden an die Füße eines gestürzten Stuhles gebunden und in die Mitte derselben ein Bogen Fließpapier gelegt wird, durchgeseihet und auf die Chocoladesulz, wenn selbe schon ganz fest ist, aufgegossen. Dann schwellt man $1/8$ Kilo Mandeln, worunter einige bittere sein müssen, stößt sie in einem Mörser ganz klein zusammen, gießt $3/10$ Liter von dem besten Obers darauf, läßt es einige Augenblicke mit den gestoßenen Mandeln wohl vermengt stehen, preßt es durch ein Tuch, gibt so viel Zucker dazu, daß es süß genug ist und zuletzt 2 Dekagr. aufgelöste Hausenblase darunter; seihet es noch einmal und gießt es langsam auf die schon fest gestockte Ribiselsulz und läßt es stocken. Bei dem Herausstürzen ist besondere Aufmerksamkeit zu verwenden, der Model darf nicht zu lange im heißen Wasser bleiben, damit die Bänder nicht zerfließen und dadurch die Farben vermengt würden.

415. Chocolade-Sulz.

Man kocht 6 Zelteln feine Chocolade in $^7/_{10}$ Liter Obers, dazu 10 Dekagr. Zucker, sprudelt sie fleißig, daß sie gut verkocht; wenn sie etwas dicklich geworden, gibt man 3 Dekagr. aufgelöste Hausenblase darunter, gießt das Ganze in einen Model und läßt es auf dem Eise sulzen.

416. Erdbeeren-Sulz mit gemischten Beeren eingelegt.

Es werden 1$^3/_{10}$ Liter gut gereifte Waldbeeren rein geklaubt, $^3/_8$ Kilo Zucker mit $^7/_{10}$ Liter Wasser aufgesetzt und so lange gekocht, bis der Zucker anfängt schwere Tropfen zu werfen; dann werden die Erdbeeren hinein gegeben und nur einige Sud mit dem Zucker aufgesotten, dann auf ein Sieb gethan und ohne sie zu pressen, durchfließen lassen. Zu diese Masse wird, wenn selbe ausgekühlt ist, der reine Saft von zwei Limonien gemengt; sollte die Farbe nicht schön roth sein, so kann man es mit etwas Alkermessaft oder Cochenille färben; doch ist zu bemerken, daß diese Sulz nicht dunkel, sondern nur blaßroth sein darf; 4 Dekagr. aufgelöste Hausenblase werden darunter gemengt und die Sulz durch eine aufgespannte Serviette geseihet; sollte sie auf das erste Mal nicht klar genug sein, so muß man es wiederholen, damit die Sulz vollkommen klar werde. Während dieses geschieht, wird ein flacher runder Model in gestoßenem Eis eingegraben, in dessen Mitte ein kleinerer runder Model kömmt, der mit einem Stein beschwert wird, damit er nicht weichen kann; in diesen Kranz, den der kleinere Model frei läßt, wird die Sulz gegossen und so lange im Eise gelassen, bis sie fest ist, wozu eine Stunde hinreicht; ist die Sulz fest, so wird in den kleineren leer gelassenen Model behutsam siedendes Wasser gegossen, damit die Sulz den leeren Model frei wegnehmen läßt, welcher nun herausgenommen wird. (Dieses alles muß schnell und mit Geschicklichkeit geschehen, damit die Sulz nicht zerfließe.) Wenn dieses alles so weit fertig ist, dann werden ungefähr dreißig Ananas-Erdbeeren, eben so viele schöne rothe Waldbeeren, so viele Himbeeren, auch desgleichen weiße und rothe rein geklaubte Ribiseln in Träubchen zur Hand bereitet; diese Früchte müssen vollkommen rein sein, daß man nicht nöthig hat, selbe zu waschen, welches der Frucht selbst nur schaden würde. Wenn nun die Sulz fest ist, so wird der leere Raum, in welchem der Model gestanden hat, mit den Früchten, welche vorher stark mit Zucker besäet werden müssen, zierlich ausgefüllt, dann mit der zurückgebliebenen Sulz voll gegossen und so bleibt es im Eise stehen, bis die Sulz durch und durch gestockt ist; das Herausstürzen geschieht so wie bei den Uebrigen.

417. Französische Créme.

16 Dekagr. gestoßener Zucker wird mit etwas Vanille, zehn Eierdottern und $7/10$ Liter abgekochten und wieder kalt gewordenen Obers in einem glasirten Topf gut versprudelt, auf Kohlenfeuer gestellt und unter beständigem Rühren so lange gelassen, bis es so dicklich wie ein leichter Amulettenteig ist; dann gießt man es in ein anderes Gefäß, rührt es noch langsam fort, damit es nicht zerrint und läßt es kalt werden. Indessen schlägt man von $7/10$ Liter des besten Obers einen festen Schaum, mengt etwas Vanillezucker darunter und vermengt ihn nebst zwei Eßlöffelvoll guten Rum, 2 Dekagr. aufgelöste Hausenblase mit der ausgekühlten Créme; bestreicht den Model mit feinem Mandelöl, füllt die Créme hinein, stellt sie in klein geklopftes Eis und läßt sie darin sulzen.

418. Himbeeren-Sulz.

Die Himbeeren werden rein geklaubt und durch ein Tuch gepreßt; auf $7/10$ Liter Himbeersaft nimmt man den Saft von zwei Limonien, dann 30 Dekagr. Zucker, welcher in dem Saft aufgelöst werden muß, wie auch 3 Dekagr. aufgelöste Hausenblase darunter vermengt und durch ein reines Tuch gebrochen in einen Model gegossen und auf

dem Eise gesulzt. Bei dem Herausstürzen verfährt man so
wie bei den Vorigen.

419. Kalter Chaudeau mit Aepfel.

Es werden Maschanzgeräpfel kleiner Gattung geschält,
in der Mitte ausgehölscht, mit Wasser, Zucker und etwas
Limoniensaft so lange gekocht, bis sie weich sind, aber nicht
zerfallen; dann werden sie in eine tiefe Schale gelegt, mit
eingesottenen Ribiseln gefüllt, der Chaudeau so wie Nr. 187
gemacht und wenn er fertig ist, über die Aepfel gegossen,
an einen kalten Ort gestellt und bevor er zur Tafel kömmt,
mit spanischen Winden zierlich belegt.

420. Kaffee-Sulz mit Obers.

Man bereitet ungefähr $3/_{10}$ Liter guten schwarzen
Kaffee; dieser muß so rein wie möglich geseihet und mit
$3/_{10}$ Liter vom besten Obers vermengt werden; dann gibt
man sechs Eierdotter sammt $1/_8$ Kilo fein gestoßenen Zucker
in einen Topf, sprudelt es gut, gibt den gemischten Kaffee
dazu, stellt den Topf in Kohlenfeuer und sprudelt ununter-
brochen so lange bis es anfängt dicklich zu werden; dann
wieder schnell weggenommen und in einen andern reinen
Topf gegossen, damit es nicht zusammenläuft. Nun werden noch 2 Dekagr. aufgelöste Hausenblase daruntergemengt
und so lange gerührt, bis es überkühlt ist, dann in den
Model gefüllt und auf Eis gestellt, wo es bis zum Gebrauche stehen bleibt. Beim Herausstürzen wird es so wie
die übrigen Sulzen behandelt.

421. Limonie-Sulz.

$3/_8$ Kilo Zucker werden an drei Limonien sehr leicht
abgerieben, der Saft von zehn Limonien ausgepreßt, geläutert und mit $7/_{10}$ Liter Wasser vermengt; dann gießt
man es auf den abgeriebenen Zucker und wenn dieser darin aufgelöst ist, werden 3 Dekagr. aufgelöste Hausenblase

damit vermengt und durch eine Serviette gebrochen, dann wie die Uebrigen in einem Model auf dem Eise gesulzt.

422. Mandel-Sulz.

Es werden $3/8$ Kilo süße und sechs Stück bittere Mandeln mit $2\,7/10$ Liter reinem Wasser übergossen und vierundzwanzig Stunden darin stehen gelassen, nach welcher Zeit sie leicht zu schälen sind; mangelt aber diese Zeit hiezu, so gibt man sie in siedendes Wasser, schält sie und läßt sie dann im frischen Wasser einige Zeit stehen, damit sie weiß und spröde werden; nimmt sie dann heraus, trocknet sie mit einem reinem Tuche und stoßt sie in einem Mörser zu einem Teig zusammen; wenn die Mandeln gestoßen sind, gibt man selbe in einen porzellänernen Topf, gießt 1 Liter kaltes Brunnenwasser darauf, rührt es mit einem Silberlöffel fein ab und treibt es durch eine Serviette; das Durchgetriebene wird noch zweimal auf die Mandeln gegossen und nochmals durchgetrieben, bis man das Ganze mit möglichster Gewalt ausgepreßt hat. Diese Mandel= milch wird nun mit $1/4$ Kilo fein gestoßenem Zucker fein abgerührt, mit 3 Dekagr. aufgelöster Hausenblase, die auf fünf Löffelvoll eingekocht hat, vermengt und wieder durch eine Serviette geseihet, dann in eine passende Form ge= gossen und in klein gestoßenes Eis gestellt.

423. Marillen-Sulz.

Dreißig schöne reife Marillen werden geschält, in der Mitte getheilt, die Kerne herausgenommen und in einen Suppentopf gelegt; dann $3/8$ Kilo Zucker mit $1/2$ Liter Wasser in einer messingenen Pfanne nur so lange gekocht, bis er sich gänzlich aufgelöst hat, dann aber siedend über die Marillen gegossen, zugedeckt und vierundzwanzig Stun= den stehen gelassen; endlich durch ein Sieb geseiht, aber nicht gedrückt, sondern nur so lange abfließen gelassen, bis kein Tropfen mehr abfließt.

Dann wird von einer Limonie der Saft darein ge=

mengt und zuletzt 3 Dekagr. aufgelöste und geklärte Hausenblase dareingegeben, sonach durch eine Serviette mit einem Bogen Fließpapier gebrochen und wenn die Masse schön klar ist, in den Model gegossen und in Eis gesulzt.

424. Pomeranzen-Sulz.

$3/8$ Kilo Zucker werden an zwei Pomeranzen leicht abgerieben, doch darf man nicht zu tief einreiben, damit er nicht bitter werde: der abgeriebene Zucker wird mit einem Messer abgeschabt und in einen Suppentopf gegeben; dann wird der Saft von zehn Pomeranzen und zwei Limonien ausgepreßt und mit dem Zucker aufgelöst, wozu man noch $3/10$ Liter Wasser geben kann; wenn der Zucker ganz aufgelöst ist, so kommen 3 Dekagr. aufgelöste Hausenblase darunter und werden mit dem Safte wohl vermengt, dann wie die übrigen Sulzen ein- auch zweimal durch eine aufgespannte Serviette gebrochen, in den Model gegossen und auf Eis gestellt. Will man diese Sulz einlegen, so gießt man nur daumenhoch in den Model, läßt es auf dem Eise sulzen; legt dann in der Form eines Sternes den Model mit verzuckerten Pomeranzenspalten ein, welche bei den Zuckerbäckern zu finden sind, gießt dann wieder daumhoch von der Masse darauf, läßt es abermals stocken und wenn es fest ist, gießt man das Uebrige darauf und läßt es auf dem Eise bis zum Gebrauche.

425. Ribisel-Sulz.

Man nimmt reife große Ribiseln, zupft sie von den Stängeln, preßt den Saft davon aus, gibt $3/8$ Kilo Zucker in ein messingenes Becken, $3/10$ Liter Wasser darauf und läßt ihn so lange kochen, bis er schwere Tropfen wirft; dann kömmt $7/10$ Liter Ribiselsaft dazu, mengt es wohl durcheinander, drückt den Saft von zwei Limonien hinein und läßt es etwas abkühlen; dann mengt man 3 Dekagr. aufgelöste Hausenblase bei und bricht die ganze Masse durch ein reines Tuch. Sollte es nicht ganz hell und durchsichtig sein, so muß das Filtriren wiederholt werden, gießt es dann in eine zierliche Form, stellt es in klein geklopftes Eis und wenn es hinlänglich gesulzt ist, wird es auf die Schüssel gestürzt und zur Tafel gegeben.

426. Rosen-Sulz.

6 Dekagr. frisch gepflückte und abgezupfte Rosenblätter werden nebst etwas weniger Cochenille mit $^3/_4$ Kilo geklärtem Zucker abgebrüht und gut zugedeckt stehen gelassen. Wenn es gänzlich ausgekühlt ist, wird es durch ein Tuch, welches in reines warmes Wasser getaucht wurde, in eine Porzellanschale geseiht, mit $^2/_{10}$ Liter sehr guten Kirschenwasser, dem Saft von drei Limonien und 4 Dekagr. geklärter Hausenblase vermengt, in einen in klein geklopftes Eis eingegrabenen Model gegossen, genau bedeckt, mit Eis überlegt und so durch zwei Stunden sulzen gelassen. Das Umstürzen geschieht wie gewöhnlich; auf diese Weise werden alle aus Blumen bereitete Sulzen behandelt, zu jener aus Nelken werden einige Gewürznelken genommen.

427. Sulz von Muskat-Weintrauben.

Reife Muskateller-Weintrauben werden von ihren Stängeln geklaubt und von selbst so viel durch ein Tuch gepreßt, bis man 1 Liter Saft hat. Dieser und der Saft von 4 Limonien werden mehreremal durch ein Fließpapier geläutert; $^3/_4$ Kilo Zucker werden mit $^3/_{10}$ Liter Wasser so lange gekocht, bis er schwere Tropfen wirft; dann wird er sammt 3 Dekagr. aufgelöster Hausenblase mit dem Obigen gut vermengt, die Masse durch eine Serviette gebrochen und in einen Trauben bildenden Model gegossen, welcher vorher in klein gestoßenes Eis eingegraben wurde; läßt sie zwei Stunden sulzen und stürzt sie dann mit Vorsicht auf die dazu gehörige Schüssel.

428. Vanille-Sulz mit Hohlhippen eingelegt.

Man kocht $^7/_{10}$ Liter gutes Obers, stellt es vom Feuer und läßt es auskühlen; dann werden 15 Dekagr.

Zucker mit etwas Vanille fein gestoßen und in einem Topf mit neun Eierdottern gut abgesprudelt, das Obers allmälig dazu gegossen, damit wohl vermengt, in ein Kohlenfeuer gestellt und unter beständigem Sprudeln so lange auf der Glut gelassen, bis es anfängt dicklich zu werden; dann nimmt man es in einen andern reinen Topf, rührt es so lange fort, bis es überkühlt ist, damit es nicht zusammenläuft. Zuletzt gießt man daumenhoch in einen runden kleinen Model, stellt ihn in zerklopftes Eis und läßt es sulzen. Man bäckt mittlerweile kleine Hohlhippen und sechs bis sieben Scheiben von dem Hohlhippenteig, welche man nicht zusammenrollt, stellt auch den Topf mit der übrigen Sulz in Eis und läßt es so zur Hälfte sulzen; ist die im Model eingegossene Sulz schon fest, so legt man eine Scheibe von den Hohlhippen darauf und streicht mit einem Eßlöffel von der halb gesetzten Masse einen Fingerhoch darüber, läßt es abermals sulzen, legt dann wieder eine Scheibe darauf und streicht wieder von der Sulz darauf und so fort, bis die Masse ganz eingefüllt ist: läßt es dann fest sulzen, stürzt es auf eine Schüssel und besteckt es in drei Reihen mit kleinen Hohlhippen.

429. Weichsel-Sulz.

Schöne reife Weichseln werden von den Stängeln gelöst, gewaschen, in einem Mörser sammt den Kernen gestoßen und der Saft davon ausgepreßt. Auf $^7/_{10}$ Liter Weichselsaft wird der filtrirte Saft von zwei Limonien dazu gegeben, dann $^3/_8$ Kilo Zucker mit $^2/_{10}$ Liter Wasser so lange gekocht, bis er schwere Tropfen wirft, dann wird der gekochte Zucker unter den Saft gemengt, 3 Dekagr. aufgelöste Hausenblase darunter gegeben, durch eine Serviette mit Fließpapier belegt gebrochen, in einen Model gegossen und auf Eis gesulzt.

430. Quitten-Sulz.

Man kocht in 1 Liter Wasser $^3/_8$ Kilo Zucker nur

so lange, bis er aufgelöst ist, vier große reife und schöne gelbe Quitten werden mit einem Tuche rein abgewischt, aber nicht geschält, in messerrückendicke Scheiben geschnitten, und in dem Zucker so lange gekocht, bis sie weich sind; wenn der Zucker den Quittengeschmack gut angezogen hat und die Farbe schön gelb ist, dann wird es durch ein Sieb geseiht aber nicht gepreßt, der Saft von zwei Limonien hinein gedrückt, 3 Dekagr. aufgelöste Hausenblase damit vermengt, durch eine aufgespannte Serviette gebrochen, und wenn es schön klar ist, in einen Model gegeben und auf dem Eise gesulzt. Man kann sie auch mit in Zucker eingesottenen Quitten-Spalten einlegen, die in dünne Spalten geschnitten, und in zwei oder drei Lagen in die Sulz so wie die anderen eingelegten Sulzen behandelt werden.

431. Türkische Créme.

Man gibt 7/10 Liter besten Obers in ein messingenes Einsiedbecken, stellt es auf Eis, und schlägt es mit der Schneeruthe so lange, bis die ganze Masse zu festem Schaum geworden, dann rührt man in einen Weidling fünf Eßlöffelvoll Marillen- oder Himbeer-Marmelade mit 12 Dekagr. fein gestoßenem Zucker flaumig ab; wählt man Himbern, so mengt man einige Tropfen Alkermes bei, damit der Schaum schön blaßrosa werde, und vermengt den Schaum leicht, doch nur allmälig damit, gibt auch ein und 1 Dekagr. aufgelöste und ausgekühlte Hausenblase dazu, gräbt einen Model in Eis, füllt die Masse hinein, und läßt sie ganz stocken. Beim Ausstürzen belegt man den Schaum mit spanischen Winden was recht zierlich aussieht, oder man bereitet von Windteig einen Kranz, trocknet diesen, und schließt den Schaum damit ein.

432. Vanille-Créme.

Man nimmt 7/10 Liter gutes Obers, läßt es aufkochen, dann werden 15 Dekagr. Zucker mit einem Stück gestoßener Vanille und acht Eierdottern abgerührt, das Obers langsam darauf gegossen, gut versprudelt, und in ein Kohlenfeuer gesetzt, immer gesprudelt, bis es anfängt dicklich zu werden; dann wird der Topf weggehoben, und die Crème in eine Schale gegossen; man läßt sie überkühlen, besäet sie stark mit fein gestoßenem Zucker, und bräunt sie mit einer glühenden Schaufel.

433. Gesulzter Chaudeau.

Man nimmt zwölf Eierdotter in einen Topf, $1/2$ Liter alten Wein, 2 Dekagr. aufgelöste Hausenblase, 16 Dekagr. auf Limonien abgeriebenen Zucker, dies alles zusammen sprudelt man so lange, bis es schäumt, gibt es dann auf ein gelindes Kohlenfeuer, sprudelt es darauf fort, bis es anfängt dicklich zu werden; stellt es dann in einem Weidling in kaltes Wasser, und sprudelt es so lange, bis es ein wenig abgekühlt ist; nun gießt man es in einen Model, läßt es an einem kühlen Orte sulzen, stürzt es sodann auf eine Schüssel, und gibt es zur Tafel.

434. Gesulzte Milch mit Bisquit gefüttert.

Es wird ein runder flacher Model mit schönen Bisquits ringsherum, und auch auf dem Boden ausgefüttert; die glänzende Seite des Bisquits muß an die Wand des Bodens gerichtet sein; die Oeffnungen werden mit doppelten Reihen belegt, damit die Milch nirgends durchdringen kann; dann wird von 1 Liter gutem Obers ein fester Schaum geschlagen. Wenn die ganze Masse zu Schaum gemacht ist, werden 15 Dekagr. fein gestoßener Zucker nebst etwas fein gestoßener Vanille mit dem Schaum vermengt, 3 Dekagr. aufgelöste Hausenblase, wenn sie schon ausgekühlt und geseihet ist, auch darunter gemengt, der ausgefütterte Model damit angefüllt, und in klein geklopftes Eis gestellt. Wenn es dick gesulzt ist, taucht man den Model einen Augenblick in heißes Wasser, trocknet ihn mit einem Tuche ab, löst es mit einem feinen Messer behutsam ab, und stürzt es dann auf eine Schüssel.

435. Gesulzter Reis.

Man nimmt $^7/_{10}$ Liter gute Milch in ein Kastrol, welches vorher mit etwas Butter bestrichen werden muß, und läßt sie sieden; nimmt dann $^1/_8$ Kilo schönen Reis, welcher rein geklaubt und gewaschen wird, und läßt ihn in der Milch weich kochen. Dann nimmt man $^7/_{10}$ Liter des besten Obers in einen Topf, schlägt das Klare von vier Eiern darein, rührt es gut ab, setzt es auf ein gelindes Kohlenfeuer, und sprudelt es, bis es ein wenig aufkocht, dann gibt man 15 Dekagr. Zucker und etwas Vanille dazu, richtet den Reis auf eine tiefe Schüssel, gießt das Abgerührte darüber, mengt es wohl untereinander, setzt es in Eis oder in einen Keller, damit es sich sulzet.

436. Erdbeeren-Schaum.

$^7/_{10}$ Liter reife Wald-Erdbeeren werden durch ein Sieb geschlagen, und mit 15 Dekgr. gestoßenem Zucker abgerührt; von 1 Liter gutem Obers wird mit der Schneeruthe ein Schaum geschlagen, und mit den durchgeschlagenen Erdbeeren vermengt, gibt 1 Dekagr. aufgelöste und ausgekühlte Hausenblase darunter, vermengt sie schnell mit dem Schaum gibt ihn in einen Model, und läßt ihn auf dem Eise sulzen Bevor man ihn auf die Tafel gibt, wird er gestürzt, und mit einem Kranz von spanischen Winden geziert. Diesen Schaum kann man auch zum Füllen der spanischen Windtorte verwenden.

437. Geschäumte Milch mit Chocolade.

Es werden $1^3/_{10}$ Liter dickes Obers zwei Stunden vor dem Gebrauche auf Eis gestellt, dann in ein messingenes Einsiedbecken gegossen und mit einer dichten Schneeruthe so lange geschlagen, bis die ganze Masse zu Schaum geworden. Dann wird $^1/_8$ Kilo der besten Chocolade in $^2/_{10}$ Liter Wasser unter beständigem Rühren so lange gekocht, bis es die Dicke eines Kindskoches hat, dann bei

Seite gestellt. Nun wird diese Chocolade mit ⅛ Kilo fein gestoßenen Zucker verrührt und nebst 2 Dekagr. aufgelöster Hausenblase behutsam mit dem Schaume vermengt, in einen Model gefüllt, auf das Eis gestellt, bis es sich stockt.

438. Geschäumte Milch mit Erdbeeren.

Man bereitet dieselbe Quantität geschäumte Milch wie Nr. 437, treibt ¼ Kilo reife Erdbeeren durch ein Sieb; dann wird ¼ Kilo Zucker fein gestoßen, unter die Erdbeeren gerührt, in die geschäumte Milch langsam, sammt 1 Dekagr. aufgelöster Hausenblase vermengt, in einen zierlichen Model gefüllt, und auf dem Eise stocken gelassen. Vor dem Herausstürzen taucht man den Model auf einen Augenblick in heißes Wasser, trocknet ihn ab und stürzt es auf die Schüssel.

439. Sulzen von eingesottenen Säften in ein einer solchen Jahreszeit, wo man keine frischen Früchte hat.

Auf ³/₁₀ Liter eingesottenen Saft werden 12 Dekagr. Zucker mit ³/₁₀ Liter Wasser gekocht und sobald der Zucker aufgelöst ist, unter den Saft gegossen und gut damit vermengt; dann von drei Limonien der Saft darein gedrückt, die aufgelöste Hausenblase darunter gegeben und so wie die übrigen Sulzen behandelt. Ist aber der eingesottene Saft dick, so kann man etwas mehr Wasser nehmen und den Saft wenn der Zucker aufgelöst ist, in das mit Zucker aufgesottene Wasser geben und einige Augenblicke aufkochen lassen.

Fünfundzwanzigster Abschnitt.

Von den verschiedenen Gefrornen.

440. Von den Gefrornen überhaupt.

Zu dem Gefrorenen muß man eine zinnerne Büchse

mit einem genau passenden Deckel haben, damit sich selbe nicht öffnen und kein Eis hineinfallen könne, welches den guten Geschmack des Gefrorenen verderben würde. Man verfährt dann auf folgende Art: Zwei Stunden vor dem Gebrauch des Gefrornen zerschlägt man das Eis in ganz kleine Stückchen, gibt einen Theil davon in ein Schaffel, welches gleich weit und am Boden mit einem Zapfen versehen sein muß, um das Wasser ableiten zu können. Gibt dann ein Paar Handvoll grob gestoßenes Salz darüber, dann wieder Eis und so fort, bis das Schaffel voll ist; in der Mitte läßt man einen freien Raum, in welchen man die Büchse hinein setzt, worin sich die zum Gefrieren bestimmte Masse befindet; gibt hierauf um die Büchse herum so viel klein geschlagenes Eis und Salz, daß die Büchse zwar genau und fest in Eis eingegraben, der Deckel jedoch frei davon bleibt, welcher mit einer Handhabe versehen sein muß, damit man die Büchse immer drehen kann. Das drehen der Büchse muß ganz schnell geschehen, doch öfters hineingesehen werden und dasjenige, was sich auf der Seite um die Büchse herum angelegt hat, mit einem dazu bestimmten Schäuferl abgelöst und damit immer sein zerdrückt; denn hauptsächlich ist bei jedem Gefrornen zu verhüten, daß es nicht klumpig oder eisig werde, indem selbes zwar fest, aber doch so fein und mild wie Butter sein muß und dieses kann nur durch stetes Drehen, wiederholtes Ablösen und Verrühren mit dem Schäuferl geschehen. Nachdem man das Wasser von dem Eise durch den Zapfen ablaufen läßt und das Oeffnen und Zerdrücken des im Innern der Büchse auf der Seite sich angelegten Eises wenigstens viermal geschehen ist, so wird die Büchse wieder fest geschlossen, das Eis gesalzen, die ganze Büchse mit Eis bedeckt und so eine Stunde stehen gelassen. Bevor man es zur Tafel gibt, wird die Büchse in siedendes Wasser schnell eingetaucht, gut abgewischt und auf eine Glasschüssel gestürzt. Will man aber das Gefrorne in einen Model geben, so wird es so lange in der Büchse gearbeitet, bis es zu einer festen Masse geworden, dann in den dazu bestimmten Model, der vorher in Eis gelegt wird, gestrichen, fest zugedeckt und auch oben mit Eis belegt.

441. Ananas-Gefrornes.

Die Ananas werden geschält und nur das schönste Fleisch davon genommen, stückweise geschnitten und mit ein wenig Wasser so lange gekocht, bis der Zucker gut aufgelöst ist, dann wird er darunter gegossen, von drei Limonien der Saft hineingedrückt, genau vermengt und so behandelt, wie es in der vorstehenden Anweisung Nr. 440 enthalten ist.

442. Erdbeer-Gefrornes.

Man reiniget 1³/₁₀ Liter gute reife Erdbeeren, schlägt sie durch ein Sieb, drückt den Saft von zwei Limonien dazu; kocht ¼ Kilo Zucker mit einem Glas Wasser, bis es schwere Tropfen wirft, vermengt es mit dem Obigen, läßt es auskühlen und gibt es dann in die Gefrierbüchse.

443. Die Gefrornen von eingesottenen Säften.

Auf ½ Liter Saft kommt ⅛ Kilo Zucker, welcher mit ½ Liter Wasser so lange gekocht wird, bis der Zucker aufgelöst, dann wird er warm unter den Saft gegossen und gut damit vermengt, damit er sich ganz auflöst; auf diese Quantität wird der Saft von drei Limonien hineingedrückt und eben so wie andere Gefrorne behandelt.

444. Haselnuss-Gefrornes.

Von den großen italienischen Haselnüssen werden ¼ Kilo, so wie gewöhnlich die Mandeln, geschwellt, in kaltem Wasser vollkommen gereiniget und so fein wie Teig gestoßen; ⁷/₁₀ Liter gutes Obers abgesotten, die gestoßenen Haselnüsse in einen Topf gegeben, das Obers lauwarm daraufgegossen und eine Stunde unter öfterem Aufrühren stehen gelassen; dann werden 16 Dekagr. gestoßener Zucker dazu gegeben, mehrmals aufgerührt und wenn der Zucker aufgelöst und die Masse kalt geworden, wird es durch ein Tuch gepreßt, in die Büchse gefüllt und dem übrigen Gefrornen gleich behandelt.

445. Himbeer-Gefrornes.

Die Himbeeren werden durch ein reines Tuch gepreßt, auf $7/10$ Liter Saft nimmt man $1/4$ Kilo Zucker, welcher in dem Saft aufgelöst wird, dazu kömmt von 4 Limonien der Saft, dann die Masse in die Gefrierbüchse und wird wie die übrigen behandelt.

446. Kaffee-Gefrornes.

$1/8$ Kilo Kaffee wird gebrannt, in einen Topf gegeben, und in dem Augenblick, als der Kaffee hineinkömmt, wird $7/10$ Liter siedendes Obers darauf gegossen, dann zugedeckt und eine halbe Stunde stehen gelassen; seihet es dann in einen Topf, worin vorher 16 Dekagr. gestoßener Zucker sammt 8 Eierdottern gut verrührt wurden, stellt es in ein Kohlenfeuer, und rührt es beständig, bis es dicklich wird; gießt es dann in einen andern Topf, rührt es noch eine Weile, bis es überkühlt ist, und behandelt es so wie die übrigen Gefrornen.

447. Kastanien-Gefrornes.

$5/8$ Kilo wälsche Kastanien werden weich gekocht, die Schalen abgelöst und durch ein Sieb passirt; stark gewogene 16 Dekagr. Zucker werden mit $7/10$ Liter Wasser so lange gekocht bis er im Kochen große Blasen macht und dicklich wird. Man gibt dann die durchpassirten Kastanien in einen Weidling und treibt sie mit dem gekochten Zucker recht fein ab. Dann gibt man drei starke Löffelvoll guten Rum dazu und verrührt es damit, die Masse muß sehr flüssig sein. Zuletzt kommt der festgeschlagene Schaum von $3/10$ Liter guten Obers schnell hineingemengt dazu. Es kommt gleich in die Gefrierbüchse, und wird in klein geklopftes Eis, das gut gesalzen ist, eingestellt. Gedreht darf es nicht werden, man läßt es stehen, bis es gefriert, sticht während des Gefrierens einigemal rund um die Büchse die gefrorne Masse ab, und vermengt es mit den noch flüssigen Theilen, bis die ganze Masse gefroren ist. Dann wird es ausgestürzt, mit gesponnenen Zuckersäulen umwunden und dazwischen getauchte Kastanien gesteckt.

448. Limonie-Gefrornes.

Man reibt zwei Limonien an ⅛ Kilo Zucker gelinde ab; gibt den gelben Zucker in eine Schale, drückt den Saft von zwölf Limonien dazu, siedet ¼ Kilo Zucker mit ½ Liter Wasser so lange, bis er schwere Tropfen wirft, läßt dann den Zucker überkühlen, mengt den Saft darunter, und gibt es in die Gefrierbüchse.

449. Marasquino-Gefrornes.

Es werden 16 Dekagr. Zucker in ³/₁₀ Liter Wasser gekocht, ist dieser gut gekocht, so wird eine Bouteille Marasquino, welche gewöhnlich ½ Liter enthält, daruntergegossen dann der Saft von sechs Limonien hineingedrückt, und wie die übrigen Gefrornen weiters behandelt, da aber alle geistigen Gefrorenen sich schwer zu einer festen Masse bilden, so müssen alle derlei Gefrorne sehr schnell abgearbeitet und das Eis um die Büchse herum besonders stark gesalzen werden.

450. Marillen-Gefrornes.

Vierzig bis fünfundvierzig große reife Marillen werden geschält, gespalten, die Kerne ausgelöset, und in einen großen Suppentopf gethan. ½ Kilo Zucker wird mit etwas mehr als ⁸/₁₀ Liter Wasser so lange gekocht, bis er aufgelöst ist, dann siedend über die Marillen gegossen, zugedeckt und 24 Stunden stehen gelassen, dann durch ein Sieb geseiht, aber nicht gepreßt, von drei Limonien der Saft beigemengt, und so wie die andern Gefrornen behandelt.

451. Pomeranzen-Gefrornes.

Man reibt ½ Kilo Zucker an zwei Pomeranzen ab, jedoch nicht zu tief in die Schale einreiben, sonst könnte es leicht bitter werden; drückt dann von zehn Pomeranzen und drei Limonien den Saft aus, der obige Zucker wird mit ³/₁₀ Liter Wasser gekocht, und wenn er gut aufgelöst ist, unter den Saft gegossen, wohl vermengt, ganz ausgekühlt, und dann so wie die übrigen Gefrornen behandelt.

452. Punsch-Gefrornes.

Es wird ein Eßlöffelvoll Reis in 1 Liter Wasser in einem Topf gekocht, gut abgeschäumt, und wenn der Reis aufgesprungen ist, vom Feuer weggestellt. Dann werden mehrere Limonien ausgepreßt, auf ein Glas Limoniensaft werden vier Gläser gestoßener Zucker gemessen, ein halbes Glas Rum und vier Gläser Reiswasser, alles zusammen in einen Suppentopf gegeben, zugedeckt, doch öfters aufgerührt, bis sich der Zucker gut aufgelöst hat, und wenn es ausgekühlt ist, dann so wie das übrige Gefrorne behandelt. Man kann an die Stelle des Reiswassers auch leichten Holländer- oder Mais-Thee nehmen.

453. Punsch á la Glacé.

Es wird die Hälfte Pomeranzen und etwas mehr Limoniensaft ausgedrückt; auf ein Glas Saft gibt man vier Gläser Reiswasser, eben so viel gestoßenen Zucker, und ein halbes Glas Rum, vermengt das Alles wohl und laße es gefrieren. Wenn es zur Hälfte gefroren ist, wird von 8 Eiern das Klare zu festem Schnee geschlagen, nach und nach in das Gefrorne hineingemengt und damit gut verarbeitet, dabei muß das Gefrorne immer gedreht und aufgearbeitet werden, bis die ganze Masse zu festem Schaum geworden; bevor man es zur Tafel gibt, muß die Glasschale, in die es gestürzt wird, in Eis eingekühlt sein, weil es sehr schnell zerfließt.

454. Ribisel-Gefrornes.

Die Ribisel werden durch ein Tuch gepreßt, auf $^7/_{10}$ Liter Ribiselsaft wird $^1/_2$ Kilo Zucker in $^3/_{10}$ Liter Wasser bis auf die Hälfte eingekocht, dann unter den Saft gegossen, von zwei Limonien der Saft darunter vermengt und in die Gefrierbüchse gegeben.

455. Tutti-frutti-Gefrornes.

Man reibt von einer Pomeranze und einer Limonie die Schale am Zucker ab, gibt aber Acht, daß nicht zu tief eingerieben wird. Dann wird von 7 Pomeranzen und 7 Limonien der Saft ausgepreßt, $^1/_2$ Kilo Zucker in $^1/_2$ Liter Wasser so lange gekocht, bis der Zucker gut aufgelöst ist, dann wird es unter dem Saft gegossen, der abgeriebene Zucker wird ebenfalls in dem Saft aufgelöst und gut damit vermengt. Man gibt dann von eingesottenen Nüssen sowohl, als von allen andern Gattungen grünen Früchten, z. B.: grünen Mandeln, Reines-Claudes, Quitten-Käs u. s. w. dazu, von allen diesen Früchten werden gleiche Theile genommen und in kleine Würfel geschnitten; dann dieses so wie die andern Gefrornen behandelt. Wenn es schon anfängt eine dickliche Masse zu werden, so kommen die geschnittenen Früchte sammt ihrem Saft hinein und werden mit dem Gefrornen gut verarbeitet, je mehr man von den Früchten hineingibt um so besser wird es.

456. Vanille-Gefrornes.

Auf $^7/_{10}$ Liter guten Obers kommen 16 Dekagr. Zucker, etwas Vanille sammt dem Zucker fein gestoßen und mit 8 Eierdottern in einen Topf gut verrührt, das gekochte Obers wird dann darauf gegossen, gut versprudelt, in ein Kohlenfeuer gestellt und beständig gerührt, bis es anfängt dicklich zu werden; dann aber schnell vom Feuer genommen, in einen andern Topf gegossen und noch eine Weile gerührt, damit es nicht zusammenläuft; wenn es ausgekühlt ist, wird es durch ein feines Sieb gestrichen, dann kömmt es in die Gefrierbüchse und wird so wie die andern Gefrornen behandelt.

457. Weichsel-Gefrornes.

Die Weichseln werden rein gewaschen, in einen Mörser zerstoßen und durch ein Tuch gepreßt; auf $^7/_{10}$ Liter Weichselsaft werden $^3/_8$ Kilo Zucker mit $^2/_{10}$ Liter Wasser gekocht; wenn der Zucker ganz aufgelöst ist, wird er unter den Weichselsaft gegossen, von drei Limonien der Saft dazu gedrückt, wohl vermengt und eben so wie alle Gefrornen behandelt. Will man es mit Obers mischen, so wird auf $^7/_{10}$ Liter Saft, der eben so zubereitet wird, $^1/_2$ Liter von den besten Obers genommen, $^1/_8$ Kilo Zucker darin aufgelöst und mit dem Weichselsaft wohl vermengt; übrigens so wie die andern Gefrornen behandelt, nur daß der Limoniensaft wegbleibt, wenn Obers hinzukömmt.

Eben so wird das Erdbeeren-Gefrorne mit Obers gemacht: auf $^7/_{10}$ Liter durchgeschlagene Erdbeeren worin man $^3/_8$ Kilo gestoßenen Zucker auflösen läßt, gibt man $^1/_2$ Liter gutes Obers, vermengt es wohl mit den Erdbeeren, gibt es in die Gefrierbüchse und behandelt es wie die übrigen.

Anhang zu den Gefrornen.

Sehr zweckmäßig werden spanische Winde zur Verzierung der Gefrornen verwendet, wenn man selbe hiezu wie folgt bereitet: Die ersten nämlich werden in der Größe eines Zweigroschenstückes ausgedrückt; die zweiten in der Größe eines Groschenstückes, die dritten wie ein Zweikreuzerstück, dann wie ein Kreuzer, dann die letzten und mehrsten wie ein halber Kreuzer, man bäckt sie schön weiß und steif. Stürzt das Gefrorne behutsam aus, gibt schnell die erste und untere Reihe der größten spanischen Winde an das Gefrorene, dann folgen die kleineren und wieder die kleineren und so fort, bis man beinahe das Ende erreicht hat, wo das Gefrorene frei und sichtbar bleibt; der andere Theil aber einer Ananas ähnlich sieht, welches vorzüglich bei Obstgefrorenen einen guten Effekt macht. Auch kann man blos einen drei fingerbreiten Kranz von spanischen Windteig machen, der in starken Windungen mit der Spritze, auf den auf Papier gezeichneten Kranz ausgedückt, schön weiß und resch gebacken, das Gefrorne damit eingefaßt wird.

Sechsundzwanzigster Abschnitt.
Von den warmen und kalten Getränken.

458. Die Art den Kaffe zu bereiten.

Die Bereitung des Kaffees ist so einfach, daß sich gar nichts hinzusetzen läßt, als einige Erinnerungen, die nur auf Aufmerksamkeit beruhen: Die beste Manier den Kaffee zu brennen, ist mittelst der verschließbaren Trommel, die sich um ihre Axe drehen läßt. Der Kaffee wird in derselben so lange gebrannt, bis er kastanienbraun ist und zu schwitzen anfängt, worauf er sogleich über ein großes reines Papier ausgeschüttet und zum schnelleren Auskühlen auseinander gestrichen wird. Ist der Kaffee vollkommen kalt, so wird derselbe in eine Schüssel gethan, leicht geschwungen, damit die feinen Schalen, die sich während des Brennens von den Bohnen ablösen, und die bei der Bereitung des Kaffees einen etwas bitter säuerlichen Geschmack erzeugen, abfliegen. Die Bohnen werden dann gerieben und für vier Schalen 7 Dekagr. geriebener Kaffee genommen; derselbe wird in die Kaffeemaschine gethan und mit dem bei jeder Kaffeemaschine befindlichen Stampfer gut niedergedrückt, dann mit einer Schale voll siedendheißem Wasser begossen und sogleich zugedeckt; ist dies durchgelaufen, so werden noch vier andere Schalen voll siedendes Wasser darüber gegossen. Nach Verlauf von sechs Minuten ist der Kaffee goldrein durchgelaufen und man erhält daraus 4 bis 5 Tassen sehr wohlschmecken=

den Rahm-Kaffee, vorausgesetzt, daß der Rahm (Obers) vollkommen gut ist. Zum schwarzen Kaffee darf nur um eine Tasse weniger Wasser aufgegossen werden, was dann nur drei Tassen starken Kaffee gibt. Nach beendetem Filtriren ist es gut, den Kaffee mit einem silbernen Löffel umzurühren und sogleich einzuschenken.

459. Milch-Chocolade.

Man rechnet auf ein Täfelchen Vanille-Chocolade von 3 Dekagr., eine Obertasse voll gute Milch. Die Chocolade wird auf einem Bogen Papier grob zerschnitten, in ein Pfännchen gethan, erst mit etwas Milch über dem Feuer zerlassen und fein abgerührt; endlich wird die andere Milch dazu gegossen und einige Minuten lang kochen gelassen, dann in die Chocoladekanne gegossen, gekocht, nach einer Minute ruhigen Stehens mit dem Sprudel schaumig gesprudelt und dann sogleich in die Tassen gegossen.

Die Wasser-Chocolade wird ganz wie die vorhergehende bereitet, nur daß man statt der Milch Wasser verwendet; soll sie gut schäumen, so muß man noch etwas Zucker dazu nehmen.

Will man Eier-Chocolade bereiten, so wird in die kochendheiße Milch-Chocolade ein Ei mit einem Kaffeelöffelvoll Zucker und zwei Eßlöffelvoll kalter Milch verrührt und über Kohlenfeuer dicklich fließend gesprudelt.

460. Thee.

Der Theeaufguß geschieht überall auf ein und dieselbe Art: Man gibt nämlich in eine Theekanne, von zehn Tassen Inhalt, eine halbe Tasse voll der besten Sorte Thee und begießt diesen mit einem Becher voll kochenden Wassers; nach zwei Minuten wird dieses Aufgießen mit siedendem Wasser wiederholt, die Kanne voll gemacht und nach einigen Minuten ruhigen Stehens das Getränk servirt. Man gibt dann noch einen Eßlöffelvoll Thee dazu, füllt die Kanne auf's Neue mit kochendem Wasser an und nach vier Minuen ist dieses mit dem Geschmacke und lieblichen Geruche der Theeblätter gesättigt und kann wieder servirt werden, und so kann das Aufgießen nochmals wiederholt werden.

Genießt man den Thee mit Rahm (Obers), so wird selber nicht abgekocht, sondern kalt dazu gegeben; wird er mit Rum vorgezogen, so nimmt man auf eine Schale einen Eßlöffelvoll feinsten Rum.

461. Punsch.

Man gibt in den Topf $1/_2$ Kilo Zucker zu kleinen Stücken geschlagen, dazu von einer Limonie und von drei bis vier Pomeranzen den Saft und ein halbes Glas Rum. Dies stellt man zugedeckt an einen warmen Ort. Dann schüttet man $1^3/_{10}$ Liter siedendes Wasser auf 1 Dekagr. russischen Thee, seihet es nach einigen Minuten ab, schüttet es zu dem Uebrigen und servirt es sogleich. Rum gibt man in Flaschen besonders dazu, damit sich den Punsch jeder nach Belieben verstärken kann.

462. Champagner-Punsch.

$3/_4$ Kilo Zucker läßt man mit $3/_{10}$ Liter Wasser aufkochen, gibt den Saft von 5 Citronen, eine halbe Flasche Arrac und eine Flasche Champagner dazu, macht es zusammen heiß und gießt den Punsch durch eine Serviette in die Schüssel.

463. Warmer Eier-Punsch.

Eine halbe Bouteille weißer Bakator oder anderer leichter Wein, eine halbe Bouteille Arac, $3/_4$ Kilo gestoßener Zucker, der Saft von 2 Orangen und jener von 2 Citronen, das fein abgeschnittene Gelbe von einer Orange, 18 Eier und $6/_{10}$ Liter Wasser sind die Ingredienzien dieses Punsches. Es werden nämlich 6 ganze Eier und 12 Eierdotter in einem tiefen Geschirr mit dem Zucker genau verrührt, sodann gießt man den Wein, Arac und das Wasser nach und nach dazu, wie auch das Gelbe der Orange. Der Topf wird nun über Kohlengluth in eine Gluthpfanne gesetzt und die Masse mit einer gut gebundenen Ruthe aus dürren Birkenreisern so lange fleißig geschlagen, bis sie ganz verdickt in einen feinen Schaum verwandelt, den Topf füllt: man nimmt sie sodann vom Feuer, schlägt sie noch sechs Minuten fort. seiht sie durch ein Haarsiebchen und servirt sie in hiezu bestimmten Bechern.

464. Glühwein.

Guter weißer oder rother Wein wird nach Geschmack mit Zucker versüßt, einige Gewürznelken und ein Stück Zimmt dazu gegeben und bis zum Sieden heiß gemacht. Dann nimmt man das Gewürz heraus, servirt den Wein in einer Bowle oder in einer mit einer Serviette umwundenen Flasche und füllt davon in Gläser.

465. Bischof.

Die fein abgeschnittene Schale einer bitteren und einer halben süßen Pomeranze gibt man in $^6/_{10}$ Liter rothen Wein, läßt ihn 8 Tage zugedeckt stehen, kocht dann $^1/_2$ Kilo Zucker, worauf man den Saft einer Pomeranze und wenn er ausgekühlt ist, den geseihten Wein dazu mischt. Von diesem auf Flaschen gezogenen Extrakt gibt man zum rothen Glühwein.

466. Grog.

2 Liter kochendes Wasser, 2 Drittheile einer Bouteille guten Arac und $^3/_8$ Kilo Zucker läßt man zusammen heiß werden und gießt dann noch, wenn es zu stark ist, heißes Wasser nach.

467. Krampampuli.

Reibe $^3/_8$ Kilo Zucker mit der Schale einer Limonie ab, stoße ihn fein und sprudle damit 12 Eierdotter und $^2/_{10}$

Liter Wein ab; nun zünde in einer Schüssel $^6/_{10}$ Liter guten Slivoviß an, laß ihn unter beständigem Umrühren heiß werden, blase die Flamme nun aus, sprudle ihn mit den Dottern gut ab und gib ihn in Gläser.

Von den kalten Getränken.

468. Limonade.

In $1^3/_{10}$ Liter frisches Wasser gibt man den Saft von 3 Citronen, 15 Dekagr. Zucker, etwas fein abgeschälte Citronenschale, läßt sie eine Stunde zugedeckt kalt stehen, dann wird sie geseiht und servirt.

469. Mandelmilch.

$^1/_4$ Kilo abgeschälte süße und 2 Dekagr. bittere Mandeln werden mit Wasser sehr fein gerieben, mit $1^7/_{10}$ Liter kaltem Wasser nach und nach verrührt und einige Zeit stehen gelassen. Hierauf wird die Mandelmilch durch eine reine, gut ausgewässerte Serviette gepreßt, die Mandeln wieder mit etwas Wasser verrührt und nochmals gepreßt. Sie wird dann mit $^1/_4$ Kilo gestoßenem Zucker gut verrührt, nochmals geseiht und in eine weiße Bouteille gefüllt, ins Eis gestellt.

470. Eis-Kaffee.

Man bereitet von $^1/_4$ Kilo frisch gebrannten Kaffee, $^7/_{10}$ Liter guten sehr hellen Kaffee, den man gut süß macht und in einer Gefrierbüchse, ohne sie zu drehen, recht kalt werden läßt. Dann wird $1^3/_{10}$ Liter gutes Obers mit 12 Dekagr. Zucker untermengt und auf dem Eise schaumig geschlagen, den man kurz vor dem Anrichten unter den Kaffee einrührt und entweder in Gläsern oder in Tassen servirt.

471. Cardinal.

Man nimmt 2 Bouteillen guten aber leichten weißen Wein, $1/2$ Kilo Zucker, fünf Orangen und eine Bouteille Champagner. Von zwei Orangen wird das Gelbe sehr fein abgeschnitten, in eine Bowle gethan, der Zucker in Stückchen dazu gegeben, der Wein darüber gegossen, der Saft der Orangen dazu gepreßt und so einige Stunden in Eis stehen gelassen; dann wird der Cardinal geseiht, der Champagner aus dem Eis genommen, dazu gegossen, in Gläser gefüllt und recht kalt servirt.

472. Maiwein.

Der frisch im Mai kurz vor dem Aufblühen gepflückte Waldmeister (asperula odorata) wird fünf bis sechs Stunden im Schatten welken gelassen, dann von den dicken Stängeln gereinigt in eine Bowle gethan und auf je e i n e Handvoll Kraut mit $7/10$ Liter leichten weißen Wein übergossen, mit Zucker versüßt, eine Orange in Scheiben geschnitten, hineingethan und eine Stunde stehen gelassen; dann in Gläser gefüllt und sammt den Orangenscheiben servirt.

Siebenundzwanzigster Abschnitt.

Von den Conserven, Geleen u. Marmeladen.

473. Conserve von März-Veilchen.

Man kocht $1/4$ Kilo Zucker mit einem Glas Wasser, schäumt selben im Kochen immer ab und läßt ihn so lange kochen, bis er sich spinnt; dann stellt man ihn vom Feuer weg und wenn er zur Hälfte ausgekühlt ist, so gibt man die Veilchen, die auf folgende Art bereitet werden, hinein: Man nimmt 10 Dekagr. von allem Grünen gereinigte

Veilchenblätter, stoßt sie in einem Mörser fein zusammen, und preßt den Saft davon aus, gibt den Veilchensaft in den Zucker und rührt es mit einem neuen Holzlöffel so schnell als möglich untereinander. Vorher macht man von weißem Papier eine Kapsel, welche von doppeltem Papier sein muß, gießt die Masse in die Kapsel und wenn es übertühlt ist, so löst man die Conserve mit einem feinen Messer von der Kapsel, macht Einschnitte mit dem Messer auf Stangeln oder Vierecke, wie es beliebt, läßt es kalt werden und bricht es nach den Einschnitten. Bei den Conserven ist zu bemerken, daß selbe so wie die Punsch-Conserve so lange taborirt werden, bis der gekochte Zucker so weiß und dick geworden wie ein leichtes Kindskoch, dann mengt man vier Kaffeelöffelvoll von dem ausgepreßten Saft der beliebigen Früchte darunter.

474. Gelee von Ribiseln.

Auf $1/2$ Kilo Zucker nimmt man $1/2$ Kilo abgezupfte Ribiseln; der Zucker wird mit $2/10$ Liter Wasser so lange gekocht, bis er sich spinnt und im kochen große Blasen wirft; vorher werden die Ribiseln rein gewaschen, auf einen Nudelseiher gelegt, damit sie trocken ablaufen. Wenn dann der Zucker schon gut ist, gibt man die Ribiseln hinein, schüttelt sie durcheinander und läßt sie nur zwei bis drei Sud aufkochen, gießt sie dann in ein reines Sieb, welches auf einem Suppentopf stehen muß und läßt sie, ohne sie zu pressen, so lange ruhig stehen, bis es ganz zu fließen aufhört, füllt sie in die dazu bestimmten Gläser, wo es dann zur Sulz wird. Auf eben diese Art kann man es auch von Himbeeren machen.

475. Marmelade von Erdbeeren.

Man nimmt schöne reife Wald-Erdbeeren und nachdem sie geklaubt sind, werden sie durch ein Sieb passirt; auf $1/2$ Kilo Erdbeeren wird $1/2$ Kilo Zucker genommen, welcher mit $2/10$ Liter Wasser so lange gekocht wird, bis er sich spinnt; dann werden die durchgeschlagenen Erdbeeren hineingegeben und immer gerührt, bis sie einige Sud aufgethan; nur ist hier besonders zu bemerken, daß sie ja nicht länger kochen dürfen, weil sie sonst die schöne verlieren und einem üblen Geschmack bekommen; hernach werden sie ausgekühlt und in Gläser gefüllt.

476. Marmelade von Marillen.

Man kocht ½ Kilo Zucker mit einem Glas Wasser, reinigt ihn gut und läßt ihn so lange kochen, bis er sich spinnt; dann nimmt man gute saftige Marillen, diese werden geschält, durch ein Sieb geschlagen und in den geläuterten und überkühlten Zucker gethan; auf ½ Kilo Zucker nimmt man ½ Kilo Satje, läßt sie auf Kohlenfeuer eine schwache Stunde kochen; dann macht man den Versuch, gibt einen halben Kaffeelöffelvoll auf einen Teller und wenn sie nicht mehr zerfließt, sondern sich schnell sulzt, so ist sie gut. Man läßt sie dann überkühlen und füllt sie wie die Uebrigen in Gläser. Man kann die Marillen auch, wenn selbe geschält sind, in ganz kleine Stückchen schneiden und unpassirt in den überkühlten Zucker geben; die weitere Behandlung gleicht der Obigen. Zu Teigen, welche gefüllt werden, sind diese noch vorzuziehen.

477. Marmelade von Pfirsichen.

Die Pfirsiche werden in siedendes Wasser gelegt und einige Sud aufgekocht, dann wird die Haut davon abgezogen, die Kerne ausgelöst, durch ein Sieb geschlagen und der Zucker so gekocht, wie zu den übrigen Früchten; auf ½ Kilo Zucker werden ½ Kilo Pfirsiche genommen, man gibt sie dann in den geläuterten Zucker, vermengt sie gut damit und läßt sie ganz langsam so lange kochen, bis die Tropfen, die man zur Probe auf einen Teller fließen läßt, stehen bleiben.

478. Marmelade von Quitten.

Schöne, große, reife Quitten werden gebraten, oder

auch ganz in Wasser so lange gesotten, bis sie weich sind, dann schlägt man sie durch ein feines Sieb, läßt den Zucker welchen man in kaltes Wasser taucht, so lange kochen, bis er sich spinnt: gibt auf $1/2$ Kilo Zucker, $1/2$ Kilo Quittenmark, läßt es eine halbe Stunde kochen, dann etwas überkühlen, und füllt es in Gläser.

479. Quitten-Käse.

Man kocht oder bratet sieben große reife Quitten, bis sie weich sind; doch muß man Acht geben, daß sie nicht aufspringen, damit sie nicht wässerig werden. Wenn selbe weich sind, legt man sie auf eine Schüssel und läßt sie etwas überkühlen, zieht dann die Haut mit einem Silberlöffel davon ab, weil sie von einem Messer schwarz würden und schlägt sie durch ein Sieb. Auf $1/2$ Kilo Quitten kommt $1/2$ Kilo Zucker; der Zucker wird mit einem Glas Wasser so lange gekocht, bis er sich spinnt; dann gibt man die durchgeschlagenen Quitten hinein, rührt sie mit dem Zucker gut ab und läßt sie auf einem gelinden Kohlenfeuer so langsam fortkochen, bis sich die Salse von dem Silberlöffel ablöst, mit dem man es beständig umrühren muß, damit es sich nicht anlege; man gibt ihn dann noch warm in die Kaffee-Tatzeln, macht ihn mit einem Löffel schön gleich und läßt ihn fünf bis sechs Tage in den Tatzeln stehen. Dann stürzt man ihn auf reine Teller; läßt ihn sechs bis acht Tage stehen, kehrt ihn täglich um, daß er auf allen Seiten trocknet; je länger er steht, desto besser wird er.

480. Ananas im Zucker.

Auf $1/2$ Kilo Früchte nimmt man $1/2$ Kilo feinen Zucker welcher fein gestoßen und gesiebt wird; die dazu bestimmten Einsiedgläser müssen rein und trocken sein, auf den Boden des Glases wird stark messerrückendick Zucker gestreut, die Ananas geschält, und in messerrückendicke Spalten geschnitten; auf die erste Lage Zucker kömmt eine Lage

Ananas; dann diese wieder mit gestoßenem Zucker bedeckt dann wieder Ananas, und so fort, bis alles eingelegt ist. Oben wird es dicht mit Zucker bedeckt, mit einer Rindsblase, worunter man reines Papier gibt, gut verbunden, an einen Ort gestellt, welcher der Sonne ausgesetzt ist, wo man es so lange stehen läßt, bis sich der Zucker vollkommen aufgelöst hat und der Saft durchsichtig klar geworden ist, dann aber stellt man es an einen kühlen trockenen Ort.

Achtundzwanzigster Abschnitt.

Von den eingesottenen und eingelegten Früchten.

481. Zuckerläuterung.

Man läutere den Zucker also: Auf ½ Kilo Zucker nimm $3/10$ Liter Wasser, man schlage den Zucker in kleine Stücke, werfe diesen in einen kupfernen Kessel und gieße das Wasser darüber. Eine Schale voll halte man zurück und zerschlage in demselben auf 10 Kilo Zucker ein halbes Eiweiß mit dem Schneebesen. Dann füllt man das Eiweißwasser in den Kessel und rührt mit dem Schaumlöffel um, damit der Zucker gehörig vergeht, ehe er zu sieden anfängt. Man fängt nun an allsogleich abzuschäumen, was in dem Kessel aufsteigt. Wenn es zu kochen anfangen will, so gießt man etwas kaltes Wasser nach. Abschäumen oder nachgießen von etwas kaltem Wasser wird fortgesetzt, bis gar kein Schaum sich auf der Oberfläche zeigt. Dann ist der Zucker geläutert.

482. Gemischtes Eingesottenes.

Es werden von den süßen, saftigen, schwarzen Kirschen ½ Kilo ausgelöst, eben so ½ Kilo gute reife Weichseln, ½ Kilo Zucker wird mit einem Glas Wasser gekocht und immer abgeschäumt, bis der Zucker ganz rein ist; dann gibt man die Kirschen und Weichseln hinein und kocht sie eine Stunde langsam fort; endlich kömmt noch ½ Kilo durchgeschlagene Himbeeren dazu, diese werden mit den übrigen Früchten so lange gekocht, bis das auf einem Teller zur Probe Getropfte nicht mehr zerfließt, sondern stehen bleibt; man nimmt es dann vom Feuer weg und füllt es heiß in die dazu bestimmten Gläser, welche trocken und früher schon warm gemacht werden, damit selbe nicht zerspringen und nachdem sie eingefüllt sind, müssen sie, wie es schon einmal gesagt wurde, vierundzwanzig Stunden offen stehen bleiben; dann wird das Glas mit Schreibpapier verbunden.

483. Quitten-Spalten einzusieden.

Man nimmt große, ganz reife Quitten-Birnen, schält und theilet sie in vier- oder wenn sie groß sind in sechs Theile; schneidet das Kernhaus heraus, gibt in ein Einsiedbecken so viel Zucker, als die Quitten an Gewicht betragen, kocht ihn mit ½ Liter Wasser so lange, bis er aufgelöst, legt die Quittenspalten hinein und kocht sie unter mehrmaligem Umwenden so lange bis sie völlig weich sind, durchaus aber nicht zerfallen; nimmt sie dann heraus und siedet den Saft so lange fort, bis er anfängt dicklich zu werden. Nun wird dieser vom Feuer genommen, die Spalten wieder hineingelegt und das Becken so stark gerüttelt, daß der Saft alle überspült, dann etwas abgekühlt und warm in die reinen Einsiedgläser gefüllt, wonach sie 24 Stunden ruhig stehen bleiben. Noch ist zu bemerken, daß die Quittenspalten während der Zeit, als der Zucker sich auflöset, in warmen Wasser liegen müssen, damit selbe schön weiß bleiben. Der Saft muß nach dem Einfüllen die Spalten ganz bedecken. Sollte der Saft nach gänzlichem Erkalten nicht dick genug sein, so müßte dieser langsam abgeseihet, wieder aufgekocht und lauwarm auf die Spalten gegossen werden.

484. Hetschepesch oder Hagebutten einzusieden.

Die Hetschepetsch werden geklaubt, wenn sie schon ganz reif, jedoch nicht weich sind, der Stängel und Botzen abgeschnitten, in der Mitte von einander geschnitten und das Rauhe mit dem Messer rein abgeputzt, dann in einen neuen Topf gegeben, der vorher ausgekocht sein muß. Nun wird so viel Wasser darauf gegossen, daß sie nicht anbrennen, bei einem gelinden Feuer unter öfterem Aufrühren so lange gesotten, bis das Wasser ganz eingekocht und die Hetschepetsch weich sind, wonach sie durch ein feines Sieb getrieben werden. Auf $1/2$ Kilo Zucker werden $5/8$ Kilo Hagebutten genommen, der Zucker wird mit $2/10$ Liter Wasser so lange gesotten, bis er sich spinnt, dann die Hetschepetsch hineingerührt, und unter beständigem Rühren ungefähr 10 Minuten lang gekocht, dann heiß in die Gläser gefüllt.

485. Himbeeren einzusieden.

Man wählt von den schönen, großen, reifen Himbeeren; auf $1/2$ Kilo Himbeeren nimmt man $1/2$ Zucker, der Zucker wird mit einem Glas Wasser auf Kohlenfeuer gestellt und so lange gekocht, bis er, wenn man die Probe macht, sich sulzartig zeigt, dann nimmt man ihn vom Feuer weg und läßt ihn überkühlen. Jetzt gibt man die Himbeeren darauf und läßt sie bei Flammenfeuer, aber ohne es mehr zu berühren oder zu schütteln, schnell ein paar Minuten aufkochen, damit die Frucht schön ganz bleibe. Will man selbe aber zum Guß oder zur Fülle bereiten, so werden die Himbeeren durch ein Sieb passirt und den Obigen gleich behandelt.

486. Schwarze Kirschen einzusieden.

Man nimmt von der besten Gattung schwarze, saftige, reife Kirschen, löst die Kerne davon so aus, daß der Saft nicht verloren geht; ½ Kilo Zucker wird mit ³/₁₀ Liter Wasser gekocht und abgeschäumt und wenn er ganz rein ist, auf ½ Kilo Zucker 1 Kilo ausgelöste Kirschen sammt dem Safte gegeben, sie werden dann so lange gekocht, bis die Tropfen, die man zur Probe auf einen Teller fließen läßt, stehen bleiben, läßt sie dann überkühlen und füllt sie wie die übrigen Eingesottenen in die Gläser. Man kann auch etwas Vanille klein gestoßen dazu nehmen.

487. Grüne Mandeln einzusieden.

Die Mandeln werden in jener Zeit eingesotten, wenn die Kerne noch weich sind; auf ½ Kilo Zucker werden ½ Kilo Mandeln genommen, selbe mit einem Tuche gereiniget, damit das Rauhe davon herabkömmt; sie werden dann in einem Theil weißen Essig und zwei Theile Wasser so lange gekocht, bis man sie mit einer Stecknadel leicht durchstechen kann, dann werden sie auf ein Sieb gelegt, damit sie trocknen. Der Zucker wird mit einem Glas Wasser so lange gekocht, bis er sich spinnt, dann kommen die Mandeln hinein und werden eine kleine Viertelstunde darin gekocht, mit einem Silberlöffel auf beiden Seiten umgewendet, damit sie den Zucker gut einsaugen. Man nimmt sie dann heraus, läßt den Syrup noch eine kleine Weile sieden, gibt die Mandeln in die Gläser, läßt den Syrup etwas überkühlen und gießt ihn über die Mandeln, die Gläser bleiben offen stehen; der Syrup wird durch 4 Tage alle 24 Stunden übersotten, am fünften Tage, wenn das Eingesottene gut ausgekühlt ist, werden die Gläser verbunden.

488. Marillen einzusieden.

Vollkommen reife Marillen werden geschält und nachdem die Kerne davon ausgelöst, durch ein Sieb passirt. Auf ½ Kilo Zucker wird ein Glas Wasser gegossen und damit gekocht, während des Kochens immer fleißig abgeschäumt daß er ganz rein wird; wenn er anfängt schwere Tropfen zu werfen, kömmt die Salse hinein; auf ½ Kilo Zucker wird ⅝ Kilo Salse genommen, man läßt sie schnell fortkochen, rührt sie immer auf, damit es sich nicht anlege; wenn dann der Tropfen von dem Eingesottenen, den man auf eine Schale legt, nicht mehr zerfließt, sondern stehen bleibt, so ist es hinreichend gesotten; nimmt es dann vom Feuer weg und füllt es in die Gläser.

489. Grüne wälsche Nüsse einzusieden.

Man nimmt die Nüsse, wenn sie erst halb reif sind und sich noch ganz mild durchschneiden lassen; dann sticht man in jede Nuß mit einem Federmesser einigemal hinein, legt die Nüsse sodann in frisches Brunnenwasser und wechselt alle Tage einigemal mit frischem Wasser; läßt die Nüsse durch fünf bis sechs Tage in stets frisch abgewechseltem Wasser liegen und reinigt sie so lange darin von dem herben Geschmack, bis das Wasser ganz rein bleibt; sodann kocht man die Nüsse im Wasser so lange, als man ein weiches Ei zu sieden pflegt; nimmt an Gewicht eben so viel Zucker als die Nüsse schwer sind und läutert ihn ganz rein. Die Nüsse besteckt man mit gespaltenen Gewürznelken und etwas länglich geschnittenen Zimmt, gibt sie sodann in den Zucker und läßt sie so lange darin sieden, bis sie ganz weich sind, nimmt immer den Schaum davon ab und dann die Nüsse heraus; läßt den Syrup noch etwas mehr einsieden, richtet indessen die Nüsse in ein Glas und wenn der Syrup ein wenig abgekühlt ist, gibt man ihn darüber, dann kleine Späne kreuzförmig darüber, damit der Syrup immer über die Frucht reiche; verbindet es endlich mit einem Papier, das mit einer Nadel durchlöchert wird.

490. Ribiseln einzusieden.

Man nimmt schöne reife Ribisel und zupft sie von den Stängeln. ½ Kilo Zucker wird mit einem Glas Wasser so lange gekocht, bis er große Blasen wirft; dann nimmt man ½ Kilo von den abgezupften Ribiseln und behandelt selbe ganz wie Himbeeren Nr. 485.

Ebenso kann man die Ribiseln auch in ganzen Träubchen einsieden, der Zucker wird wie bei den Obigen gesotten und geläutert; auf ½ Kilo Zucker werden ½ Kilo Ribiseln in Träubchen genommen, hiezu werden die schönsten ausgewählt, läßt sie fünf bis sechs Sud aufkochen, nimmt sie dann mit einem Schaumlöffel behutsam auf ein Sieb, gibt den abgelaufenen Saft in das Becken zu dem Uebrigen und läßt ihn noch lange kochen, bis er dicklich wird, nimmt ihn dann vom Feuer weg, gibt die Ribiseln behutsam darein und läßt sie etwas überkühlen; bevor sie ganz ausgekühlt sind, werden sie in die Gläser gefüllt; bei dem Verbinden der Gläser verfährt man wie bei dem Vorigen.

491. Dienteln einzusieden.

Man läßt ½ Kilo Zucker mit $^2/_{10}$ Liter Wasser so lange kochen, bis er schwere Tropfen wirft, wovon während des Kochens der Schaum weggenommen wird; auf ½ Kilo Zucker nimmt man ½ Kilo reife Dienteln, diese werden, nachdem sie gewaschen sind, mit siedenden Wasser überbrennt, gut abgeseiht und in den gekochten Zucker gegeben, nicht viel gerührt, damit sie sich nicht von den Kernen ablösen; wenn sie eine Viertelstunde gekocht sind, nimmt man sie mit dem Schaumlöffel heraus, läßt den Saft noch so lange kochen, bis er etwas dicklich wird, nimmt ihn dann vom Feuer weg, gibt die Dienteln wieder hinein, läßt sie etwas überkühlen und behandelt sie beim Einfüllen wie die Vorhergehenden.

492. Ganze spanische Weichseln einzusieden.

Man nimmt von der schönsten Gattung spanische Weichseln, stutzt die Stängeln davon zur Hälfte, kocht ½ Kilo Zucker mit einem Glas Wasser, schäumt ihn im Kochen immer ab, damit er ganz rein wird und läßt ihn so lange kochen, bis er schwere Tropfen wirft, gibt dann ½ Kilo von den Weichseln hinein, rührt sie aber nicht mit dem Löffel um, sondern schüttelt das Becken blos mehrmals, damit sie gut mit dem Zucker vermengt werden und läßt sie so eine Viertelstunde kochen; dann werden die Weichseln mit einem Schaumlöffel herausgenommen, der Saft noch eine Viertelstunde fortgekocht: wenn er vom Feuer weggenommen wird, gibt man die Weichseln wieder hinein und behandelt sie bei dem Füllen wie die übrigen Eingesottenen.

493. Spanische Weichseln mit Essig einzusieden, die vorzüglich für Kranke sehr gut sind und auch zum Dessert verwendet werden können.

Man kocht $1/2$ Kilo Zucker mit $3/10$ Liter Wasser, reinigt ihn gut und läßt ihn so lange sieden, bis er schwere Tropfen wirft. Auf $1/2$ Kilo Zucker, werden $1/2$ Kilo Weichseln genommen, die Stängeln werden davon so abgeputzt, daß nur ein kleines Stängelchen daran bleibt, in den Zucker gelegt und ungefähr eine Viertelstunde gekocht, man muß jedoch Acht haben, daß sie schön ganz bleiben; dann werden sie mit einem Schaumlöffel herausgenommen, der Saft aber fortgekocht und eine Kaffeeschale von gutem weißen Essig dazu gegossen, so lange gekocht, bis der Syrup etwas dicklich wird. Wenn die Weichseln ausgekühlt sind, werden sie in ein Glas gelegt und der Syrup kalt darüber gegossen und sonach wie die übrigen Eingesottenen verbunden.

494. Zwetschken mit Essig eingesotten.

Es werden $1^3/_{10}$ Liter weißer Weinessig mit $1^1/_2$ Kilo Zucker, 5 Dekagr. Zimmt und etwas Gewürznelken, welche beide letztere grob gestoßen werden, zu einem Syrup gekocht, durch einen Seiher gesiehen und das zurückgebliebene Gewürz auf einem Papier getrocknet; wenn nun der Syrup ausgekühlt ist, nimmt man 4 Kilo der reifsten und schönsten Zwetschken, die mit einer Nadel leicht durchstochen werden, legt selbe in ein Einsiedglas, gießt diesen kalten Syrup darüber und läßt es durch zehn Tage zugebunden stehen; am eilften

Tage werden die Zwetschken herausgenommen, der Syrup abermals dick eingekocht, dann die Zwetschken zuletzt hineingethan und nur sehr wenig damit aufgesotten, dann vorsichtig in das Glas gelegt, das während der zehn Tage getrocknete Gewürz wieder lagweise dazwischen gestreuet und der Syrup darüber gegossen; dann am folgenden Tage zugebunden und an einem kühlen Orte verwahrt. Es trägt sehr viel sowohl zur Schönheit, als auch zur Güte dieser Zwetschken bei, wenn selbe bei ganz trockenen Wetter gepflückt und die Farbe so viel als möglich daran erhalten wird.

Säfte.

495. Die Säfte von Himbeeren, Ribiseln und Weichseln zum Gefrornen und Sulzen zu bereiten.

Die Himbeeren, Ribiseln oder Weichseln werden durch ein reines Tuch gepreßt und der Saft mittelst eines Trichters von Fließpapier filtrirt, damit der Saft schön klar werde; selbes muß jedoch an einem kühlen Orte geschehen, daß der Saft nicht in Gährung gerathe. Dann wird derselbe gewogen, auf ½ Kilo Saft nimmt man ½ Kilo gestoßenen Zucker, gibt den Zucker sammt den Saft in einen reinen weißen Suppentopf, rührt ihn mit einem Silberlöffel so lange auf, bis der Zucker völlig aufgelöst ist; dann füllt man den Saft in trockene reine Flaschen; doch dürfen selbe nur bis an den Hals angefüllt, dann schnell fest verstopft, verpecht und an einem kühlen Orte aufbewahrt werden; wenn man den Saft von den Weichseln macht, so reiniget man die Weichseln und stößt sie in einem Mörser, damit der Geschmack von den Kernen derselben vorschlaget, preßt sodann den Saft durch ein Tuch, filtrirt und behandelt ihn so wie oben.

496. Himbeeren- und Ribisel-Saft einzusieden.

Der Saft dieser Früchte wird durch ein Tuch gepreßt,

dann durch ein Fließpapier mittelst eines Trichters filtrirt. Auf ½ Kilo reinen Saft wird ½ Kilo Zucker genommen, der mit ³/₁₀ Liter Wasser gekocht, gut gereinigt und so lange gesotten wird, bis er sich spinnt und im Kochen große Blasen wirft; dann wird der Saft hineingegeben, auf einem gelinden Kohlenfeuer eine gute Viertelstunde fortgesotten und fleißig abgeschäumt. Es werden dann zur Probe auf einen Teller einige Tropfen davon abgetropft und wenn selbe nicht mehr zerrinnen, so ist der Saft hinreichend gesotten. Dieser Saft darf nicht länger kochen, weil er sonst sowohl an Farbe als an Geschmack verlieren würde, man läßt ihn dann auskühlen, füllt ihn in die Gläser und bewahrt ihn an einem kühlen Orte.

497. Himbeersaft mit Essig einzusieden für Kranke.

Die Himbeeren werden geklaubt, gewaschen und in ein reines Geschirr gethan: auf 1³/₁₀ Liter Himbeeren gießt man ³/₁₀ Liter Weinessig und läßt sie einige Stunden stehen; dann werden sie durch ein Tuch gepreßt und filtrirt. Auf ½ Kilo reinen Saft werden ⁵/₈ Kilo Zucker mit ³/₁₀ Liter Wasser gesotten; bis sich der Zucker spinnt und große Blasen wirft, dann gießt man den Saft dazu, kocht und behandelt ihn so wie die Vorigen.

498. Quittensaft einzusieden, der zu Gefrornen, Sulzen und Compots sehr gut zu verwenden ist.

Man nimmt schöne, reife Quitten, schält und schneidet das Kernhaus davon heraus, dann werden sie in einem großen Mörser gestoßen, durch ein Tuch gepreßt und eine Stunde stehen gelassen, damit sich alles Dicke auf dem Boden setzt; der Saft wird dann wie Nr. 495. filtrirt, und eben so wie die andern Säfte gesotten; man nimmt auf ½ Kilo reinen Saft ½ Kilo Zucker und verfährt so wie bei den vorigen Säften.

499. Weichselsaft einzusieden.

Die Weichseln werden gestoßen, der Saft ausgepreßt und filtrirt; zu ½ Kilo Saft wird ½ Kilo Zucker genommen und übrigens ganz so behandelt. wie Nr. 495 zu finden ist.

500. Veilchensaft.

Das erste was uns das Frühjahr biethet, sind Veilchen; sie werden gesammelt, die Blättchen abgezupft, belesen daß nichts Grünes darunter kömmt, und in eine zinnerne Gefrierbüchse gethan; über diese wird kochendheißes Wasser gegossen, genau zugemacht und über Nacht stehen gelassen. Am andern Tag wird der Saft durch eine feine Serviette gepreßt und auf $^3/_{10}$ Liter, ¼ Kilo Raffinade-Zucker genommen. Man thut den Saft mit dem Zucker in einen neuen irdenen Tiegel, drückt den Saft einer Citrone dazu, läßt den Zucker auf Kohlenfeuer langsam schmelzen und gut heiß werden. Die weißliche Haut wird rein abgeschaumt, der Saft, wenn er kalt geworden ist, in kleine gewärmte Bouteillen gefüllt, wenn er kalt ist gut zugebunden und aufbewahrt.

501. Orangenblüthen.

Die frischen Blüthen von den Orangenbäumen werden abgezupft, rein belesen und bis sie zu schwitzen anfangen, in einem Kesselchen mit etwas Wasser gekocht, dann streut man fein gestoßenen Zucker darüber, rührt sie um, und läßt sie, bis der Zucker Faden zieht, kochen. Dann streut man noch etwas klaren Zucker darüber, rührt sie immer um und fährt so fort bis sie ganz trocken sind. Hierauf schüttet man sie auf ein Haarsieb, läßt sie bei mäßiger Wärme trocknen und bewahrt sie gut verschlossen in Gläsern auf.

502. Mandelmilchessenz.

Schwelle ½ Kilo süße und 4 Dekagr. bittere Man=

deln mit Wasser ab, schäle sie ab und lege sie in kaltes Wasser. Nimm zu der Milch 1³/₁₀ Liter Wasser, gib die Mandeln in den Mörser, nimm von dem Wasser etwas und reibe die Mandeln so fein wie Brei damit; nimm sie aus dem Mörser, verrühre mit der Hälfte des Wassers und presse alles durch ein Tuch; nimm das Gepreßte heraus, rühre es mit der andern Hälfte des Wassers an und presse wiederum aus. Koche nun ½ Kilo Zucker sehr dick; gib die Mandelmilch und 2 Dekagr. Orangenblüthen-Wasser dazu und lasse aufkochen. Lasse dann gut kalt werden, fülle in kleine Fläschchen, verkorke und versiegle wohl. Man nimmt einen Theil Essenz zu einem Theil Wasser.

503. Himbeeressig.

1½ Kilo schöne frische Himbeeren läßt man mit 1 Kilo gutem Essig 5 Tage lang ziehen, gießt es dann durch ein Sieb, jedoch ohne die Früchte zu pressen und filtrirt es.

504. Weichselessig.

Nimm Waldweichseln, zupfe die Stängeln ab, zerstoße die Früchte in einem Mörser sammt den Kernen; fülle eine Flasche bis zu ein Drittel damit an, gib etwas ganzen Zimmt und einige Gewürznelken dazu, fülle mit Weinessig auf, verschließe wohl und lasse 8 Tage in der Sonne destiliren; filtrire dann durch einen Filtrirsack, fülle in ³/₁₀ Literflaschen und verkorke und versiegle wohl.

Eingelegte Früchte.

505. Gedrückte Birnen.

Gute Bergamottbirnen sind hiezu am besten; diese werden geschält, das Kernhaus herausgenommen, der Stängel aber bleibt daran, die Birnen werden in Zuckerwasser übersotten, bis sie weich sind, dann nimmt man eine nach der andern heraus, seiht sie ab, gibt sie auf Papier, welches man auf eine Platte legt, dann in einen gut abgekühlten Ofen und läßt sie trocknen, dann drückt man sie zwischen zwei hölzernen Tellern etwas breit nach der Länge, läßt sie alsdann noch mehr trocknen und drückt sie wieder etwas dünner aus. So behandelt man sie 3 bis 4=mal, bis sie ganz flach, nur einen Messerrückendick und gut trocken sind. Man richtet sie dann in eine Schachtel, gibt immer fein gestoße= nen Zucker dazwischen, macht die Schachtel voll und bewahrt sie an einem trockenen Orte zum ferneren Gebrauche.

506. Gedörrte Birnen.

Hiezu sind reife große Plutzerbirnen am besten; diese werden in reinen Töpfen so lange gesotten, bis sie sich weich anfühlen lassen; dann werden sie abgesiehen und ge= schällt. Die Schale gibt man indessen auf eine Schüssel, die Birnen aber werden in Reihen in eine Presse gelegt und langsam gepreßt. Die Presse wird auf ein reines Schäffel gestürzt, damit der Saft darein abfließe. Wenn die Birnen eine Viertelstunde so in der Presse waren und kein Saft mehr davon abfließt, so preßt man sie noch etwas stärker und läßt sie noch eine Viertelstunde stehen; man nimmt sie sodann heraus, legt sie auf die Trockenbretter, gibt sie in den Ofen, und läßt sie einige Stunden darin, bis sie schön rothbräunlich werden; dann wird der ausge= preßte Saft der Birnen sammt den Schalen, die ebenfalls ausgepreßt werden, und ein Stück Zucker so lange gekocht bis es zu einem dicken Syrup wird; dann werden die Birnen gut darein getaucht, wieder in den Ofen gegeben, damit sie trocknen, dann wieder in den Syrup eingetaucht und dieses drei= bis viermal wiederholt: das Letztemal läßt man sie gut trocknen, und wenn sie ausgekühlt sind, werden sie in Schachteln eingelegt und an einem trockenen Orte aufbewahrt.

507. Kirschen in Branntwein.

$^3/_{10}$ Liter frisch ausgepreßter Himbeersaft wird mit

⁷/₁₀ Liter Branntwein gut vermengt, hiezu gibt man drei Viertel Kilo Zucker, der darin ganz aufgelöst wird, und füllt es in ein großes Glas, nimmt dann von der großen Guttung schwarzer saftiger Kirschen, von welchen die Stängeln abgelöst werden, gibt davon so viel in das Glas, daß der Branntwein zwei Fingerhoch über die Kirschen reicht; dann wird das Glas verbunden und an einem kühlen Orte bewahrt.

508. Gedörrte Pfirsiche.

Man nimmt große reife Weinpfirsiche, schält und spaltet sie, legt sie auf Dörrbretter und gibt sie in einen warmen Ofen. Nachdem sie schon gut übertrocknet und schön lichtbraun sind, nimmt man sie heraus, und drückt mit den Fingern eine Spalte auf die andere schön breit. Wenn man mit allen so verfahren ist, taucht man jede Pfirsich in gesponnenen Zucker, legt sie dann wieder auf die Dörrbretter und gibt sie auf 2 Stunden in den Ofen; dann taucht man sie nochmal in den Zucker und läßt sie im Ofen noch etwas übertrocknen.

509. Pfirsich-Käs.

Man wählt hiezu die gelben sogenannten Quitten-Pfirsiche, welche gut reif sein müssen, schält und spaltet sie; wenn sie weich genug sind, so passirt man selbe durch ein Sieb; sind sie aber zu fest, so kocht man sie einige Augenblicke im Wasser. Auf ½ Kilo Pfirsiche kömmt ½ Kilo Zucker, der in einem Einsiedbecken mit ²/₁₀ Liter Wasser so lange gekocht wird, bis er sich spinnt und im Kochen große Blasen wirft; dann rührt man die Pfirsiche, die man vom Safte gut ablaufen läßt, hinein und läßt sie auf Kohlenfeuer unter beständigem Rühren fest einkochen, dann kalt werden. Macht sodann kleine Kugeln in der Größe eines halben Eies, legt sie auf ein mit Zucker dicht bestreutes weißes Papier, bestreut es dicht mit feinem Zucker und läßt es mehrere Tage an einem trockenen warmen Orte stehen;

drückt es dann breit, bestreut es wieder mit Zucker, und wenn es schon trocken geworden, walkt man es täglich etwas dünner mit einem kleinen Walker; bestreut es immer wieder mit fein gestoßenem Zucker, bis die Scheiben in der Größe einer Oblatte sind; ist es so fein und trocken, so legt man ihn in eine Schachtel, bestreut ihn mit Zucker, und bewahrt ihn bis zum Gebrauche an einem trockenen Orte.

510. Quitten-Spalten einzumachen.

Man wählt hiezu 1 Kilo gute reife Quitten, schält und theilet sie in vier, oder wenn sie groß sind, in sechs Theile, schneidet die Kerne und das Steinige davon heraus; setzt indessen $^3/_{10}$ Liter Wasser, $^3/_{10}$ Liter Weinessig, 1 Kilo Zucker in einer messingenen Pfanne auf, gibt zugleich die Quitten darein, daß sie ganz weiß bleiben; jede Spalte muß aber mit einigen Stückchen Zimmt und zwei gespaltenen Gewürznelken vorher besteckt werden. Man läßt sie so lange kochen, bis sie weich sind, nimmt sie dann heraus, legt sie in die Gläser und läßt den Saft noch so lange fortkochen, bis nur so viel übrig bleibt, daß er etwas über die Spalten reicht, gibt ihn, wenn er ausgekühlt ist, darüber und verwahrt sie wie die Uebrigen.

511. Weichseln in Honig eingelegt.

Man läßt sich eigens ein kleines Fäßchen machen, so wie zu den Gurken, nur daß es etwas kleiner sein muß; nimmt dann von der größeren Gattung schwarzer Weichseln, zupft die Stängeln, wäscht sie und läßt sie abtrocknen. Auf ein Fäßchen von $3^3/_{10}$ Liter, wird 2 Dekagr. Zimmt, 1 Dekagr. Gewürznelken gestoßen und dann drei kleine Säckchen von reiner Leinwand gemacht, das Gewürz in 3 Theile getheilt und in die 3 kleinen Säckchen eingefüllt, selbe dann zugenäht und eines davon auf den Boden des Fäßchens gelegt. Es werden dann 2 Liter guter weißer Honig gekocht, rein abgeschäumt und ausgekühlt; ein Theil dieses Honigs wird, wenn er ausgekühlt aber noch flüssig ist, auf den Boden des Fäßchens gegossen, und ein Theil der Weichseln darauf gegeben, dann wieder ein Säckchen mit dem Gewürz und die übrigen Weichseln, oben sonach das dritte Säckchen und der Rest des Honigs; nur ist zu bemerken, daß das Fäßchen nicht ganz voll sein darf, sondern zwei Fingerhoch leer bleiben muß. Es wird dann eine reine Leinwand über das Beil gelegt, fest zugebeilt und an einem kühlen Orte aufbewahrt.

512. Weichseln in Essig einzumachen.

Man nimmt auf ½ Kilo spanische Weichseln, wovon die Stängeln zur Hälfte abgeschnitten werden, ½ Kilo Zucker diesen fein gestoßen, gibt davon einige Löffelvoll in ein Einsiedglas, dann eine Lage Weichseln, dann wieder Zucker und so fort, bis Zucker und Weichseln zu Ende sind; dann gießt man eine Kaffeschale voll guten weißen Weinessig darauf, verbindet das Glas und läßt es fünf bis sechs Tage in der Sonne stehen, in welcher Zeit der Zucker aufgelöst sein wird; seihet den Saft davon herab, und kocht ihn so lange, bis er schwere Tropfen zu werfen anfängt, läßt ihn auskühlen, und gibt ihn über die Weichseln, welche erst nach 24 Stunden zugebunden werden.

513. Spanische Weichseln zu trocknen.

Man löset spanische Weichseln von den Stängeln, legt sie auf Dörrbretter, und gibt sie in einen nicht gar heißen Ofen. Nachdem sie schon getrocknet sind, daß sie keinen Saft mehr von sich geben, löst man die Kerne davon aus, drückt zwei oder drei davon aufeinander und mit den Fingern so breit, daß sie wenigstens so groß wie ein Kreuzer werden, gibt sie dann wieder einige Stunden in den überkühlten Ofen; nach dem man sie herausgenommen, zuckert man sie warm und legt sie so in Schachteln.

514. Dunstobst zuzubereiten.

Bevor ich zur Belehrung dieses Artikels schreite,

finde ich einige Bemerkungen unvermeidlich. Erstens müssen alle hiezu verwendeten Früchte von schönster, bester und gesundester Gattung sein; dann niemals unreif, was den eigentlichen Wohlgeschmack unkennbar macht, sondern nur nicht so weich, wie man selbe im rohen Zustande zu genießen pflegt, gewählt werden. Der Zucker, stets die feinste Sorte muß womöglich mit reinem Flußwasser gekocht und abgeschäumt, ebenso Gläser und Verband, wozu weißes Fließpapier, Rindsblasen und Spagat verwendet werden, im allerreinlichsten Zustande sich befinden. Zum Dünsten stellt man die Gläser nicht mehr in Kessel, was sehr unpraktisch ist, sondern man bestellt sich beim Spengler ein aus Weißblech zu verfertigendes, länglich viereckiges Wannerl, nebst einem etwas längerem Zudeckbleche mit Handgriff. Das ganze braucht nicht größer zu sein, als die 14 bis 20 große $^3/_{10}$ Litergläser sammt etwas Heu, worin jedes gewickelt und auch der Boden des Wannerl damit belegt wird, Platz finden, ebenso die Höhe nur um einen Finger über die Gläser reichen. Wenn diese ganz einfache Arbeit geschehen erhitzt man mäßig die Kochmaschine, stellt das eingerichtete Wannerl auf die Platte, füllt es bis auf die Hälfte der Gläser mit kaltem reinem Wasser, bedeckt es mit dem Bleche und beobachtet genau den Anfang des Kochens, weil beim Obste drei bis vier Minuten meistens hinreichen; dann gleich das Feuer abgelöscht oder behutsam das Wannerl herabgestellt; nach gänzlichem Auskühlen die Gläser herausgenommen, gereinigt und an einem kühlen trockenen Orte aufbewahrt.

515. Kirschen im Dunste.

Schöne schwarze Fleischkirschen werden von den Stängeln gelöst, gewaschen und abgeseihet. Auf $^1/_2$ Kilo Kirschen rechnet man $^1/_8$ Kilo Zucker, welcher mit $^2/_{10}$ Liter Wasser so lange gekocht wird, bis sich dieser ganz auflöst. Die Kirschen füllt man bis zum Halse in die reinen, gleichgroßen Gläser, begießt sie bis über die Hälfte mit dem ausgekühlten Zuckerwasser, verbindet sie mit Fließpapier und rein gewaschener Rindsblase so fest, daß durchaus keine

Luft eindringen könne, wovon größtentheils die Erhaltung aller Dunstgegenstände abhängt. Zu bemerken ist, daß die Blasen ganz fehlerlos und frisch erfordert werden, dann nicht zu lange geweicht, noch zu viel gewaschen werden dürfen. Nach dem Verbande werden die Gläser ganz nach Vorschrift, wie in Nr. 514 zu finden, gedünstet.

516. Weichseln im Dunste.

Spanische oder sogenannte Schnürlweichseln schönster Gattung werden von den Stängeln befreit, dann abgewaschen geseiht, in die Gläser eingelegt und bis über die Hälfte mit gekochtem und ausgekühltem Zuckerwasser, auf jeden $1/2$ Kilo Zucker starke $2/10$ Liter Wasser gerechnet, angefüllt, dann ebenso wie die Kirschen beendet.

517. Pfirsiche im Dunst.

Schöne reife, aber nicht weiche Gartenpfirsiche werden dünn geschält, in der Mitte getheilt, und sogleich zierliche in die Gläser eingereiht, so, daß immer eine Hälfte halb über das früher gelegte Stück zu liegen kommt, bis man am Halse des Glases ist. Auf jedes Glas werden 8 Dekagr. Zucker gerechnet, dieser mit so viel Flußwasser, als die vorgerichteten Pfirsichgläser zum Vollfüllen gebrauchen, gekocht dann überkühlt und aufgegossen. Verbunden und eingerichtet werden sie nach Nr. 514, aber nur zwei Minuten kochen gelassen; und wenn beim Nachsehen die Pfirsiche schon weich scheinen, nicht in dem Wannerl zum Auskühlen gelassen, sondern schnell Tücher gewärmt und die Gläser behutsam darein gewickelt, zur Seite gestellt. Nach dem völligen Erkalten erfolgt das Reinigen und Aufbewahren wie bei allen Uebrigen.

518. Marillen im Dunste.

Von der schönsten Gattung gelber Marillen werden geschält, getheilt und die Kerne herausgenommen. Auf $1/2$

Kilo Frucht rechnet man 20 Dekagr. Zucker, dieser wird mit einem Glas Wasser so lange gekocht und gereinigt, bis er schwere Tropfen wirft, dann ausgekühlt. Die Marillen werden nun zierlich in die Gläser eingelegt, mit dem Zucker fast voll gefüllt, fest verbunden und 2 bis 3 Minuten gedünstet. Siehe Nr. 514, Dunstobst zu bereiten.

519. Melonen im Dunste.

Eine vollkommen reife, nur nicht abgelegene Zucker= melone der edelsten Sorte wird geschält und in kleine gleiche Spalten getheilt. Auf $1/2$ Kilo Frucht werden 15 Dekagr. Zucker gerechnet, dieser mit $3/10$ Liter Wasser gut verkocht, dann ausgekühlt und über die bereits eingelegten Melonen= spalten bis über die Hälfte gegossen, fest verbunden und wie in Nr. 514 angezeigt, beendigt.

520. Wassermelonen im Zucker.

Es werden längliche Stücke Melonenschalen so zuge= schnitten, daß noch etwas rothes Fleisch daran bleibt, in Wasser abgekocht, jedoch nicht zu weich. Auf $1/2$ Kilo Schalen nimmt man $1/2$ Kilo Zucker, der mit $2/10$ Liter guten, weißen Weinessig, $3/10$ Liter Wasser und etwas Limonien= schalen so lange gekocht wird, bis der Zucker dick ist, die Melonenschalen sodann hineingethan und wieder damit ge= kocht, bis sie ganz weich sind. Hierauf füllt man sie in Gläser und verbindet sie mit Pergamentpapier.

521. Melonen mit Essig.

Auf $1/2$ Kilo geschälte Melonen kommt $1 \, 3/10$ Liter guter Essig, dies läßt man achtundvierzigstunden stehen, dann kommt $3/8$ Kilo Zucker hinein und siedet denselben gut mit den Melonen. Dann läßt man sie stehen bis am an= deren Tag, hierauf wird blos der Saft gesotten und über die Melonen gegossen. Dies wiederholt sich dreimal. Zuletzt werden die Melonen in ein Glas gelegt, der Saft recht dick eingesotten und wird sodann über die Melonen gegossen.

522. Quitten im Dunste.

Auf ½ Kilo schöne reife Quitten nimmt man ⅜ Kilo Zucker; die Quitten werden geschält und in daumendicke Spalten geschnitten, das Steinige aus der Mitte herausgeschnitten und in kaltes Wasser gelegt. Der Zucker mit ½ Liter Wasser so lange gekocht, bis er aufgelöst ist; dann gibt man die Quitten hinein, wendet selbe mit einem Silberlöffel fortwährend, aber mit möglichster Vorsicht um, damit sich die Spalten gleich kochen und läßt sie nur so lange sieden, bis man sie mit einer Nadel durchstechen kann, doch weich dürfen sie nicht werden; nimmt sie dann vom Feuer weg und läßt sie gänzlich auskühlen; füllt sie in die dazu gehörigen Gläser und gibt selbe nach Vorschrift, wie in Nr. 514, in den Dunst, wo sie nicht länger als 3 Minuten kochen dürfen.

Verschiedenes einzumachen und aufzubewahren.

---

523. Sauerkraut zu bereiten.

Feste Krautköpfe werden sauber geputzt, der Strunk ausgeschnitten, dann auf dem Krauthobel geschnitten, das feingeschnittene Kraut wird auf Tücher ausgebreitet und darauf leicht gesalzen. Es kommt hierauf in den Krautkübel, welcher rein ausgelaugt sein muß. Der Behälter steht im Keller auf einer Unterlage. Auf den Boden des Behälters legt man ganze Krautblätter und eine Lage Salz, hierauf die erste Lage Kraut; diese wird mit Salz überstreut; ferner gibt man darauf je nach dem Geschmacke, Wachholderbeeren allein, oder noch Kümmel, getrocknete Erbsen und Quittenspalten. Jede Schichte wird mit einem Holzstößer eingestoßen; zwischen die einzelnen Schichten kann man auch kleine, feste Köpfe Kraut einlegen, denen man vorher die Strünke ausgeschnitten und in den leeren Raum eine Handvoll Salz eingestreut hat; ferner ganze Krautblätter. Hierauf wird das Kraut mit Leinwandstücken übergelegt, darauf kommen einpassende Brettstücke und hierauf schwere Steine. So zubereitet, geräht das Kraut in Gährung; das darüber stehende Wasser wird nach ungefähr 3 Wochen sauerriechend und treibt den Schaum an die Oberfläche. Nun ist das Kraut genug gesäuert. Man schöpft das trübe Wasser ab und tunkt es mit Tüchern auf, ohne jedoch Steine und Bretter zu entfernen. Hierauf nimmt man alles weg, wascht die Oberfläche des Krautes ab, um jede Unreinlichkeit zu beseitigen, füllt die oberste Lage Kraut in ein Schaff, damit man auf eine Woche Vorrath hat und deckt es zu wie früher; wenn es beschwert ist, gießt man so viel reines Wasser nach, daß es darüber steht. Sorgfälltiges Reinhalten des Krautes, fleißiges Erneuern des Wassers, machen es möglich, gutes Kraut zu haben bis zur Zeit wo es wieder neues gibt.

524. Grüne Erbsen im Dunste.

Man nimmt von den schönen kleinen Zuckererbsen, wäscht und salzt sie, läßt sie eine halbe Stunde so liegen, dann trocknet man sie mit einem reinen Tuche ab und füllt sie in die Dunstgläser, doch nicht ganz bis an dem Rand. Vorher kocht man auf ungefähr sechs Halbflaschen Erbsen $1/4$ Kilo Zucker mit etwas mehr als $6/10$ Liter Wasser und wenn die Erbsen eingefüllt und das Zuckerwasser kalt geworden, wird so viel vom Zuckerwasser darauf gegossen, daß es gerade die Erbsen bedeckt, dann werden die Gläser verbunden und im Dunst höchstens 2 Minuten lang gekocht.

525. Grüne Fisolen über den Winter aufzubewahren.

Man nimmt von den jungen Fisolen, die noch nicht hart sind und putzt sie, das heißt: man zieht die Fäden davon ab; macht dann in einen Kessel Wasser siedend, wirft die Fisolen hinein, läßt sie eine kleine Viertelstunde kochen, seiht sie dann schnell ab und wirft sie in kaltes Wasser: wenn sie durchaus kalt sind, nimmt man sie heraus und legt sie auf reine Tücher, damit sie abtrocknen: wenn sie trocken sind, legt man sie in steinerne Töpfe. Dann nimmt man zwei Theile Wasser und einen Theil weißen Weinessig, auf 2 Liter braucht man ½ Kilo Salz; die Fisolen dürfen nur einige Sud aufkochen, da man verhüten muß, daß sie weich werden, das Wasser wird so lange gekocht, bis das Salz ganz aufgelöst ist, dann nimmt man es vom Feuer weg und wenn es ausgekühlt ist, gießt man es langsam auf die Fisolen. Dann wird frisches Rindschmalz oder Butter zerlassen und darauf gegossen, damit sich durch das Schmalz ein fester Deckel bildet, den keine Luft durchdringen kann: wenn dann das Schmalz ganz fest ist, werden die Töpfe verbunden und an einem kühlen Orte aufbewahrt. Wenn man davon gebrauchen will, nimmt man, so viel man bedarf, davon heraus, legt sie Stunde vorher in laues Wasser: der Topf aber muß mit dem frisch zerlassenen Schmalz wieder geschlossen werden, denn sonst würden die Uebrigen verderben.

526. Zwiebeln aufzubewahren.

Hierzu wählt man die kleinen, weißen Florentiner=Zwiebelchen. Sie werden rein geschält, in mit Essig und Salz vermischtem Wasser halbweich gekocht, sodann abge=gossen und in weiße Gläser eingerichtet. Zu gleicher Zeit wird weicher guter Essig mit den erwähnten gewürzhaften Ingredienzien aufgekocht, dann wenn derselbe ausgekühlt ist, wird er darüber geseiht und die Zwiebeln fest zuge=bunden aufbewahrt.

527. Champignons einzumachen.

Die Stielchen der ganz kleinen, weißen, festgeschlossenen Champignons werden abgestutzt, die Champignons mit feinem Salz und Citronensaft gut abgerieben und gewaschen. Nachdem werden sie mit Salz, Essig und Citronensaft einmal aufgekocht, wenn sie kalt sind, abgeseiht und in ein weißes Glas eingerichtet. Hierauf läßt man guten Weinessig mit gewürzhaften Ingredienzien aufkochen und nachdem derselbe halb ausgekühlt ist, wird er über die Champignons gegossen. Nach einigen Tagen wird derselbe wieder abgegossen, aufgekocht und heiß über dieselben geschüttet; wenn sie ganz ausgekühlt sind, so werden sie mit einer nassen Rindsblase überdeckt und mit Bindfaden zugebunden.

528. Obst zu dörren.

Recht reifes Obst, namentlich Zwetschken, kleine Pflaumen, Kirschen, Weichseln, gibt man in weite Schüsseln, welche am Boden enger sind; auf den Boden legt man einen durchlöcherten, irdenen Deckel, damit der Saft durch diesen in den leeren Raum abfließt. Am zweiten Tage stellt man die Schüsseln in den abgekühlten Backofen, bis die Früchte etwas zusammengeschrumpft sind. Hierauf legt man sie nicht zu dicht auf geflochtene Hürden oder Bleche, die mit Papier belegt sind und stellt sie am folgenden Tage in den lauwarmen Ofen, in dem sie bleiben, bis der Ofen kalt geworden. Man kehrt die Früchte nun fleißig um, stellt sie abwechselnd an die Sonne und in den Ofen, bis sie vollkommen gedörrt sind, dann werden sie in Säcken an einem luftigen Orte aufbewahrt. Aepfel und Birnen werden geschält, zu Spalten geschnitten, auf die Hürden gelegt und ebenso getrocknet.

529. Gurken einzumachen.

Man nimmt von der mittleren Gattung Gurken, lieber kleinere als größere, legt sie in frisches Wasser, läßt sie zwei bis drei Stunden darin liegen, gibt einigemal frisches Wasser darauf, seiht sie dann ab, legt sie auf reine Tücher und läßt sie trocknen. Die Fasseln, in die man sie einlegt, müssen sehr rein sein, in jedes Fassel legt man wie eine kleine Nuß groß Alaun, dann die gewöhnlichen Kräuter, das ist: etwas Weichsellaub, Tillen oder das sogenannte Gurkenkraut und am meisten von dem Eisenkraut, denn dieses erhält sie grün und hart. Wen nun der Boden des Jassels damit belegt ist, dann gibt man eine starke Lage von den Gurken und wieder von den Kräutern und so fort, bis das Faffel voll ist; man nimmt dann die Hälfte weißen Weinessig und die Hälfte guten weißen Wein, einige Handvoll Salz, 3 Dekag. ganzen Pfeffer, 3 Dekagr. weißen Ingber; dies alles wird mit dem Wein und Essig in einem reinen irdenen Topfe gekocht und siedend über die Gurken gegossen, sodann gleich fest zugebeilt, nur muß zuweilen nachgesehen und wenn sie feimig werden, selbe davon gereiniget, auch etwas Wein und Essig, wenn es nötbig ist, nachgefüllt und während dem Gebrauche die Gefäße öfters gerüttelt werden. In Haushaltungen, wo nur kleine Quantitäten von Gurken benöthiget werden, ist angezeigter, selbe in Dunstgläser statt Fäßchen einzulegen; die Behandlung bleibt sich ganz gleich, nur daß die Gläser, wenn kein Essig mehr aufgesaugt wird, mit Papier und Rindsblase fest verbunden, dann dem Dunstobste gleich an einem trockenen Orte aufbewahrt werden.

530. Gurken im Salzwasser über den Winter aufzubewahren.

Man nimmt schöne ziemlich große Gurken, die rein gewaschen und abgetrocknet werden; selbe werden in kleine Fäßchen, die auf dem oberen Boden ein kleines Loch zu einem Zapfen haben, eingelegt; auf den Boden des Fäßchens legt man eine Handvoll Weinblätter, etwas Tillenkraut und Weinranken, das sind jene Fäden ähnlichen Ranken, die an den Weinstöcken hängen und die, wenn man sie zerkaut, so säuerlich wie Limoniensaft sind; von jenen Weinranken nimmt man einen guten Theil, die man, wen sie gewaschen sind, etwas zerklopft, damit sie den Sauerstoff den Gurken eher mittheilen und ein Stückchen Alaun. Dann legt man eine Lage Gurken, dann wieder Weinblätter und etwas Tillenkraut, hernach wieder Gurken, bis das Fäßchen voll ist;

sodann gießt man Flußwasser, worin man so viel Salz auflösen läßt, daß es gut vorschlägt, darauf, bis es voll damit ist; beilt dann das Fäßchen fest zu, stellt es an einen warmen Ort, schüttelt selbes durch 14 Tage täglich und füllt es, doch nur bei dem Zapfen, da es nicht ganz geöffnet werden darf, alle 10 Tage mit etwas Salzwasser auf.

531. Paradeisäpfel über den Winter aufzubewahren.

Man nimmt von der kleinern Gattung runde Aepfel, die keine Einschnitte haben, wäscht selbe und läßt sie trocknen: dann werden sie in ein reines hölzernes oder steinernes Gefäß reihenweise gelegt, 2 Theile Wein und ein Theil Essig darauf gefüllt; gibt dann ein reines Tuch darüber, einen Deckel darauf und beschwert ihn etwas mit einem leichten Stein. Man muß sie alle 8 oder 10 Tage abwaschen und immer rein halten, so kann man sie bis spät im Frühjahr gut erhalten; einige Stunde bevor man sie kocht, werden sie in frisches Wasser gelegt und ausgewässert.

532. Paradeisäpfel im Dunst auf ein Jahr und noch länger aufzubewahren.

Nachdem die Paradeisäpfel gewaschen und auf mehrere Theile zerbrochen sind, werden sie in einen reinen Gefäß gekocht und durch ein Sieb passirt, an einen kühlen Orte 12 bis 15 Stunden stehen gelassen, dann alle wässerigen Theile gut abgeseiht, die Masse in reine trockene Flaschen eingefüllt, fest verstopft, mit einer geweichten Rindsblase fest überspannt, mit Spagat gut verbunden und so in dem Dunste 25 Minuten lang gekocht. Ebenso kann man auch Stachelbeeren, Gapper und Saurampfer über den Winter aufbewahren; die Stachelbeeren werden, wenn sie zur Hälfte reif sind, geputzt, in kleine Dunstgläser gefüllt, fest verstopft, mit Rindsblasen verbunden und 15 Minuten im Dunste gekocht. Die Sauerampfer werden mit dem Schneidemesser zusammengeschnitten, in Flaschen mit weiten Hälsen gefüllt, verstopft und verbunden und 15 Minuten im Dunst gelassen; ebenso wird auch der Gapper behandelt.

533. Paradeisäpfel anderer Art.

Hiezu wählt man Paradeisäpfel kleinerer Gattung, mehr flach als tief eingeschnitten. Diese werden mit einem Tuche gereinigt, jeder auf 4 Theile zerschnitten und in Gläser eingelegt, dann mit weißem Flußpapier und Blase fest verbunden, in die kleine Wanne geordnet und bedeckt, während einer halben Stunde gedünstet. Beim Gebrauche werden sie ganz wie frische behandelt, welchen sie an Geschmack auch vollkommen gleichen.

534. Grüne Erbsen aufzubewahren.

Man nimmt ganz frisch ausgelöste junge grüne Erbsen, wischt sie mit einen Tuche rein ab, kocht Zucker, daß er sich leicht spinnt, schüttet die grünen Erbsen hinein, wendet sie einigemal im Zucker um, damit sie eine leichte Glasur bekommen, schüttet sie auf ausgebreitete Bögen Papier und läßt sie trocknen. Wenn sie vollkommen trocken sind gibt man sie in ein Leinwand-Säckchen und hebt sie für den Winter auf.

535. Gurken-Salat aufzubewahren.

Man schält große Gurken, schneidet sie so, wie zum Salat in Scheiben, legt dieß 3 Stunden lang in Salz und hängt es darnach in ein Tuch um auszulaufen; ist es recht trocken, so thut man es mit ganzer Muskatblüthe, ganzem weißen Pfeffer und etwas Chalotten schichtenweise in ein Glas und gießt gekochten und wieder erkalteten Weinessig darüber.

536. Rothe Rüben einzumachen.

Man kocht die rothen Rüben recht weich in Salzwasser ab, schält sie, schneidet sie in feine Scheiben und gibt sie in einen Topf. Gibt Kümmel und geschnittene Krenscheiben dazu und übergießt selbe mit gutem Weinessig.

So läßt man sie 2 Tage stehen, dann sind sie genießbar. Man kann nach Belieben sie zum Rindfleische, zu verschiedenen Salaten, oder zum Aufputze kalter Fische ꝛc. verwenden.

537. Senf einzusieden.

7 Liter vom besten süßesten Moste werden auf die Hälfte in einem neuen, aber vorher ausgebrannten irdenen Topfe eingesotten, dann 24 Stunden ruhig stehen gelassen. Während dessen wird $1/2$ Kilo schwarzer Werschetzer-, dann $1/2$ Kilo gelber Senf sehr fein gestoßen und nebst etwas Gewürznelken und etwas Zimmt, dann einem Stücke an einer Limonie abgeriebenen Zucker, alles fein gestoßen, in einen großen reinen Weidling gethan und mittelst eines großen neuen Kochlöffels wohl vermengt; dann der vorsichtig abgeseihte Most, welcher wieder kochend gemacht wurde, im größten Sude allmählig auf das Senfmehl gegossen und fleißig abgerührt, bis keine Spur eines Klümpchens sichtbar ist, dann ausgekühlt, in reine Flaschen gefüllt und fest verkorkt. Zum aufbewahren dient jeder trockener Ort, wo es nicht friert. Sollte der Most nicht hinlänglich süß sein, so kann so viel Zucker genommen werden, bis der Senf den gewünschten Geschmack hat. Für Jene welche die scharfen Senfe nicht goutiren, ist diese besonders angezeigt.

538. Schwämme zu trocknen.

Man nimmt alles Unreine und die Bärte von den Schwämmen; sind sie ausgewaschen zieht man ihnen die Haut ab; hierauf werden sie blätterig geschnitten, auf Siebe gestreut und theils an der Sonne, theils im nicht ganz ausgekühlten Backofen getrocknet. Wenn sie vollkommen trocken sind, bewahrt man sie in Schachteln oder Säcken auf. Alle getrockneten Schwämme müssen in einem warmen Raume aufbewahrt werden.

539. Fleisch aufzubewahren.

Um Fleisch einige Tage frisch zu erhalten, reibe man

es von außen mit Salz ein, auf ½ Kilo Fleisch 1 Dekagr. Salz; wickle das Fleisch in mit Wasser befeuchtete Leinwand; das eingewickelte Fleisch wird in einem trockenem Keller auf Stroh gelegt, mit Stroh zugedeckt und dieses täglich zweimal mit Wasser besprißt. Gebraucht man das Fleisch, so wascht man es gut in reinem Wasser aus und wirft einige glühende Kohlen in das Wasser, welche jeden leichten Geruch, den das Fleisch angenommen haben könnte, zerstören.

540. Zungen einzupökeln.

Die Rindszungen werden auf die nämliche Art wie die Schinken eingepökelt, nur brauchen diese nicht länger als 8 Tage, um sie kochen zu können; will man sie räuchern, so dürfen sie nicht länger als 8 Tage im Kamine hängen.

541. Eier aufzubewahren.

Man hat für den Winter zweierlei Eier: 1. Eier, welche man ganz verwendet; 2. Eier, bei welchen das Klar von dem Dotter getrennt werden muß. Zu der ersten Sorte nimmt man gute Frühjahrs- und Sommereier und legt sie in Kalkwasser, so daß die Eier ganz damit überdeckt sind. Zu der 2. Sorte nimmt man die Eier, welche vom 15. August bis 8. September gelegt wurden, legt sie in Getreide, Hirse, abgesiebte Asche mit den Spitzen nach aufwärts, so daß sie sich nicht berühren und hält sie an einem kühlen Orte. Jedes frische Ei hält sich über Jahr und Tag frisch, wenn man es in flüssiges Wasserglas (bei Materialisten zu haben) eintaucht und dann trocken werden läßt; eben so legt man Eier in eine dünne Auflösung von Gelatine, nimmt jedes Ei einzeln heraus und wälzt es in trockenem Gipspulver.

542. Senf-Butter.

$1/8$ Kilo frische Butter wird mit dem Gelben von

zwei hart gekochten Eiern gut verarbeitet, hierauf durch ein feines Sieb gethan, mit 3 Eßlöffeln guten Senf verrührt und mit Salz und fein gestoßenem weißen Pfeffer gewürzt.

543. Vorzügliche Sardellenbutter mit Kräutern.

12 Sardellen reihet man der Länge nach auseinander, nimmt den Grat heraus, wascht sie rein, hackt sie sehr fein, vermischt sie mit sehr fein gehacktem Sauerampfer, Petersilie, Esdragon, Schnittlauch und Chalotten, stößt beides mit $1/4$ Kilo frischer Butter im Mörser, bis alles recht gut vermischt ist und treibt es durch ein Haarsieb.

Anhang.

544. Liqueur mit Aneis.

Man läßt ⅝ Kilo Zucker mit einem Glas Wasser so lange kochen, bis der Zucker rein und gut aufgelöst ist. 9 Dekagr. Aneis werden mit ²/₁₀ Liter Wasser, welches siedend heiß sein muß, abgebrennt, zugedeckt und eine halbe Stunde stehen gelassen, dann unter den siedenden Zucker gegossen, vom Feuer weggethan und 1 Liter Franzbranntwein dazu gegossen, gut zusammen vermengt und in einen reinen steinernen Krug gefüllt. Man stellt ihn dann an die Sonne, oder im Winter auf den Ofen und läßt ihn 3 Wochen fest zugestopft stehen, nach 3 Wochen wird er filtrirt in Bouteillen gefüllt und gut verstopft.

545. Liqueur von rothen Früchten.

Man nimmt 1½ Kilo schwarze süße Kirschen 1½ Kilo Himbeeren und 1½ Kilo Erdbeeren, die Kirschen werden gestoßen und die andern beiden Früchte zerdrückt; Alles zusammen in einen reinen Topf gethan, zugedeckt und 5 bis 6 Stunden an einen kühlen Orte stehen gelassen, dann aber durch ein schütteres Tuch gepreßt. Auf ⁶/₁₀ Liter Saft kommen ⁶/₁₀ Liter Franzbranntwein und ¼ Kilo Zucker der gröblich gestoßen wird; dieses zusammen wird in ein großes Glas gethan, mit einer Rindsblase gut verbunden und täglich 2 bis 3 mal fleißig aufgeschüttelt. Nachdem es so durch vier Wochen gestanden hat, wird der Liqueur filtrirt, in Bouteillen gefüllt, gut verstopft und an einem kühlen Orte durch wenigstens acht Monate stehen gelassen.

546. Limonien-Liqueur.

Die gelbe Schale von sechs Limonien wird abgeschnitten, das Weiße davon rein abgeschält, dann wird die gelbe Schale länglich geschnitten und in eine Flasche oder Krug, worein 1 Liter Franzbranntwein kommen, gegeben; man siedet dann $^5/_8$ Kilo Zucker mit einem Glas Wasser so lange, bis kein Schaum mehr aufsteigt, gießt ihn dann unter den Branntwein und läßt ihn drei Wochen stehen; dieser wird dann gut aufgerüttelt und wieder zwölf Tage stehen gelassen, dann erst filtrirt: je älter er wird, desto besser ist er.

547. Liqueur von Marillenkernen.

Es werden $^1/_2$ Kilo gesunde Marillenkerne, worunter einige bitter sein müssen, etwas weniges in einem Mörser zerquetscht, aber ja nicht zerstoßen, weil sie sonst ölig würden; gibt sie dann in ein großes Einsiedglas, $1^3/_{10}$ Liter Franzbranntwein, $^6/_{10}$ Liter Wasser, etwas Zimmt und $^3/_4$ Kilo Zucker dazu, läßt es so durch 9 Tage stehen und rührt es täglich zweimal auf; am 10 Tage wird es durch ein Fließpapier filtrirt, dann in Bouteillen gefüllt, gut zugestopft, und einige Monate stehen gelassen; je später man diesen Liqueur braucht, desto besser wird er.

548. Kirschen-Wein.

Es werden halb schwarze und halb Weinkirschen, nachdem man die Stiele abgenommen, zerstoßen, in einem irdenen oder steinernen Gefäß in den Keller gestellt und dann durch ein Tuch gepreßt. Hierauf läßt man sie bis den anderen Tag stehen, gießt das Helle davon ab, nimmt zu $^3/_{10}$ Liter Saft $^3/_8$ Kilo gestoßenen Zucker, etwas gebröckelten Zimmt und etwas Gewürznelken, kocht es 10 bis 15 Minuten, schaumt es rein ab, läßt es abkühlen, füllt es in Flaschen und gibt es, mit weißem Wein vermischt, als ein sehr angenehmes Getränk.

549. Calmusliqueur.

Reinige ½ Kilo Calmuswurzel, schneide sie in kleine Stücke, fülle sie in eine große Flasche, füge hinzu 3 Dekagr. Zimmt, 1 Dekag. Gewürznelken, 6 Dekagr. Pomeranzen-Schalen, gieße hinzu 2½ Kilo guten Sliwowitz und 2½ Kilo fuselfreien Weingeist, verkorke die Flasche wohl und lasse sie einen Monat lang an einem warmen Orte stehen. Nachdem filtrire man den Inhalt der Flasche durch einen flanellenen Filtrirsack. Nimm dann 8 Kilo Zucker, koche und läutere ihn, koche ihn bis zur großen Perle. Wenn er abgekühlt, mischt man den filtrirten Geist darunter und füllt den Liqueur auf Flaschen. Je älter diese und alle Liqueure werden, um so besser sind sie. Der Calmusliqueur ist sehr magenstärkend. Die eben angegebenen Quantitäten liefern 7 Liter Liqueur. Hat man Farbestoff zuzusetzen, so gibt man ihn vor dem Filtriren des Liqueurs.

550. Pomeranzen-Liqueur.

Auf $6/10$ Liter Franzbranntwein nimmt man zwei Pomeranzen, von einer wird die Schale an dem Zucker abgerieben, die andere kömmt ganz hinein; der Branntwein wird in ein großes Einsiedglas gethan, auf jede $7/10$ Liter kommen $3/8$ Kilo Zucker und so bleibt er durch 20 Tage stehen, das Glas wird gut verbunden und täglich zweimal aufgerührt; am einundzwanzigsten Tag wird er filtrirt, in Bouteillen gefüllt, gut verstopft und wenigstens 6 bis 7 Monate so stehen gelassen.

551. Quitten-Liqueur.

Man nimmt die größte und schönste Gattung Quitten schält sie und schneidet das Kernhaus heraus; stößt sie in einem großen Mörser zusammen und preßt sie durch ein starkes Tuch. Auf $1\,3/10$ Liter Franzbranntwein kommen 2 Liter Quittensaft; auf jede $6/10$ Liter kommt ¼ Kilo Zucker: man gibt alles zusammen in ein großes Glas, deckt es gut zu und läßt es 12 Tage stehen; am 13 Tag wird es durch ein Fließpapier filtrirt, in Bouteillen gefüllt, gut zugestopft und so durch 6 Monate stehen gelassen.

552. Vanille-Liqueur.

Man nimmt $2^6/_{10}$ Liter Franzbranntwein, $1^3/_{10}$ Liter süßes Obers, 2 Dekagr. Cochenille, 2 Dekag. Vanille klein geschnitten und $^5/_8$ Kilo Zucker wird zusammengemengt und in einer Flasche an einem warmen Orte durch 14 Tage stehen gelassen, hernach durch Fließpapier filtrirt und der Liqueur ist fertig.

Vom Tranchiren.

Das Tranchiren ist eine zwar kleine, doch schwierige Kunst, welche viel Aufmerksamkeit, Uebung und genaue Kenntniß, sowohl der verschiedenen Fleischtheile, als auch der Lage der Muskeln und die unterschiedlichen Bindungen der Knochen erfordert; denn:

Die erste Regel beim Tranchiren der sämmtlichen Fleischgattungen besteht darin, daß man die Faser (auch Faden genannt) immer quer durchneidet, wodurch jedes Fleisch nicht nur ansehnlicher und angenehmer für den Genuß, sondern auch verdaulicher gemacht wird.

Die zweite Regel ist, das man die Stücke weder zu groß, noch zu klein macht und niemals, wie schon erwähnt, gleichlaufend mit der Faser schneidet; auch darf man niemals solche Stücke schneiden, welche bloß Delikatesse sind, sondern man muß so viel als möglich zu jedem Stücke etwas vom Besten und etwas vom Minderguten geben.

Die dritte Regel ist, das man sich bemüht, schöne Stücke zu schneiden und dieselben in bester Ordnung auf die Schüssel zu rangiren, damit das Ganze eine dem Auge wohlgefällige Form gewinnt.

Die vierte Regel endlich ist, das beim Tranchiren niemals die Hand mit dem Braten in Berührung kommen darf; obwohl dieses manchmal in der Küche geschehen mag ist es doch bei der Tafel höchst unanständig.

Man hat Beweise genug, daß ein geschickter Tranchirer mehrere Braten nach einander zerlegt, ohne sich auch nur ein einziges Mal die Hände abzuwischen.

Zum zweckmäßigen Tranchiren gehört ferner nebst dem Brett oder Holzteller ein dünnes, starkes und sehr scharfes Messer, eine zweispitzige Gabel und ein guter Streichstahl.

Inhalts-Verzeichniss.

Erster Abschnitt.
Vorbereitungen.

	Seite
1. Das Koschermachen	3
2. Kücheneinrichtungen	3
3. Häusliche Vorbereitungen vor dem Eintritte des Osterfestes	4
4. Das Tischdecken zum Seder-Abend	5
5. Zubereitung des Geflügels vor dem Kochen oder Braten	6
6. Vorbereitung der Fische vor dem Kochen	7
7. Vorbereitung verschiedener Gemüse, Hülsenfrüchte und dergleichen	8

Zweiter Abschnitt.
Verschiedene Originalgerichte der israel. Küche.

8. Schalet von Bohnen	9
9. Reis-Schalet mit Gänselungs	9
10. Erbsen-Schalet	10

Kugeln und Lokschen.

11. Fleischkugeln	10
12. Polnische Kugeln	10
13. Semmel-Kugel	11
14. Blätter- oder Nudellokschen	11

		Seite
15. Eine Mazze-Kugel	. . . . .	12
16. Chrimsel	. . . . .	12
17. Ueberschlagene Mazze	. . . .	13
18. Barches (Butterbarches)	. . .	13
19. Barches zu Fleischspeisen	. .	13
20. Das goldene Gemüse	. . . .	14

Dritter Abschnitt.
Verschiedene Suppen.

21. Braune Suppe	. . . . .	14
22. Brodsuppe	. . . . .	15
23. Brodsuppe auf andere Art	. .	15
24. Französische Suppe	. . . .	15
25. Gestoßene Suppe	. . . .	16
26. Gestoßene Lebersuppe	. . .	16
27. Haidengrütze-Suppe	. . . .	16
28. Hirnsuppe	. . . . .	17
29. Suppe mit Consommé	. . .	17
30. Karfiolsuppe	. . . . .	18
31. Kräutersuppe	. . . . .	18
32. Reissuppe	. . . . .	18
33. Erdäpfelsuppe	. . . . .	19
34. Weiß gestoßene Suppe	. . .	19
35. Lebersuppe ohne Fleischbrühe	. .	20
36. Suppe mit Griesnockerln	. . .	20
37. Suppe mit Nockerln	. . . .	20
38. Suppe mit Consommé-Wandeln	.	20
39. Suppe mit Eingebundenem	. .	21
40. Braune Suppe mit gebackenen Erbsen	. .	21
41. Suppe mit Erdäpfelknödeln	. . .	22
42. Suppe mit Fleischknödeln	. . .	22
43. Ragout-Suppe	. . . . .	22
44. Semmel-Suppe	. . . . .	23

	Seite
45. Suppe mit abgetriebenen Grießknödeln	23
46. Suppe mit Grieswandeln	23
47. Suppe mit Haschetrapferln	24
48. Suppe mit Hirnknödeln	24
49. Suppe mit Hirnwandeln	25
50. Suppe mit Fleischposchen	25
51. Suppe mit Wandeln von Reismehl	26
52. Suppe mit Leberknödeln	26
53. Schinkenknödeln in die Suppe	26
54. Suppe mit Leberschöberln	27
55. Suppe mit Leberreis	27
56. Grüne Fisolen Suppe	27
57. Suppe mit Marktknöderln	28
58. Suppe mit Mehlschöberln	28
59. Suppe mit Mehlwandeln	28
60. Suppe mit Ragoutknödeln	29
61. Suppe mit Reisknöderln	29
62. Suppe mit Reiswandeln	29
63. Suppe mit Semmelwandeln	30
64. Suppe mit Champignons	30
65. Grüne Erbsen Suppe	31
66. Erdäpfelsuppe	31
67. Selleriesuppe	31
68. Suppe von dürren Fisolen	31

Vierter Abschnitt.

Von den Saucen.

69. Aepfelsauce	32
70. Stachelbeer- oder Agrassauce	32
71. Hagebutten-Sauce	32
72. Ribisel-Sauce	33
73. Orangen-Sauce	33
74. Champignons-Sauce	33

	Seite
75. Gappersauce	34
76. Gurkensauce	34
77. Capernsauce	34
78. Limoniensauce	34
79. Kalter Kren	34
80. Paradiesäpfelsauce	35
81. Sardellensauce	35
82. Sauerampfersauce	35
83. Semmel Kren	36
84. Kalte Sauce von Maischanzgeräpfel und Kren	36
85. Ungarische Schnittlauchsauce	36
86. Zwiebelsauce	36

Fünfter Abschnitt.
Von den Zugemüsen.

87. Grüne Erbsen	37
88. Grüne Erbsen auf englische Art	37
89. Pudding von dürren Erbsen	38
90. Junge Erdäpfel mit Semmelbrösel	38
91. Grüne Fisolen	38
92. Hospot	39
93. Grüner und weißer Karfiol	39
94. Faschirter Kohl	40
95. Kohl auf englische Art	41
96. Braun gedünstete Kohlrüben	41
97. Gefüllte Kohlrüben	41
98. Weiß gedünstete Kohlrüben	42
99. Kohlsprossen	42
100. Gelbe Rüben mit Kohlrüben	42
101. Braungedünstetes Sauerkraut	43
102. Gedünstetes Sauerkraut	43
103. Paradeis-Kraut	44
104. Krautsalat	44

		Seite
105.	Blaues Kraut mit Aepfeln	44
106.	Süßes faschirtes Kraut	45
107.	Gefülltes Sauerkraut	46
108.	Gefüllte Paradeisäpfel	46
109.	Champignons zu verschiedenen Garnirungen zu verwenden	46
110.	Spargel in der Buttersauce	47
111.	Kürbis auf Spargel Art	47

Sechster Abschnitt.
Von den verschiedenen Eingemachten.

Von den Eingemachten Geflügel.

112.	Ueber das Herrichten des Geflügels	48
113.	Hendeln mit grünen Erbsen	48
114.	Ungarisches Huhn mit Paradeisäpfeln	48
115.	Hendeln mit Sardellen	49
116.	Hendeln faschirt	49
117.	Hendeln in Fricassée	50
118.	Ungarisches Paprikahendel	50
119.	Heißabgesottene Hendeln	50
120.	Heißabgesottene Hendeln anderer Art	51
121.	Pörkölt-Hendeln	51
122.	Hendeln in der Kapernsauce	51
123.	Hendeln in der Paradeisäpfel-Sauce	52
124.	Hendeln in der Pomeranzen-Sauce	52
125.	Gedünstete Enten mit kleinen Zwiebeln	52
126.	Eingemachte Poulards	53
127.	Faschirter Indian	53
128.	Karbonadeln von einem jungen Indian in Fricandeau	54
129.	Kapaun mit Müscherl	55
130.	Kapaun in der falschen Müscherlsauce	55
131.	Kapaun mit Gemüse	55

	Seite
132. Gebeizte Tauben	56
133. Gedünstete Tauben	56
134. Tauben mit grünen Erbsen	57

Siebenter Abschnitt.
Von den kälbernen und lämmernen Eingemachten und Ragouts.

135. Kälberne Brust in der Limoniensauce	57
136. Kälberne Brust mit Sago	58
137. Ungarische grillirte Kalbsbrust mit Paradeissauce	58
138. Paprika-Kälbernes mit Nockerln	58
139. Kälbernes Hirn in der Limoniensauce	59
140. Kälberne braungedünstete Karbonadeln	59
141. Kälberne Karbonadeln mit Kapern	59
142. Lämmernes in der Bertramsauce	60
143. Ragout von den Flügeln der Indian und Enten	60
144. Zungen in Fricadeau	60
145. Zungen in der polnischen Sauce	61

Achter Abschnitt.
Von den rindernen und schöpsernen Eingemachten und Rostbraten.

146. Ungarisches Gulyasfleisch	62
147. Gedünstete Rolladen	62
148. Französischer Rostbraten	63
149. Gedünsteter Rostbraten	63
150. Gefüllter Rostbraten	64
151. Gefüllter Rostbraten auf bairische Art	64
152. Beefstead	65
153. Schaalschnitzl auf eine gute Art zu bereiten	65
154. Fleisch Würstchen	65